AF572838

MODEMETROPOLE BERLIN
1836–1939

ENTSTEHUNG UND ZERSTÖRUNG DER JÜDISCHEN KONFEKTIONSHÄUSER

MODEMETROPOLE BERLIN 1836–1939

ENTSTEHUNG UND ZERSTÖRUNG DER JÜDISCHEN KONFEKTIONSHÄUSER

UWE WESTPHAL

HENSCHEL

Modellhut-
Ausstellung
& Verkauf
Unsere Modell-
Hut-Ausstellungen
sind in allen unseren
Häusern eröffnet
Wir zeigen das
Neueste in erstaunlich
grosser Auswahl und
Vielseitigkeit
Für unsere bewährt
guten Qualitäten bürgt
wie immer:
DAS WAHR ZEICHEN FÜR BILLIG UND GUT
HERMANN TIETZ
Das Warenhaus Berlins in allen Stadtteilen!

VORWORT

Als ich im Sommer 1987 einer Reisegruppe jüdischer Ex-Berliner begegnete, stand mir eine kleine Überraschung bevor. Soeben war mein erstes Buch zum Thema »Berliner Konfektion und Mode von 1836 bis 1938« erschienen, das auch die Grundlage für dieses Buch ist. Als Referent sollte ich nun den meist älteren Gästen den Kurfürstendamm zeigen. Damals gab es noch zahlreiche Modefirmen rechts und links des Boulevards, die alle ihren Ursprung in jüdischen Modefirmen bis 1938/39 hatten. Ich kannte diese Firmen aus jahrelanger Recherche. Als ich die Besucher über den Ku'damm führte, stellte sich plötzlich heraus, dass einige aus der Gruppe diese Firmen ebenfalls kannten: Sie hatten in der Berliner Modeindustrie gearbeitet, bevor sie vertrieben wurden.

Dabei gehörte Mode ursprünglich gar nicht zu meinen Interessen, die Geschichte Berlins schon eher – besonders die Zeit des Nationalsozialismus. Ich wollte verstehen, was zwischen 1933 und 1945 geschah. Ein Anliegen vieler Nachkriegsgeborener. In meinem Fall kam hinzu, dass in meiner Familie die Bekleidungsherstellung eine Rolle spielte. Bei der Recherche halfen mir zahlreiche Publikationen zur NS-Geschichte aus Deutschland, Großbritannien und den USA. Aber über die einst größte Industrie Berlins, die Modeindustrie, fand ich eher wenig. Ehemals deutsche Modedesigner, die ich in London und New York traf, schickten mir ihre Lebensgeschichten. Die Leo Baeck Forschungsinstitute in London und Jerusalem sowie die Wiener Library in London erwiesen sich mit ihren Archiven als großartige Quellen. Auf Tagungen traf ich Historiker wie Jacob Toury, Werner Strauss, Arnold Paucker oder auch Helmut Genschel, der bereits 1966 über die systematische Verdrängung der Juden im NS-Staat geschrieben hatte. Endlich fand ich einige Antworten auf meine Fragen.

Als angehender freier Journalist veröffentlichte ich 1985 diese ersten Erkenntnisse in Artikeln für die *tageszeitung (taz)* in Berlin und den Tagesspiegel, die genau während der Berliner Modewochen erschienen. Die Branche reagierte empfindlich: Es flatterten Briefe mit bösartigen Beschimpfungen in die Zeitungsredaktionen und zu mir, auch Telefonanrufe – alle unangenehm, aber irgendwie auch bestätigend.

Ich begann intensiv jüdische Modeschaffende aus Berlin als Zeitzeugen zu suchen: mit Zeitungsannoncen in Großbritannien, Israel und den USA. Hunderte Menschen schickten Briefe, Fotos und Zeitungsausschnitte – und ich erfuhr bewegende Lebensgeschichten. Das Thema ließ mich von nun an nicht mehr los. In der Folge schrieb ich mein erstes Buch, worin auch erstmals die Namen derjenigen zu lesen waren, die in der Zeit nach 1945 Berliner Mode herstellten und ihre Karrieren auf den Firmen aufbauen konnten, die zuvor »arisiert«, also den jüdischen Besitzern geraubt worden waren. Und es gab die Verbandsfunktionäre: eine bis auf Ausnahmen ebenfalls aus der NS-Zeit stammende Spezies. Auch diese wurden mit Namen genannt.

Je mehr ich versuchte, in das Territorium derjenigen vorzudringen, die von der Verfolgung der Juden direkt oder indirekt profitierten, desto dichter wurde der Schleier, den die Nachkriegs-Modedesigner und Industriellen über ihre eigene Vergangenheit gelegt hatten. Eine Aufklärung schien beinahe unmöglich. Die Branche der Berliner Modemacher war nicht an Aufklärung interessiert. Man wollte mit dem »Judenthema« nichts zu tun haben. Trotzdem gelang es 2000, ein Mahnmal am Hausvogteiplatz mithilfe der Jüdischen Gemeinde zu Berlin, dem Bezirk Berlin-Mitte und meinem damaligen Verleger aufstellen zu lassen. An diesem geschichtsträchtigen Platz im Ostteil Berlins waren die meisten jüdischen Konfektionäre angesiedelt. Vor 1989 wäre das wohl unmöglich gewesen: Die DDR hatte nie eine Position zum Thema »Juden in der Konfektion« gefunden oder finden wollen – man interessierte sich nur dafür, inwieweit man devisenbringende Kleidungsproduktion für westdeutsche Versandhäuser produzieren konnte.

Was blieb nach dem Krieg? Stilistisch versumpfte die Berliner Mode in Nostalgie. Diese Vergangenheitssehnsucht kannten die Modegestalter in den 1920er Jahren nicht. Die neuen Modeschöpfer des Kurfürstendamms kultivierten den Rückblick, schleppten diesen dann modifiziert in die zweite Hälfte des 20. Jahrhunderts. Die Berliner (und überhaupt deutsche) Mode hatte weder Ambitionen noch Ideen. Das stand im starken Gegensatz zur internationalen Modeentwicklung, die innovativ ganze Kontinente wie Asien und Afrika eroberte. Modedesigner, in London und Paris zuhause, schufen auf der Grundlage ihrer Geschichte neue Trends. Mit Vivienne Westwood kam die Popkultur in die Mode. In Japan gewannen Labels wie Yohji Yamamoto, Kenzo Takada oder Issey Miyake an Einfluss. Und auch die Frauenemanzipation sowie die populäre Musik bestimmten neue Modestile. Doch Berlin und Deutschland lahmten hinterher. Hier erinnerte man sich noch nicht einmal an die großen Stilikonen der Mode, die Geschichte schrieben. Es scheint, dass die Vernichtung der deutschen Modekultur und ihrer Gestalter durch die Nazis so nachhaltig war, dass sich bis heute, nach 80 Jahren, weder Berlin noch Deutschland davon erholt haben.

Und auch das Erinnern zeigt Lücken: Während zum Beispiel im entfernten Atlanta/Georgia hunderte Studenten der Clark University zusammen mit dem Goethe Center und der Georgia Commission on the Holocaust die Ausstellung *Fashioning a Nation* auf die Beine stellen, um an die Geschichte der jüdischen Modegestalter Berlins zu erinnern, weiß man in Berlin selbst, der Stadt des Verbrechens, fast nichts darüber. Die Studenten aus den USA kreieren sogar zu Ehren der vertriebenen Firmenbesitzer ein Kleidermodell mit den Namen all der Unternehmen, die in der Pogromnacht 1938 am Hausvogteiplatz gelitten haben. In der deutschen Hauptstadt, einstmals der Nabel der deutschen Mode, gibt es nicht einmal einen Designerpreis für Modetalente im Namen der damaligen Modegründer.

Das vorliegende Buch ist vielleicht eine letzte Chance zur Erinnerung. Die ehemaligen Modeschöpfer und Stilisten leben alle nicht mehr. Jene, die sich an jüdischem Eigentum bereicherten, ebenfalls nicht. Indem man über sie erzählt, können sie nicht verschwinden.

Hinzu kommt ein weiterer Gedanke: Seit einigen Jahren steht die weltweite Modeindustrie wieder im Zeichen des Umbruchs. Sie ist digitalisiert und global – und findet daher weniger im Verborgenen statt. Seien es sexueller Missbrauch von Models oder antisemitische Ausfälle von Modeschöpfern: Man ist sensibler geworden. Es gibt neue Impulse gegen den Rassismus und Antisemitismus der Branche. Aber auch Materialverschwendung, humane Arbeitsbedingungen oder eine umweltgerechte Produktion sind Themen, die bewegen. Hörbarer werden die Stimmen, die Verantwortung in der Branche übernehmen wollen. Wenn man weiß, dass vermutlich die Hälfte der Einnahmen aus sklavenähnlichen Arbeitsverhältnissen in der Modebranche für Kriege, Drogenhandel oder terroristische Gruppen eingesetzt werden, erscheint der billig eingeführte Modeglanz in den Warenhäusern und Discountern plötzlich in einem anderen Licht. Wer erkennt, mit welch brutaler Ungerechtigkeit es oft in der globalen Modeindustrie zugeht, und es dennoch ignoriert und sich nicht fragt, warum Unternehmen das ungestraft tun dürfen, der gefährdet das gesamte Rechts- und Wertesystem. So gelangt man relativ schnell aus der schön dekorierten Komfortzone der Modelabels direkt in den Abgrund politischer Verantwortungslosigkeit.

So bleibt die Frage an diejenigen, die heute vor allem in Deutschland Mode machen, warum die eigene Tradition der jüdischen Vorläufer und was diese in der Nazizeit erleben mussten, unbeachtet bleibt. Während sich mittlerweile viele deutsche Unternehmen der Aufarbeitung ihrer NS-Geschichte durch unabhängige Historiker stellten, schauen die deutschen Textil- und Modeverbände und leider auch die Macher der Fashion Week noch immer weg, als ginge sie das alles nichts an. Man darf aber auf Veränderung hoffen, die Zeit ist reif.

Ähnlich wie im Berlin der 1830er Jahre, als mit vitaler jüdischer Innovation viele Firmen, man würde sie heute als Startups bezeichnen, eine neue »demokratische« Mode, gar eine ganze Industrie entwickelten und damit Modegeschichte schrieben – so können wir heute unter den Stichworten »Disruption« oder »Paradigmenwechsel« Veränderungen mit dem Wissen um die Vergangenheit einleiten, die global positive Auswirkungen haben.

Die Ermordung tausender Juden, die einst in der Berliner Mode tätig waren, ist auch ein Ergebnis der Feigheit und des Schweigens einer Mehrheit. Das ist eine Lektion, die wir hoffentlich nicht wiederholen müssen. Auch darum wurde dieses Buch geschrieben.

UWE WESTPHAL
im Januar 2019

S FRIEDBERG
PASSEMENTERIE
THEODOR SIMON
Mädchen-Confection
Knaben-Confection

Der Hausvogteiplatz 1925

Erinnerung zwischen Ankleidespiegeln: das *Denkzeichen Modezentrum Hausvogteiplatz* mit Informationen zu den jüdischen Geschäftsleuten des ehemaligen Konfektionsviertels

DER VERLORENE ZAUBER EINES GANZEN VIERTELS

Die Treppe am U-Bahnhof am Hausvogteiplatz in Berlin ist eine ganz besondere. Wer auf ihr hinaufgeht zum Platz, bemerkt schnell den Schriftzug auf den Stufen. *Leopold Lindemann, Hansen Bang, Bachmann & Loewenstein* ... Bei allen steht als Adresse Hausvogteiplatz, nur die Hausnummern unterscheiden sich. Oben an der Straße angekommen, sehen die Passanten dann wenige Schritte weiter ihr eigenes Spiegelbild, das ihnen aus dem mittleren von drei übermannshohen Ankleidespiegeln entgegenblickt. Diese drei schmalen, ca. 2,70 Meter hohen Spiegel aus Edelstahl, die an ein Atelier oder Modegeschäft erinnern, sind eine Kunstinstallation aus dem Jahr 1994, das »Denkzeichen Modezentrum Hausvogteiplatz«. Auf drei Texttafeln im Inneren der Installation wird an das Schicksal all der jüdischen Unternehmer und Angestellten erinnert, die vor dem Terror der Nazis am Hausvogteiplatz in Konfektionsbetrieben, Modegeschäften und Schneidereien arbeiteten. An Menschen, die durch die zerstörerische Willkür der Nationalsozialisten zur Aufgabe ihrer Firmen und ihrer Arbeitsplätze gezwungen, die ins Exil getrieben oder sogar ermordet wurden. Wer sich hier zwischen die Spiegel stellt, sieht sich selbst sowie Endlosspiegelungen vom Raum innerhalb der Installation und von außen. Dieses Buch soll ähnlich wie dieses Kunstwerk als eine Art Zauberspiegel wirken, der einen Blick in die Vergangenheit werfen kann, lange bevor die Nazis das Viertel unsicher machten.

AM HAUSVOGTEIPLATZ

Wenn man morgens um acht Uhr am Hausvogteiplatz in Berlin umherschlendert und das Auge über den Platz schweifen lässt, sieht man vielleicht erst einmal nur das, was auf den ersten Blick sichtbar ist: einen x-beliebigen Platz, dreieckig in seiner Form, mit einem bunten Sammelsurium aus Fassaden und Häusern – vom Plattenbau bis zum hochherrschaftlichen Palazzo aus längst vergangenen Tagen. Menschen gehen ihren alltäglichen Geschäften und Besorgungen nach, sind in Eile, um noch einigermaßen pünktlich zur Arbeit zu kommen, oder überqueren in Gedanken versunken oder mit einem netten Kollegen plaudernd die Straße,

Namen von Konfektionären am Treppenaufgang der U-Bahn-Station am Berliner Hausvogteiplatz

so wie vielleicht schon seit Jahrhunderten. Heute arbeiten hier vor allem Büroangestellte – ob nun wenige Schritte weiter im Bundesministerium der Justiz und für Verbraucherschutz in der Mohrenstraße oder in den Kanzleien und Büroräumen im Haus der Berolina am Hausvogteiplatz 12, das durch seine edle Schaufassade auffällt.

Nur wenige wissen, dass ausgerechnet hier am Hausvogteiplatz etwas existierte, was heute fast spurlos verschwunden ist. Mit Hilfe historischer Dokumente und Zeugnisse können wir zwar erahnen, aber nicht wirklich erfassen, dass an diesem Platz binnen weniger Jahren etwas mit Menschenverachtung zerstört wurde, das über Jahrhunderte gewachsen war und zu weltweitem Ruhm gelangte. So hatten im Gebäude des Justizministeriums einstmals 59 Modebetriebe ihren Sitz. Das Haus Berolina beherbergte einst im Erdgeschoss auf der rechten Seite das Geschäft des jüdischen Konfektionärs David Leib Levin (1815–1891) und dessen Nachfahren. Er zählte zu den prominenten Mitbegründern der sogenannten Berliner Konfektion, deren Aufstieg und Untergang in diesem Buch beleuchtet wird.

Das Schicksal der einstmals am Berliner Hausvogteiplatz ansässigen Modehäuser, Schneidereien und Konfektionsbetriebe und vor allem ihrer Besitzer und Mitarbeiter ist heute beinahe gänzlich vergessen. Unzählige Menschen, deren Los wir nur aus historischen Zeugnissen wie ein Puzzle zusammensetzen können: vertrieben, beraubt, ermordet.

Nach dem Terror der Nazizeit sind diese Menschen ein zweites Mal gestorben: Die jüdischen Modehäuser von Weltruf wurden nicht nur von den meisten vergessen, sondern von den ehemaligen Kollegen der Branche regelrecht totgeschwiegen und von dem ein oder anderen selbstgerechten Zeitgenossen sogar noch verhöhnt.

Daher müssen Geschichten wie die der verschwundenen Menschen rund um den Hausvogteiplatz immer wieder erzählt werden, um an das große Unrecht und Verbrechen zu erinnern und auch zu mahnen. Doch ist dies in den vergangenen Jahrzehnten geglückt? Vereinzelt schon, im Wesentlichen aber nicht.

So leichtfüßig und flüchtig die Modewelt daherzukommen scheint, so schmerzvoll sind Teile ihrer Geschichte. Das Viertel um den Hausvogteiplatz war Schauplatz des Aufstrebens und Erfolgs, vor allem aber des Niedergangs und des Leids dieser Branche in Deutschland. Begeben wir uns daher auf eine gemeinsame Zeitreise – auf die Spuren der Menschen, die hier noch vor einem knappen Jahrhundert Berlin und die ganze Welt einkleideten: mit feinstem Tuch für die Königshäuser Europas oder mit Alltagskleidung, die einfach Spaß machte.

Eine Erinnerung aus dem Jahr 1906 des damaligen Stadtchronisten Moritz Loeb zeichnet ein lebendiges Bild davon, was diesen Ort im Zentrum Berlins einst ausmachte, wie ähnlich er den großen Modezentren in New York, London und Paris war:

»Acht Uhr in der Frühe. Noch hat das Leben und Treiben in den großen Geschäftsgebäuden nicht begonnen, dafür bietet das Straßenbild, das sich dem Beschauer um diese Morgenstunde zeigt, umso mehr des Interessanten. Die tausende von Angestellten, die im Konfektionsviertel beschäftigt sind, eilen ihrer Arbeitsstätte zu. Jedem Omnibus, jedem der zahlreichen, das Konfektionsviertel kreuzenden Straßenbahnwagen entsteigen in großer Zahl die jungen Leute und ihre weiblichen Kollegen, um in eiliger Hast die paar Schritte zum Geschäftslokal zurückzulegen. Nur wenige Angestellte kommen auf Schusters Rappen, allenfalls ein Teil der besser gestellten und unverheirateten Kommis, soweit sie in nicht zu großer Entfernung vom Geschäft ihre möblierte Bude haben. Die große Masse des Personals wohnt jedoch in zu großer Entfernung von der City, um viermal des Tages den Weg zu Fuß machen zu können. Namentlich die Geschäftsdamen kommen, soweit sie aus den Kreisen der Arbeiterschaft stammen, gewöhnlich aus den Außenbezirken des Ostens und Nordens, oft auch aus den Vororten. Sie sind unschwer im Straßenverkehr zu erkennen. Das Frühstückspaketchen in der Hand, auch wohl die Monatskarte der Straßenbahn, zeichnen sie sich meist durch einen gewissen Chic aus, der bei dem weiblichen Personal in manchen anderen Branchen, z. B. in den im Rathausviertel domizilierenden Konfektionszweigen, lange nicht so auffällt. Das Straßenbild belebt sich jetzt von Minute zu Minute. Rollwagen fahren vor den Geschäften vor, einerseits, um die in den späten Abendstunden des vergangenen Tages fertiggestellten Frachtsendungen abzuholen, andererseits, um angekommene Güter, Risten und Ballen mit Stofflieferungen abzuladen […].

Bald nach acht Uhr kommen auch schon die ersten Lieferdroschken. Diese bilden eine besondere Eigenart des Konfektionsgeschäftes. Der Zwischenmeister, der, wie wir später näher sehen werden, die gesamte Fabrikation für seinen Auftraggeber übernimmt, hat die Pflicht, die fertige Ware franko Haus zu liefern, ebenso wie er in der Regel die ganzen Stoffballen auf eigene Kosten in seine Werkstätte transportieren muss […].

Wenn gerade Hochsaison ist, so rollt im Konfektionsviertel unaufhörlich eine Droschke nach der anderen heran. Der ganze Platz ist von den Wagen der Lieferung eingenommen, kaum daß der mitfahrende Meister daneben noch Platz findet [...]. Für den mit den Verhältnissen nicht Vertrauten hat es den Anschein, als ob der Wagen geplündert und sein Insasse verhauen werden sollte. Die Sache ist aber harmloser. Es handelt sich um Gelegenheitsarbeiter, die den ganzen Tag hindurch im Konfektionsviertel herumlungern und sich durch das Heraustragen des Packens in die Ablieferungsräume einen Groschen verdienen. Denn dem Herrn Zwischenmeister, der so was ›nicht nötig hat‹, ist diese Tätigkeit zu beschwerlich; manchmal mag sie auch in der Tat seine Kräfte übersteigen. Es gibt unter den Packträgern sogar Leute, die diesen im wahren Sinne des Wortes im Umherlaufen betriebenen ›Beruf‹ seit Jahren ausüben und ihre feste Kundschaft haben. Diese wissen ganz genau, wann und wo ihre Meister liefern und sie sind bei deren Anfahrt vor dem Geschäftslokal pünktlich zur Stelle. Hier stauen sich oft ganze Wagenburgen an. Neben den Lieferdroschken, den Wagen der Kartonagefabriken, den hochbeladenen Rollwagen der Spediteure halten zahlreiche Fuhrwerke aus den Appretur- und Dekaturanstalten. Die meisten Konfektionsstoffe müssen nämlich vor der Verarbeitung eine letzte Behandlung durchmachen, ehe sie ›nadelfertig‹ sind [...].

Nun rollen auch in Taxametern nach und nach die Chefs heran, der eine oder andere Mantelkönig auch wohl in eleganter, zweispänniger Viktoria. Selbstverständlich kommen auch die ersten Konfektionäre, die Herren mit den Ministergehältern, in Droschken vorgefahren, nicht minder die Reisenden der großen Häuser. Den Reisenden gehören überhaupt die nächsten Stunden im Verkehrsgebilde in der Umgegend des Hausvogteiplatzes. Allerdings nur den Stadtreisenden, die selbst eigentlich gar nicht der Konfektion angehören, jedoch mit dieser in ständiger Verbindung stehen. Es sind die Vertreter der Stoffgrossisten, der Knopf-, Besatz- und Passementeriefirmen, kurz aller Branchen, die die Lieferanten der Konfektion bilden. Darunter ist natürlich eine große Zahl selbständiger Agenten und Chefs, die aber ebenso wie ihre jungen Leute treppauf treppab den Aufträgen nachjagen müssen. Vielfach hat sich die Gepflogenheit gebildet, die Abnehmer täglich zu besuchen, und so ist die Anstrengung für die Stadtvertreter keine geringe [...]. Eine kleine Ruhepause während der allmorgendlichen Tour ist dem Vertreter durchaus zu gönnen, und die sucht und findet er in den Frühstücksstuben.

Die Frühstücksstube ist von der Konfektion, überhaupt von der gesamten Berliner Textil- und Bekleidungsbranche, untrennbar. Sie gehört dazu wie ein integrierter Teil des Geschäftsbetriebes, und tatsächlich werden manche Abschlüsse zuerst beim Frühstück angebahnt, werden langjährige Zwistigkeiten und Differenzen beim Glase Bier und ein Paar Würstchen beigelegt, werden manche junge Leute zuerst dem Chef des Welthauses bekannt, in dem sie später eine große Stellung, ja selbst die Teilhaberschaft erlangen. [...] Frühstücksstuben gibt es namentlich im Konfektionsviertel eine ganze Anzahl, und ein Teil davon gilt besonders als Rendez-vous-Platz bestimmter Kreise. Da ist zunächst der berühmte Wurstkeller von Niquet an der Ecke der Jäger- und Oberwallstraße, vis-à-vis der Reichsbank. Bei Niquet's Würstchen und Schinken versammelt sich übrigens die Elite der Konfektion. Hier verkehren die Herren Prinzipale. Aus begreiflichen Gründen wird das Lokal von den Angestellten gemieden; die Preise, obwohl nicht teuer, sind immerhin den Gehaltsverhältnissen junger Kommis nicht so

DER BAZAR,

ILLUSTRIERTE DAMEN-ZEITUNG.

APRIL 1897.

Seit Mitte des 19. Jahrhunderts teilt der *Bazar* den Frauen mit, was schick ist. Modezeichnung von 1898

VERLAG DER BAZAR-ACTIEN-GESELLSCHAFT, BERLIN

MÄRZ

1904

Bazar-Modezeichnung
von 1904

angepaßt wie anderwärts. [...] Ein junger Mann, der es sich angewöhnen würde, bei Niquet zu verkehren, würde wohl innerhalb der Konfektion für größenwahnsinnig erklärt werden. Übrigens geht das Geschäft auch so. [...] Von Chefs besucht ist auch Friedmanns Restaurant in der Jerusalemer Straße, hier findet man aber auch Stadtvertreter, ebenso bei Trope in der Oberwallstraße gegenüber dem Haupttelegraphenamt, bekannt unter dem Namen Müller. Dort pflegen sich neben den Agenten und Vertretern auch die besseren Konfektionäre einzufinden, Leute, die es ›dazu‹ haben, und auch einmal etwas ›springen‹ lassen. [...]

Bei Donny, dessen Renommee nicht nur auf den billigen Preisen, sondern auch auf der guten Qualität der Speisen und Getränke beruht, verkehren übrigens nicht nur junge Leute und Geschäftsdamen aus der Konfektion und anderen Branchen, sondern Bürger aller Kreise, darunter zahlreiche Akademiker. Die Reisenden, die ja etwas Besseres gewöhnt sind, findet man hier allerdings nicht. Sie gehen lieber in eine Weinstube, wie zu Hellmuth Schmidt in der Charlottenstraße, in das bekannte Kempinski'sche Restaurant, zu Theophron Kühn am Werderschen Markt, in Vopels Weinstuben in der Leipziger Straße und dergleichen Lokale. In diesen pflegen auch die Chefs zu speisen, die keinen eigenen Haushalt haben, oder wenn sie, namentlich in der Hochsaison, den weiten Weg zu ihrer meist im äußersten Westen gelegenen Wohnung scheuen [...].

Endlich, der Abend naht schon heran, eilen die Stadtreisenden ins Geschäft; denn in ein bis zwei Stunden wird schon Schluß gemacht, und es gilt noch eine Reihe Anordnungen zu den heutigen Aufträgen zu erteilen, auch noch Muster für den nächsten Tag zurechtzulegen. Kurz vor Schluß der Geschäfte schwillt der Wagenverkehr im Konfektionsviertel wieder mächtig an. Jetzt beginnt die Hauptzeit für das Abrollen der fertigen Güter; Rollwagen steht hinter Rollwagen, und die Trottoirs sind durch die Menge der aufzuladenden Kisten fast unpassierbar. Gleichzeitig geht der gewaltige Postpaketverkehr der Konfektion vor sich. Berge von Paketen, alle in den bekannten braunen Pappkartons, werden von den Hausdienern zur Post befördert. Ganz große Lieferungen werden mittels Fuhre bewerkstelligt; läßt sich die Zahl der Pakete aber zur Not noch tragen, so bindet sie der Hausdiener in ein schweres grünes Tuch, um den ganzen Pack mit großer Kraft und Geschicklichkeit auf den Rücken zu nehmen, wobei die Tuchenden als Handhabe dienen. An den Schaltern der zahlreichen Postämter im Konfektionsviertel geht es dann auch um die siebente Stunde wie im Taubenschlag zu [...].

Ein allgemeiner Strom auf die Verkehrsmittel, zu denen in den nächsten Jahren am Hausvogteiplatz eine Station der Untergrundbahn kommen soll, beginnt, und in kurzer Zeit, schon vor neun Uhr abends, ist das gesamte Konfektionsviertel einsam und verödet, bis am nächsten Vormittag die emsige Tätigkeit von neuem beginnt. Nur in der Hochsaison verraten bis tief in die Nacht hinein hell erleuchtete Geschäftslokale, daß die Tagesstunden für die Fülle von Arbeit nicht ausgereicht haben.«[1]

Bis am Hausvogteiplatz, wie von Loeb vor mehr als einhundert Jahren beschrieben, das Geschäftsleben pulsierte und es regelrecht wie im Taubenschlag zuging, war es jedoch ein langer Weg und der Hausvogteiplatz eine Spur ruhiger. Denn die Hausvogtei, die 1750 auf dem Gelände erbaut wurde, war das königliche Hofgericht mit einem Untersuchungsgefängnis für Bewohner des Stadtteils sowie Angestellte des Schlosses – und für Berliner Juden.

Erst im 19. Jahrhundert entwickelte sich hier die Konfektionsindustrie, und es entstanden nach und nach mehr vierstöckige Gebäude, in denen größtenteils Menschen jüdischen Glaubens lebten und arbeiteten. Die Fassaden der palastartigen Gründerzeitbauten waren mit den Namen hunderter Firmen regelrecht zugepflastert.

Diese Firmen, zumeist jüdische Unternehmen, sorgten ab 1838 dafür, dass es endlich Kleider »von der Stange« gab, die auf Vorrat hergestellt und von den Kunden zu festen Preisen gekauft werden konnten. Schließlich war maßgeschneiderte Mode für den Geldbeutel des normalen Bürgers unerschwinglich und nun waren all die schönen Dinge auch für die breite Masse zu haben – eine regelrechte Revolution in der Modewelt.

Vier besonders tüchtige Männer brachten es schon bald als »Mantelkönig«, Hoflieferanten und Gründer einer Wäschedynastie zu Weltruhm: DAVID LEIB LEVIN, VALENTIN MANHEIMER, HERRMANN GERSON und RUDOLPH HERTZOG. Sie, deren Geschichte wir noch eingehender kennenlernen werden, waren maßgeblich daran beteiligt, dass Berlin und die Firmen aus dem Viertel rund um den Hausvogteiplatz in einem Atemzug mit den anderen Modemetropolen der Welt genannt wurden. Die Fertigung ihrer Waren gaben sie zum größten Teil außer Haus und beschäftigten so tausende von Zwischenmeistern. Das waren Auftragnehmer, die die gesamte Herstellung unter ihrer Federführung an zigtausende von Heimarbeitern weitergaben, die unter bisweilen armseligen Bedingungen in ihren Wohnstuben Mode für Berlin, Deutschland und die ganze Welt schufen.

Was sich in diesem langen Prozess zum Nabel der deutschen Modewelt am Hausvogteiplatz entwickelte, verlor schließlich in den wenigen Jahren der Nazidiktatur nicht nur seinen Glanz, sondern wurde von ihr verwüstet und später zerstört. Die hier arbeitenden Menschen wurden ausgeraubt, vertrieben, gedemütigt und ermordet. Die Niedertracht kannte keine Grenzen, denn selbst in Auschwitz wurden die deportierten Modeschaffenden aus Berlin vor ihrem endgültigen Schicksal noch ausgebeutet: Sie mussten in eigens dafür eingerichteten Werkstätten Aufträge der Berliner Modefirmen – jetzt in arischer Hand – ausführen. Die Gattinnen und Freundinnen der Nazi-Größen schworen geradezu auf den »Chic« aus Auschwitz-Birkenau. Die Entrechtung, die Säuberungen, Morde und die zuvor erfolgte »Arisierung« in der jüdischen Konfektionsbranche werden im Folgenden eingehender beschrieben. Dabei wird deutlich, mit welch perfiden Mitteln unter anderem die *Arbeitsgemeinschaft deutsch-arischer Fabrikanten* (ADEFA) ihre heimtückischen Ziele durchsetzte.

Blicken wir kurz zurück auf den 10. November 1938. Wir befinden uns am Hausvogteiplatz und bekommen einen ersten Eindruck davon, was zum Todesstoß für das einstige Modezentrum Deutschlands und im wahrsten Sinne des Wortes für eine Vielzahl der hier arbeitenden Menschen wird. An diesem Tag gleichen große Teile Berlins einem Ort der Verwüstung – auch das Viertel der jüdischen Konfektionäre. Am Vorabend haben

Nazi-Schergen in der »Reichskristallnacht« hier ihr tyrannisches Unwesen getrieben. Jetzt, 24 Stunden später, brennen auf der Straße immer noch Schnittmuster und Modezeichnungen, Karteikarten, Stoffballen, Futterstoffe, Schmuckbänder, Pelze und Kleiderpuppen, die man aus den geplünderten Geschäften geworfen hat. Über den Fensterbrüstungen der umliegenden Häuser hängen herausgeworfene Stoffe und Kleidungsstücke.

Ruth Hamburger aus Brighton in England hat den Tag nach der Pogromnacht auf dem Hausvogteiplatz nie vergessen. Die Jüdin war damals Schneiderin im Konfektionsbetrieb *Wolfsohn* und berichtete nach dem Krieg:

Am Morgen des 10. November hatte ich schon von den Unruhen in der Nacht erfahren, wusste aber nicht mehr darüber. Gegen 11 Uhr kamen gleich mehrere junge Männer in die Werkstatt, die Hakenkreuzbinden am Oberarm trugen. Sie gingen direkt durch unsere Werkstatt und pöbelten alle an, die sich ihnen in den Weg stellten. Ich sah, wie einer sich an unseren Handtaschen zu schaffen machte. Auf den ging ich zu und schrie ihn an. Darauf war der Mann nicht vorbereitet und ließ sofort von unseren privaten Sachen ab, verschwand mit den anderen in Richtung Ausgang und riss dabei Kleiderbüsten um und Zubehör aus den Regalen. Außerdem nahmen sie noch nicht fertige Mäntel mit. Als wir aus dem Fenster schauten, sahen wir wie einige der Nazis aus anderen Gebäuden auf dem Hausvogteiplatz ein Feuer mit Bekleidung anzündeten. Viel gebrannt hat es aber nicht. Trotzdem standen wir schockiert. Mir wurde an dem Tag klar: ich kann nicht länger in Berlin bleiben. Herr Wolfsohn, unser Chef, wurde geschlagen. Sein Fahrer brachte ihn ins Krankenhaus. Drei Monate später war ich schon in Brighton.[2]

Die ganze Aktion am Vortag hatte wohl nicht länger als eine halbe Stunde gedauert. Eine Gruppe von etwa 60 Männern, von denen manche auch SA-Uniformen trugen, war gegen 13 Uhr in die Büros und Werkstätten der Konfektionäre eingedrungen. Sie brüllten »Juden raus« und schlugen jeden Rezeptionisten, der sich ihnen in den Weg stellte. Die Polizei wurde alarmiert, zu Hilfe kam aber niemand. Angestellte der Konfektionsbetriebe wurden in zivile Fahrzeuge gepfercht und abtransportiert. Im Kaufhaus *Nathan Israel* zogen junge Männer mit Hakenkreuzbinden am Arm durch die Abteilungen und warfen Stoffe und Bekleidung aus den Fenstern. Was nicht zerschlagen wurde, wechselte mit erpresserischen Methoden in »arische Hand«. Eine anonyme Zeitzeugin wollte ihrem Vater an diesem 10. November 1938 beiseitestehen und wurde Zeugin eines Raubs, für den nie jemand vor Gericht gestellt werden sollte:

Mein Vater gehörte mit seinem Unternehmen zu den wichtigsten und renommiertesten Firmen rund um den Hausvogteiplatz. Er war ein großartiger Designer von sehr modischer Damenbekleidung. Unsere Geschäftsräume in der Mohrenstraße 19 dienten auch als Vorführräume für die Modenschauen.

Ich war am 10. November im Büro meines Vaters und sah, wie ein elegant gekleideter Herr, er stellte sich als Rechtsanwalt vor, Einlass zum Büro meines Vaters verlangte. Mit ihm kamen etwa zehn andere Männer, die vorm Büro bei geöffneter Tür warteten. Der Rechtsanwalt sagte mit ruhiger Stimme zu meinem Vater, dass er sofort die Geschäftsräume zu verlassen hätte. »Jetzt gehört die Firma mir«, sagte er. Als mein Vater zum Telefon griff, legte der Anwalt seine Hand darauf und verbot jegliches Telefonat. Es wurde fast kaum geredet. Mein Vater schwieg und ich hatte nur Angst. Der Anwalt zog einige Papiere aus seiner Aktentasche und legte sie auf den Schreibtisch. »Unterzeichnen Sie hier und verhindern Sie damit, dass wir ihren Betrieb genauer inspizieren.« Mein Vater unterzeichnete zögerlich. Der Rechtsanwalt nahm die Papiere an sich, drehte sich um und verließ mit seinen Helfern unsere Firma. Das war alles, was passierte. Mein Vater sagte nur noch: »Komm, wir haben hier nichts mehr zu suchen«.[3]

Die Firma des Vaters dieser Zeitzeugin war nicht der einzige jüdische Modebetrieb, der bis Ende 1938 mit erpresserischen Kaufverträgen und nicht selten auch vorgehaltener Pistole den Besitzer wechselte. Die Profiteure setzten sich ins »gemachte Nest«: Denn nur wenige Jahre, nachdem Ruth und ihr Vater wie viele andere Juden aus ihren Betrieben verbannt worden waren, boomte trotz des verlorenen Krieges die Bekleidungsbranche. Eine Redakteurin der Wochenzeitung *DIE ZEIT* stellte im März 1950 daher eine auf der Hand liegende Frage:

Wo liegt der Grund für das erstaunliche Comeback der Berliner Mode-Industrie, die heute wieder stilbestimmend in Deutschland ist? Wie konnte sie sich binnen fünf Jahren zum zweitgrößten Industriezweig Berlins entwickeln, gemessen an den Umsätzen, die sich seit dem »Startjahr« 1950 verdreifacht haben, so dass sie für das vergangene Jahr die Bilanz von 635 Millionen DM aufweisen?[4]

Über dem Mode-Wirtschaftswunder der 1950er Jahre lag ein dunkler Schatten. Einer, der das aussprach, war Detlev Albers. Der zwischen 1955 und 1970 sehr erfolgreiche Modedesigner hatte sein Handwerk in einem der ehemaligen jüdischen Konfektionshäuser gelernt. Er wusste, dass die neuen Geschäftsbesitzer von den Juden mehr als nur die Räumlichkeiten übernommen hatten. In einem Interview sagte er (siehe auch S. 227ff.):

Bei der Firma Auerbach und Steinitz fanden die natürlich einen unwahrscheinlichen Apparat vor. Ein Hausatelier, Direktricen und Schneider usw., was ja für den Erfolg eines Geschäftes sehr wichtig ist. Denn die Sachen, die gezeichnet werden, müssen auch gemacht werden. Und da muss es eben gute Leute geben. Die gab's ja früher in Berlin. Für viele ein einmaliger Glücksumstand.[5]

Vor 1938, als Designer aus Berlin noch in der gleichen Liga mit Kollegen aus Paris und Mailand mitmischten, war ein Großteil der Modebetriebe in jüdischem Besitz. Spätestens Ende 1939 war die Berliner Mode vollständig »judenfrei«. Die Profiteure der am 12. November 1938 staatlich verordneten *»Ausschaltung der Juden aus dem Wirtschaftsleben«* rieben sich die Hände: Sie zahlten für die florierenden Modehäuser einen Spottpreis und konnten nach dem Krieg an den wirtschaftlichen Erfolg anknüpfen.

Was man aber auch nicht vergessen sollte: Eine ganze Branche verlor ihre Tradition, ihre Modekünstler, Stilisten und ihr handwerkliches Können.

Dass es so weit kommen konnte, wurde auch durch einen bereits seit Jahrhunderten andauernden Kampf zweier Lager begünstigt: Von jeher gab es Widerstand der christlichen Gesellschaft – und damit auch der christlichen Schneider – gegen Menschen jüdischen Glaubens. Dieser Judenhass hat eine lange Tradition, die bis ins Mittelalter zurückreicht. Deswegen standen nicht nur am Hausvogteiplatz die christlichen Kollegen oder Nachbarn dabei, als die Geschäfte geplündert und die Besitzer enteignet wurden. Und viele von ihnen klatschten offen oder insgeheim Beifall.

Geschäftsboykott durch SA-Leute im April 1933 vor dem Kaufhaus Nathan Israel, dem ältesten Kaufhaus Berlins

Zwanzig Jahre bevor diese Zeichnung im *Bazar* 1856 erscheint, werden von Herrmann Gerson, Rudolph Hertzog, Nathan Israel, David Leib Levin und den Brüdern Manheimer die Grundlagen für konfektionierte Damenkleider geschaffen

WIE ALLES BEGANN: BERLIN WIRD MODISCH

Über 700 Jahre bevor am Hausvogteiplatz in der Pogromnacht die Konfektionshäuser verwüstet wurden, gab es für die Berliner Schneider etwas zum Feiern – allerdings nur für die mit christlicher Konfession. Wir schreiben den 10. April 1288. An diesem Tag, fast 550 Jahre vor den ersten Firmen- und Geschäftsgründungen der Berliner Konfektion, erhielt die *Berliner Schneidergilde* von der *Regierung des Markgrafen Otto V. des Langen und Albrechts aus dem Hause der Askanier* ihre Stiftungsurkunde. Ein wichtiger Meilenstein – zumal im Konkurrenzkampf gegen die Juden. Denn für sie hatte die Sache einen Haken. In der Stiftungsurkunde wurden die *»lieben Mitbürger«* darüber in Kenntnis gesetzt, *»daß niemand gestückte Wämser oder Kaputzen oder Kolten oder Jacken auf dem Wochenmarkt zum Verkauf bringe, sondern allein auf den Jahrmarkt.«*[6] Eine klare Ansage mit weitreichenden Folgen für die jüdischen Kleiderhändler. Der Handel mit gebrauchten und vorgefertigten Kleidungsstücken lag vor allem in ihren Händen, und nun fehlten die wöchentlichen Absatzmöglichkeiten. Die Schneiderkunst selbst auszuüben, war den Juden jedoch verwehrt, da ihnen der Zutritt zu den christlichen Zünften verweigert wurde. Mit der Stiftungsurkunde hatte es die Gilde nun auch schwarz auf weiß: Keiner durfte das Schneidergewerbe ausüben, *»ohne vorher die »Burschap« und die Brüderschaft der Schneider gewonnen zu haben.«* Und eine Brüderschaft mit den Juden wurde nicht geduldet. Den Juden blieb daher kaum etwas anderes übrig, als ihre Waren innerhalb der eigenen Gemeinde zu verkaufen.

Die christlichen Schneider, die bislang eher häuslich auf den Höfen der Grundbesitzer tätig waren, begannen derweil immer stärker ihre ständischen Interessen wahrzunehmen. Mit der Entwicklung des Zunft- und Gildewesens wurde die konservative Haltung gegenüber Nichtmitgliedern und neuen Konkurrenten, vor allem gegenüber Juden, immer starrer. Diese Art der Ausgrenzung sollte noch bis tief ins 17. Jahrhundert andauern. Erst dem Kurfürsten von Brandenburg, Friedrich Wilhelm (1640–1688), ist es zu verdanken, dass Juden zumindest ein Recht auf den Handel mit Kleidern zugesprochen bekamen. Allerdings stieß dies auf den erbitterten Widerstand der Zünfte. Schließlich hieß es in seinem Erlass: Es *»soll diesen jüdischen Familien vergönnt sein, ihren Handel und Wandel im ganzen Lande dieser Kur- und Mark Brandenburg [...] unseren Edikten gemäß zu treiben[...], Tücher und dergleichen Waren in Stücken zu verkaufen, [...] mit neuen und alten Kleidern zu handeln[...].«*[7] Besonders erbost waren die Schneider darüber, dass ab sofort der Verkauf von Kleidern auch außerhalb ihrer Zünfte erlaubt war. Eine bittere Pille, denn damit waren die Zeiten von Preisabsprachen und überhöhten Preisen für Meisterstücke dahin.

Der Streit zwischen den Schneiderzünften und der *»mit Kleidern handelnden Jüdenschaft«* nahm in der zweiten Hälfte des 18. Jahrhunderts erneut an Fahrt auf. Die christlichen Schneider standen bei dieser Auseinandersetzung auf der Seite des Rückschritts, denn sie hatten eine zukunftsträchtige Neuerung schlichtweg verschlafen: Nur eine serielle Klei-

Beilage zum BAZAR, Must

g für Frauen. 1855 N° 3

Berlin wird Modemetropole – zunächst mit den Mitte des 19. Jahrhunderts typischen Krinolinenröcken, für die ungeheure Stoffmengen benötigt werden

derfertigung und ein erweiterter Handel wäre die Lösung gewesen, um den steigenden Bedarf an Kleidungsstücken in den wachsenden Städten zu decken. Doch zu diesem Zeitpunkt hatte die antijüdische Haltung christlicher Schneider schon eine lange Tradition. Die Entwicklung von Manufakturbetrieben verschärfte diesen Zwist noch mehr. Als 1714 die *Preußische Tuchmanufaktur* gegründet wurde, zogen jüdische Unternehmen der Seidenmanufaktur relativ rasch nach. Bereits Mitte des 18. Jahrhunderts wurden sie erstmalig erwähnt. Auch wenn eine serielle Kleiderfertigung erst um 1830 festzustellen ist, so muss davon ausgegangen werden, dass diese Kleiderherstellung zunehmend von Schneidern in Hauswerkstätten vorgenommen wurde, die nicht an das Zunft- und Gildesystem gebunden waren. Für Schneider jüdischen Glaubens war dies die einzige Möglichkeit, in ihrem Beruf Geld zu verdienen. Die christlichen Zünfte bildeten auch keine Lehrlinge jüdischen Glaubens aus.

Während die Interessengruppen weiterhin Abstand voneinander hielten, sorgte der Preußenkönig Friedrich Wilhelm I. für eine weitreichende Änderung: In einem Edikt befahl er 1719 all seinen Untertanen das Tragen von inländischer Kleidung. Mit der 1731 erlassenen *Gewerbeordnung* ging es dann den Satzungen der Brüder- und Gesellenschaften an den Kragen. Sie wurden kurzerhand für nichtig erklärt. Immer stärker griff der Staat in die Verteilung der Arbeitskräfte und in den Wirtschaftsaufbau ein. Der größte Teil der jüdischen Bevölkerung lebte in dieser Zeit allerdings noch in absolut ärmlichen Verhältnissen am Rande der Gesellschaft. Sie besaßen weder staatsbürgerliche Rechte, noch durften sie am freien und ordentlichen Handel teilnehmen. Nur die Juden, die sich im Sinne der preußischen Herrscher um den Markt verdient machten, wurden in der Stadt geduldet. So war es auch nur eine sehr kleine Schicht jüdischer Händler, besonders für Seidenstoffe, die das Reglement zuließ. Der Altkleiderhändler

Vermutlich eines der ältesten Fotos des Zentrums der Berliner Konfektion: der Hausvogteiplatz 1889. Blick auf die Westseite des Platzes mit der Einmündung de Mohrenstraße (links).

S.32–33: Damenmode-Schnittmuster von 1847

Jacob Israel hatte unter diesen Bedingungen 1741 eine Konzession für sein Geschäft erhalten. Sein Neffe, Nathan Israel, eröffnete 1815 auf dieser Grundlage seinen Bekleidungshandel mit neuen Kleidern. Später entstand aus seinem Unternehmen eines der bekanntesten Warenhäuser Berlins.

Doch noch handelte es sich hierbei um Einzelfälle, denn die Konfektion entstand nicht etwa aus dem von Juden betriebenen Altkleiderhandel. Vielmehr füllten die übers Land ziehenden Trödler eine Lücke im Wirtschaftsgefüge, die von niemand anderem ausgefüllt werden wollte. So ist der zum Begriff gewordene »jüdische Altkleiderhändler« entstanden, der schlicht keine Möglichkeiten hatte, in anderen Berufen sein Geld zu verdienen. Doch hatten die umherziehenden Altkleiderhändler eine durchaus wichtige gesellschaftliche Funktion. Sie brachten wichtige Nachrichten von Ort zu Ort, und sie sorgten dafür, dass Menschen mit kleinem Geldbeutel Kleidung kaufen konnten, die zuvor in höheren Gesellschaftskreisen getragen worden war. Auf diese Weise wurden nicht zuletzt auch modische Neuheiten unters Volk gebracht, was zur damaligen Zeit durchaus schon eine Rolle spielte.

Der generelle Ausschluss der Juden aus dem preußischen Wirtschaftsleben konnte aber erst Mitte des 18. Jahrhunderts in Ansätzen überwunden werden. Mit dem *Generalreglement* von 1750 unter Friedrich II. wurde den Juden – nach staatlichen Erfordernissen – ein Platz im Wirtschaftsleben zugewiesen. Ein »ordentlicher Schutzjude« mit einem »Schutzbrief«, wie ihn zum Beispiel der Seidenfabrikant Bernhard in Berlin besaß, hatte Niederlassungsrecht und konnte dies seinen Kindern übertragen. Der »außerordentliche Schutzjude« besaß dieses Recht jedoch nur auf Lebenszeit. So durfte beispielsweise der spätere deutsche Philosoph der Aufklärung, Moses Mendelssohn, der während seiner Jugend seinen Lebensunterhalt in der Textilbranche verdiente, nur so lange in Berlin bleiben, wie er eine Stelle bei dem Seidenfabrikanten und »Schutzjuden« Isaak Bernhard vorweisen konnte.

Die Judenpolitik Friedrichs II. war jedoch weniger von humanistischen Gedanken geleitet. Vielmehr ging es darum, die Juden als Steuerzahler und effektiven Wirtschaftsfaktor in die Staatsgeschäfte einzubeziehen. Die Forderung nach rechtlicher Gleichstellung der Juden mit allen anderen Bürgern, wie sie besonders von Moses Mendelssohn gestellt wurde, stieß jedoch noch auf breiten Widerstand. Der Philosoph Fichte schrieb 1793: »Juden Bürgerrechte zu geben, dazu sehe ich wenigstens kein Mittel, als das, in einer Nacht ihnen alle Köpfe abzuschneiden und andere aufzusetzen, in denen auch nicht eine jüdische Idee sei.«[8]

Während die Französische Revolution 1789 die Forderung nach Freiheit und Gleichheit auch mit der Emanzipation der Juden (1791) verband, mussten dazu in Preußen weitere Jahre vergehen. Erst 1812 wurde erstmals eine rechtliche Gleichstellung der Juden erreicht und zwar durch das *Edikt betreffend die bürgerlichen Verhältnisse der Juden in dem preußischen Staate*. Es galt für die vier preußischen Provinzen Brandenburg, Schlesien, Pommern und Ostpreußen. Für den Staatsdienst sollten allerdings weiterhin Sonderregelungen bestehen bleiben. Dieses Edikt von Staatskanzler Karl August von Hardenberg und die ein Jahr zuvor erklärte

Damenmode.

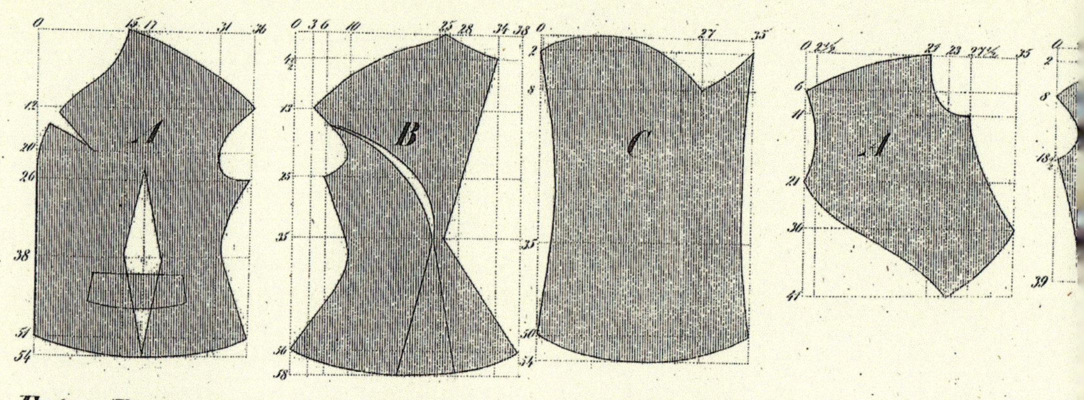

Extra Patronen. **Pat. I.** **Pat. II.**

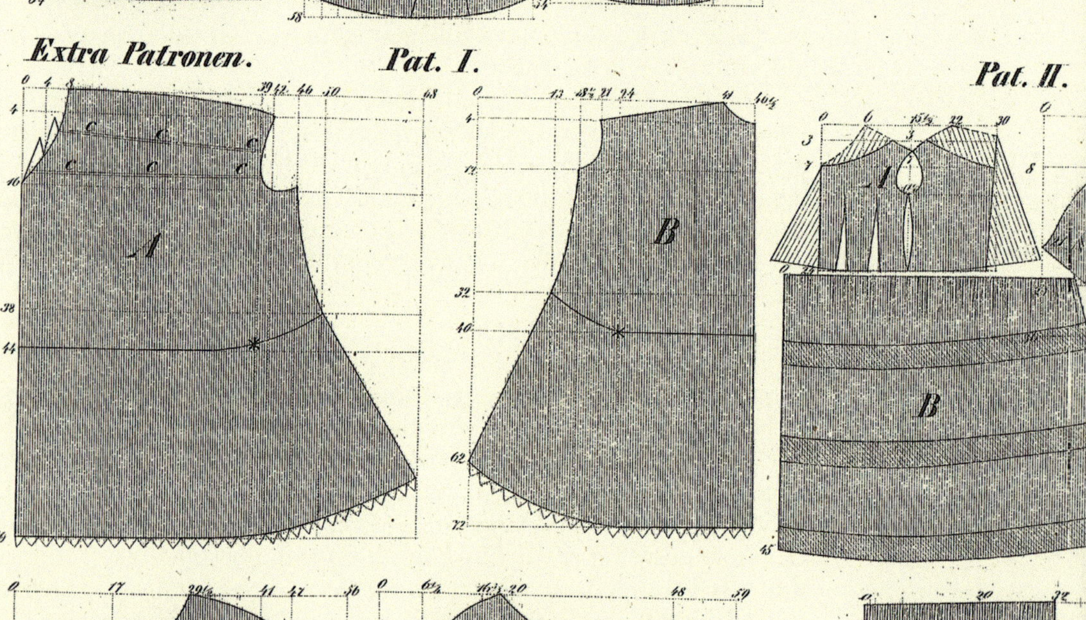

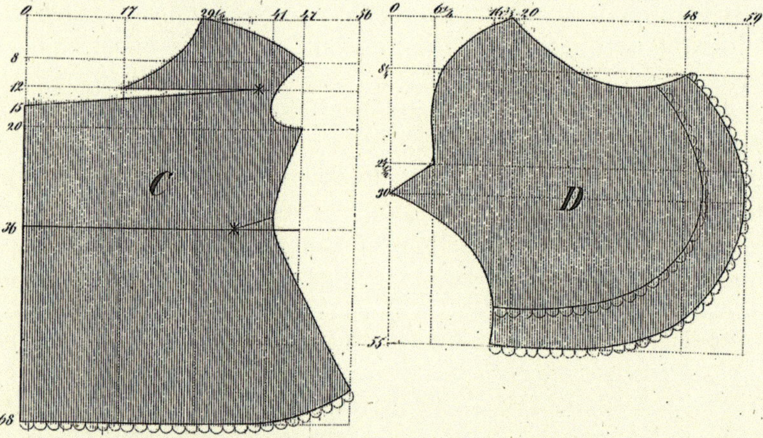

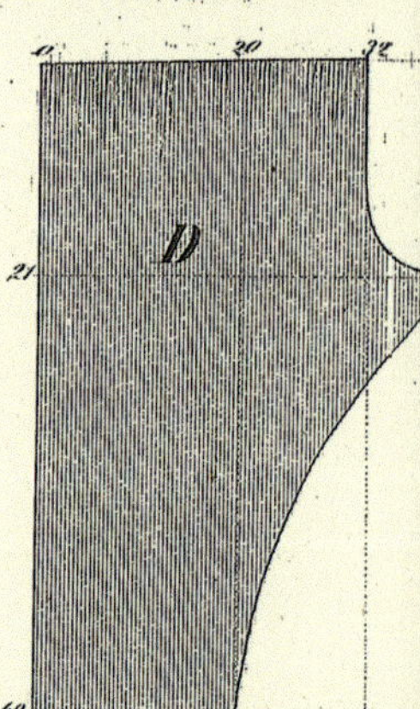

C. Hennig's Verlag Prag & Berlin.

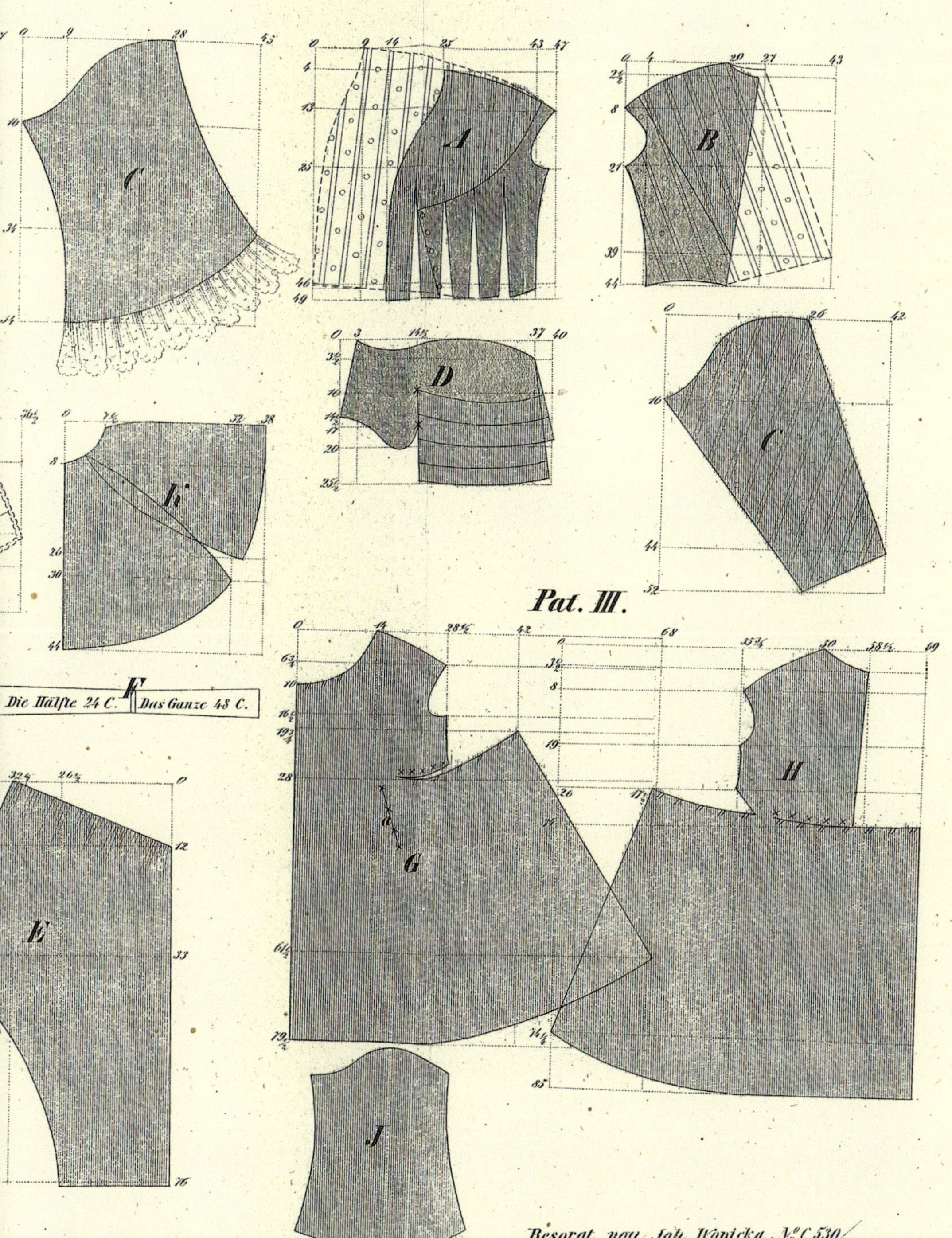

Besorgt von Joh. Wopicka N° C.530/1

Gewerbefreiheit machten den Weg für ein rasches Anwachsen der wirtschaftlichen Entwicklung frei. Diese Voraussetzungen ermöglichten die industrielle Produktionsweise und auch das Aufblühen der Konfektion in den folgenden Jahren.

Mitentscheidend für die Geschichte der Berliner Konfektion war die in den 1820er Jahren einsetzende Zuwanderung der verarmten und rechtlos lebenden jüdischen Bevölkerung aus Posen nach Berlin. Diese Einwanderungswelle war durch das oben erwähnte *Emanzipationsedikt* von 1812 ausgelöst worden. Denn Posen lag außerhalb von Preußen. In der Stadt Berlin gab es aber weit bessere Arbeitschancen für Juden. Da viele der ausgewanderten Posener Juden Schneider waren, erlangten sie innerhalb der aufstrebenden jungen Berliner Konfektionsbranche entweder direkt als Arbeitskräfte oder mit neu gegründeten kleinen Schneiderwerkstätten als Zulieferbetriebe große Bedeutung. Durch die traditionelle Verbundenheit der Juden mit dem Textilhandel entstanden eine Reihe kleiner Zwischenhandelsgeschäfte, die die Konkurrenz unter den schon lange am Ort befindlichen Stoffhändlern belebte, von den einheimischen Handwerkern und Händlern aber nicht gerade gern gesehen wurde. Zwar hatten die Juden, die sich in Berlin mit solchen kleinen Existenzgründungen niederließen, nicht den Ballast des jahrhundertealten starren Systems der Innungs- und Zunftordnungen mitgetragen, waren daher vielleicht auch flexibler auf den neuen Markt eingestellt, doch blieben sie zunächst in der Stadt als Fremd- und Eindringlinge stigmatisiert.

DIE ERFINDER DER KONFEKTION

Anfang des 19. Jahrhunderts wurde es am Hausvogteiplatz immer lebhafter. Mehr und mehr Firmen siedelten sich dort an. Kein Wunder, denn die Bedingungen für die industrielle Produktion waren günstig. Neue Verkehrsverbindungen und Handelswege wurden erschlossen und erweitert, der Binnenmarkt vergrößert. Was in Paris seit 1770 und in Hamburg seit 1799 bereits etabliert war, konnte sich nun auch in Berlin entwickeln: Die Konfektion, also die serielle Fertigung von Kleidung nach standardisierten Maßen. Noch wurde mit der Hand genäht, die Nähmaschine befand sich noch im Entwicklungs- und Versuchsstadium. Bis sie ihren Siegeszug durch die Welt antrat, haben Arbeiterinnen und Arbeiter meist in Heimarbeit mit Nadel und Faden, Stich für Stich, die gewünschten Kleidungsstücke hergestellt.

Und Mode war gefragt. Viele der ca. 800 deutschsprachigen Zeitungen und Zeitschriften, die 1840 bereits auf dem Markt waren, sahen das Potenzial der Mode und griffen das Thema aufwändig auf. Auf kolorierten Kupferstichen wurden die neuesten Feinheiten der Pariser Mode präsentiert. Überhaupt füllten ausführliche Berichte über *»Paris – die Haupt- und Residenzstadt der Mode«* bald ganze Seiten von Fachblättern, die mit Kritik an der heimischen Modeproduktion nicht geizten. In den Augen der Redakteure konnte sie Paris nicht das Wasser reichen, weil schlicht die

Inspiration der schönen Künste fehlte. So konnte man im *Prager Hauptblatt der Damenmode* am 15.12.1846 lesen:

Die Damenkleidermoden stehen im Allgemeinen [...] auf gleichem Fuße. Paris herrscht und gebietet in London, New York, Wien und Berlin sowie in anderen Hauptstädten [...]. Auch darf man hinzusetzen, daß hierbei die Laien, wie Maler, Illumineurs und Redakteurs, mehr bewirken als die eigentlich Berufenen. Wir erkennen in manchem schönen Pariser Modebilde, daß es der Imagination und Phantasie entsprossen; allein dies darf sich bis jetzt nur die Hauptstadt der Mode erlauben; alle anderen Orte werden selbst durch jene phantasmagorischen Gebilde geleitet [...], was wir [...] besonders den Wienern, Berlinern und Leipzigern nachrühmen müssen.[9]

War die Mode noch einige Zeit vorher hauptsächlich dem Adel und den Fürsten vorbehalten, so nahm sich jetzt auch das Bürgertum dieser Leidenschaft an. Die Mode wurde für diese Kreise zum gesellschaftlichen Event.

1835 kam wie viele andere Juden, die sich in der Stadt eine eigene Existenz aufbauen wollten, auch Hirsch Gerson Levin aus Königsberg nach Berlin. Der 22-Jährige erwarb noch im Jahr seiner Ankunft den notwendigen Judenbürgerbrief und nahm den Namen HERRMANN GERSON an. In der Königlichen Bauakademie No. 3 gründete er 1836 nicht weit vom Hausvogteiplatz sein Geschäft für den Handel mit Seide, Stickereien, Spitzen und französischem Leinen. Fünf Jahre später begann Herrmann Gerson den Handel mit in Serie gefertigten Mänteln für Damen. Sein rascher Erfolg ist daran abzulesen, dass er mit seinem Umzug zum Werderschen Markt 1848 und damit noch näher zum Hausvogteiplatz hin zum königlichen Hoflieferanten avancierte. In dieser Zeit beschäftigte er bereits fünf Handwerksmeister, drei Direktricen und 120 bis 140 Arbeiterinnen in der Werkstatt. 100 Kommis und Aufseher waren für das Ladenlokal und als Bedienungen angestellt. Rund 1500 Schneider, darunter 150 Meister, wurden außerhalb des Hauses mit der Anfertigung der Kleidung beschäftigt. Der Name *Herrmann Gerson* stand in Berlin für eine außergewöhnlich exklusive, aber auch sehr teure Damenbekleidung von internationalem Niveau.

Die BRÜDER DAVID, MORITZ UND VALENTIN MANHEIMER gründeten 1837 die Firma *Gebrüder Manheimer* und beschäftigten sich mit der »konfektionsmäßigen Anfertigung von Mänteln«. Die Brüder Manheimer waren Söhne von David Manheimer, eines Kantors der jüdischen Gemeinde in Gommern (heutiges Sachsen-Anhalt). Valentin Manheimer trennte sich 1840 von seinen Brüdern, die die Firma unter dem Gründernamen weiterführten, und etablierte sich im gleichen Jahr in der Oberwallstraße 6 – ebenfalls sehr nah am Hausvogteiplatz – unter dem Namen *Firma V. Manheimer*. Dieses Unternehmen gehörte sehr bald, wie auch *Herrmann Gerson*, zu den großen Häusern der Damenkonfektion in Berlin. 1873 wurde Valentin Manheimer zum *Kommerzienrat* und elf Jahre später zum *Geheimen Kommerzienrat* ernannt. In den Nachrufen zu seinem Tod im Jahr 1889 wurde Valentin Manheimer besonders für seine Verdienste um den Konfektionsexport gewürdigt. Ging die Firma zunächst in die Hände seiner Söhne Alfred, Ferdinand und Gustav Manheimer über, so wurde nach kurzer Zeit Ferdinand Manheimer Alleininhaber des Unternehmens. Letzter Besitzer des berühmten Konfektionshauses war wiederum dessen Sohn Alfred Manheimer, der aber die Firma 1931, aufgrund der Auswirkungen der allgemeinen Wirtschaftskrise und finanzieller Probleme des Unternehmens, verkaufen musste.

Auf den folgenden Seiten Werbeanzeigen aus den Häusern Nathan Israel, Rudolph Hertzog und Valentin Manheimer – den Berliner Konfektionsgründern

Ebenfalls zur ersten Gründergeneration der Berliner Konfektion zählte DAVID LEIB LEVIN, der 1840 seine Fabrik für Damenmäntel in der Gertraudenstraße 11 im gleichen Viertel eröffnete. Levin, aus Königsberg stammend, arbeitete als einer der Ersten mit festgelegten Preisen und Preislisten für seine Waren. Nach dem Umzug der Firma zum Hausvogteiplatz 13 gehörte das Unternehmen *D. Levin* zu den führenden Häusern der Konfektion.

NATHAN ISRAEL, einer alten Berliner jüdischen Familie entstammend, gründete 1815, aufbauend auf dem Textilgeschäft seines Großvaters, sein Geschäftshaus für den Stoffhandel. In den folgenden Jahren entwickelte sich aus diesen Anfängen ein Kaufhaus für Konfektion und Versandhandel. 1913 verband das Kauf- und Warenhaus *Nathan Israel*, das bis zur »Arisierung« 1938 im Familienbesitz blieb, mit seinem Gebäudekomplex die Spandauer, Königs- und Probststraße und lag etwa eine Viertelstunde zu Fuß vom Hausvogteiplatz entfernt. Von preiswerter Kleidung bis hin zum luxuriösen Modellkleid war hier alles zu haben.

RUDOLPH HERTZOG, 1815 als Sohn begüterter Eltern in Berlin geboren, gründete sein erstes Konfektionsgeschäft 1839 in der Breiten Straße, ebenfalls fußläufig zum Hausvogteiplatz. Mit großem Geschick führte er sein Unternehmen zu geschäftlichem Erfolg und bald gehörte es auch zu den guten Häusern für Konfektion in Berlin. Die Firma *R. Hertzog* blieb im Familienbesitz und überstand, da das Unternehmen christlich war, als einzige Firma der Konfektionsgründer auch den Nationalsozialismus.

Herrmann Gerson, Rudolph Hertzog, Nathan Israel, David Leib Levin und die Brüder Manheimer: Diese Persönlichkeiten müssen vor allen anderen im Zusammenhang mit der Gründung der Berliner Konfektion genannt werden. Sie haben in der Zeit von 1836 bis 1842 die Grundlagen für die konfektionierte Kleiderproduktion geschaffen.

Allerdings schien ein paar Jahre vor den Berlinern ein Schneider in der schwäbischen Provinz bereits zu wissen, wie es geht: Am 28. Mai 1829 erhielt in Heidelberg der Jude Leopold Ehrmann die Konzession zum »Handel mit neuen Kleidern und Schlafröcken«.[10] Zudem beschäftigte er zur Fertigung der Kleidung »zünftige Schneidergesellen und Meister«. Da Ehrmann zu dieser Zeit auch schon über ein Lager für fertige Kleidung verfügte, ist davon auszugehen, dass er nach standardisierten Maßen arbeiten ließ, ein der Konfektion eigenes Merkmal.

N. Israel
BERLIN C.
Gegründet 1815
Asta. Kleid aus Wollmusselin
mit farbigem Seidenband.
M. 42.–
Lola. Kleid aus weißem
Schleierstoff und Waschrips
M. 45.–
Magda. Kleid aus
bedrucktem Schleierstoff
mit Seidenband-Gürtel
M. 54.–
Sommer 1916

N·JSRAEL
PLUMP
IM MAI ERÖFFNUNG DES ERWEITERUNGS-BAUES.
Abb. 1. Jumperkleid aus Kashastoff, Jumper gestreift, Rock uni M. 17.50
Abb. 2. Kleid aus bedrucktem Vollvoile, Farben: rot-weiß, bleu-weiß, marine-weiß oder schwarz-weiß M. 25.–
Abb. 3. Knaben-Einknöpf-Anzug, hellmode Ripsbluse, blau-graue Hose, Umlegekragen u. Ärmelblenden, sonst wie Abb.
00 0 1 2 3
3.50 3.85 4.20 4.55 4.90
Abb. 4. Kleid aus deutscher Bastseide, mit farbiger Garnitur u. reich. Biesen-Stepperei. Farb.: bleu, fraise, hellgrün o. naturf. 29.–
Abb. 5. Kleid aus fein geblümtem Vollvoile, Lg. 60 cm M. 8.25
Steigerung 0.75 Pfg.
SOMMER-PREISLISTE 1928

Der moderne Schuh
Sigmund Reiss Berlin W. 62. Schillstr. 11a

SCHWARZ-WEISS
PROMENADEKOSTÜM VON V. MANHEIMER
ZEICHNUNG VON OFFTERDINGER

In Berlin gab es damals noch weitere Geschäfte mit fertiger Kleidung. Im *Berliner Modespiegel* von 1836 bot der »Damenkleidermacher Zeisig« in der Heilige-Geist-Straße 20, »eine Auswahl elegant gearbeiteter fertiger Damenmäntel« an. Ferdinand Hermanni in der Jägerstraße 43 schrieb in einer Werbeanzeige, »um mit meinen vorjährigen Mänteln zu räumen, verkaufe ich sie, die fast sämtlich aus feinen Stoffen bestehen, zu und unter der Hälfte des kostenden Preises«. Offensichtlich gab es also auch schon einen Schlussverkauf und Sonderangebote.

Das Adress-Buch für Berlin mit Einschluss der näheren Umgebung und Charlottenburg für das Jahr 1836 führte neben der Firma von F. Hermanni weitere »Damenmäntel-Handlungen« auf:

— Bentheim, Gertraudenstraße 14
— Blumenreich & Löwenstein, Gertraudenstraße 8
— Hoffmann, Schloßplatz 2
— Lebin, Gertraudenstraße 20
— Lessmann, Schloßplatz 7
— Löwenstein, Breitestraße 10
— Magnus, Brüderstraße 38
— Nathan, Gertraudenstraße 27
— Nathanson, Gertraudenstraße 22
— Oppenheim, Brüderstraße 15
— Platzmann, Jägerstraße 37

Ob diese Geschäfte auch Konfektionsware verkauften, ist allerdings nicht festzustellen. Zählt man jedoch die im gleichen Adressbuch getrennt aufgeführten 41 »Kleider-Händler für Damen und für Herren« hinzu, so ergibt sich ein recht anschauliches Bild dieses damals rasch wachsenden Gewerbezweigs.

Das gesamte Berlin war von 1840 bis 1849 unter Friedrich Wilhelm IV. einer großen wirtschaftlichen und sozialen Wandlung unterworfen. Die Industrialisierung brachte neuen Wohlstand, aber auch soziales Elend. So auch in der Bekleidungsbranche: Einigen Juden im Bereich der Konfektion gelang ein schneller Aufstieg, die überwiegende Mehrheit der Zugewanderten lebte jedoch weiterhin vom Kleinhandwerk, vom Trödel und Hausieren. Erst das politisch liberale Klima der 1860er Jahre ermöglichte 1871 endlich die gesetzliche Gleichstellung der Juden nach dem Reichsgesetz.

STARKE MODE – STARKE FEINDSCHAFT

Die Älteste der Kaufmannschaft von Berlin beschrieb 1855 mit großem Erstaunen – und auch »Genugtuung« – den außerordentlichen Erfolg der »sog. confectionnes« in ihrem Bericht. Doch wo Licht ist, ist bekanntlich auch Schatten: Schon bald sollte der Judenhass wieder auflodern und zu nie dagewesener Grausamkeit führen. Die Berliner Konfektion entwickelte sich in nur wenigen Jahren zum wichtigsten Wirtschaftszweig Berlins. Der jüdische Anteil an diesem Erfolg war immens – und der Neid auch.

Zunächst nahm jedoch der Versand von Fertigkleidung ins nahe und ferne Ausland an Fahrt auf. Die Berliner Konfektion begann sich international einen Namen zu machen: Im Jahr 1857 wurde erstmals das Exportgeschäft nach Österreich erwähnt, drei Jahre später verzeichnete man den ersten Kunden in Amerika. 1861 entstand mit der Kinderkonfektion ein zusätzlicher Geschäftszweig. Bereits vier Jahre später wurde der Umsatz der Berliner Konfektion auf fünf Millionen Taler geschätzt. In den *Mitteilungen des Verbandes der Damenmoden* aus dem Jahre 1918 wurde diese Hochkonjunktur rückblickend wie folgt erklärt:

> *Einen Markstein im Werdegang der deutschen Konfektion bildete der deutsch-französische Krieg 1871. Paris war abgeschnitten, und Englands und Amerikas Einkäufer, die sonst in Paris zu kaufen pflegten, fanden nun ihren den Weg nach Berlin. Sie lernten hier neue Bezugsquellen kennen und schätzen, und ein gewaltiger Aufschwung der Berliner Damenkonfektionsgeschäfte setzte damals ein. 1871 bestanden nach Berichten 60 Großhändler der Berliner Damenkonfektion, die etwa 600 Zwischenmeister und 6000 Arbeiter und Arbeiterinnen beschäftigten. Amerika, England, Holland und die Schweiz, Russland und Skandinavien kauften in Deutschland, und der Export im Jahre 1875 wird auf 10 Millionen Mark, der Absatz im Inland auf 13 Millionen Mark angegeben.*[11]

Die außerordentliche Steigerung des Absatzes ging mit der Erfindung und bald gewerblichen Nutzung der Nähmaschine einher. Findige Tüftler hatten in den vergangenen Jahrzehnten zahlreiche Versuche unternommen, um die mühsame Handarbeit und den eigentlich simplen Vorgang einer Nadel, mit der ein Faden Stich für Stich durch Stoffe geführt wird, maschinell umzusetzen. Bis 1830 nähten die Schneider und Näherinnen noch wieselflink per Hand, die schnellsten unter ihnen brachten es auf 30 bis 50 Stiche pro Minute. Nun punkteten die Amerikaner mit der Erfindung der Nähmaschine. Damit konnte sich auch das »tapfere Schneiderlein« der alten Welt aus gebückter Haltung im Schneidersitz befreien und seine Kunst in aufrechterer Position hinter einem ratternden Maschinchen zeigen. Es war Elias Howe, der die erste industriell brauchbare Nähmaschine erfand. Sie brachte es auf 300 Stiche pro Minute, also das 10-fache dessen, was die schnellsten Handwerker dieser Zunft zuwege brachten. Doch Howe war nicht ganz so geschäftstüchtig wie der Mann, der sich mit seinem Patent weltweit einen Namen machen sollte. Es war Isaac Merritt Singer, der Howes

Idee aufgriff und weiterentwickelte. Im Jahre 1851 startete der Siegeszug seiner Legende um die ganze Welt. Der Nachfahre deutscher Juden ebnete damit den Weg zur industriellen Fertigung von Kleidung. In Berlin siedelten sich immer mehr Detailgeschäfte und große Zulieferbetriebe in der Nähe der großen Konfektionsfirmen an. Sie lieferten die notwendigen Stoffe und Accessoires wie Nähgarne, Bänder, Stoffe, Futtereinlagen, Knöpfe und vieles mehr. Der Berliner Hausvogteiplatz wurde zum Zentrum der Konfektion.

Zum schnellen Aufstieg der Konfektionsbranche trug außerdem die Mode selbst bei. Waren es zunächst die kuppelförmigen Röcke der Krinolinenmode, die die ungeheuren Stoffmengen in wahren Kaskaden unterhalb der enggeschnürten Taille vereinigten, so kam zwischen 1850 und 1870 die sogenannte *Shawl*-Mode auf. Die mit Posamenten besetzten Umschlagtücher und Schals aus Samt, Kaschmir oder Seide wurden zum Symbol für Luxus und Eleganz und ersetzten bald den Mantel, für den die weiten Krinolinenröcke keinen Platz mehr ließen.

Eine Revolution mit Zollstock und Papier: Maßanleitung zur Schnittmusterherstellung für die erste konfektionierte Damenkleidung, ca. 1840.

Die so stürmisch begonnene Industrialisierung erfuhr mit dem *Gründerkrach* 1873 eine Zäsur. Die wirtschaftliche und politische Krise, die ihren Anfang in Österreich-Ungarn nahm und sich später auf weitere Länder und auch Preußen ausweitete, hatte auch für die Konfektionsbranche in Berlin verheerende Folgen: Nach dem Zusammenbruch einer Berliner Bank und einiger Börsen- und Aktienunternehmen gingen Nachfrage und Kaufkraft zurück – und es wurde auch weniger Mode konsumiert. Das liberale Klima schlug um. Der nicht nur in Berlin deutlich gewordene Konflikt zwischen zumeist schlecht bezahlter Arbeiterschaft und den gesellschaftlichen Eliten verschärfte die politische Auseinandersetzung. Der Mittelstand, Kleingewerbetreibende und Handwerker verfolgten mit Neid den häufig gelungenen Aufstieg und den geschäftlichen Erfolg jüdischer Geschäftsleute und Unternehmer. Wenngleich auch der Anteil der jüdischen Bevölkerung in Berlin 1871 nur 4,15 Prozent betrug, entstand doch eine Situation, die alte antijüdische Ressentiments wieder hervorbrachte.

So wurden für die miserablen Arbeitsbedingungen, die während der Industrialisierung in weiten Teilen Europas herrschten, die jüdischen Konfektionshausbesitzer verantwortlich gemacht. Tatsächlich war es durch die industrielle Revolution allein in Berlin in nur wenigen Jahrzehnten zu einer Bevölkerungsexplosion gekommen, die die Stadt nur schwer verkraftete: Lebten um 1800 gerade mal 180 000 Menschen hier, waren es 1871 bereits über 800 000, und nur sechs Jahre später sollte die Millionenmarke geknackt werden. Die Löhne waren gering und die Wohnungsnot enorm, auch für die zumeist in kleinen Heimwerkstätten in den Arbeiterbezirken schuftenden Näherinnen und Zuschneider für die Konfektionsbetriebe. Viele sechsköpfige oder noch größere Familien teilten sich ihre winzigen Ein- bis Zwei-Zimmer-Behausungen mit sogenannten *Schlafgängern,* also Personen, die sich für ein paar Groschen und oft nur für wenige Stunden am Tag in die Betten der Wohnungsinhaber legten, um sich von der Schichtarbeit zu erholen, während der Wohnungsinhaber einer anderen Arbeit nachging. 1875 lag der Anteil an *Schlafgängern* in Berliner Wohnungen bei 22,7 Prozent. In manchen Fällen wurde ein und dasselbe Bett von zwei oder gar drei Personen im Stundenwechsel benutzt. Durch das große Angebot an Arbeitskräften sanken die Löhne immer mehr, das Elend war entsprechend groß. Selbst Kinder mussten von klein auf mit anpacken. Der spätere SPD-Politiker Paul Löbe (1875–1967), Sohn eines Tischlers, wuchs in Liegnitz auf und schilderte auf eindrückliche Weise den Alltag einer typischen Kindheit im Proletariat:

> *Wir Kinder mussten bald bei der Heimarbeit helfen, doch die eintönige, langweilige Näherei (in engen Hinterhofwohnungen) trieb die älteren von uns auf die Suche nach einer abwechslungsreichen Tätigkeit. Morgens, ehe die Schule begann, trugen wir Frühstücksgebäck aus, nachmittags Zeitungen, zwischendurch schlichen wir zum Bahnhof, um den Dienstmännern unlautere Konkurrenz zu machen, indem wir Reisenden ihre Koffer in die Stadt brachten [...]. Mit 12 Jahren machte ich bereits den wohlbestallten Laufburschen in dem Scheiblerschen Schuhgeschäft, reinigte morgens um 6 Uhr den Laden und den Bürgersteig, putzte*

die Schuhe, holte das Frühstück ein, um dann gegen 7 Uhr in die Schule zu traben [...]. Jüngere Geschwister fuhren gelegentlich Kohlen mit mir aus. Bald vermochte ich einen Zentnerkorb auf dem Rücken in den Keller zu schleppen [...]. Schneeschippen und Eishacken gingen im Winter noch nebenher. Wir verrichteten die Arbeit nicht widerwillig, waren im Gegenteil stolz, wenn wir der Mutter, die doch für uns sorgen mußte, ein paar Groschen bringen konnten. Nur wenn wir an schönen Sommerabendstunden gleichaltrige Kinder im Spiel frohlocken hörten, während wir unserer »Berufsarbeit« nachgingen, beschlich uns manchmal ein leises Weh.[12]

Diese allerorten schwierigen Lebensumstände auch aufgrund enger Wohnverhältnisse, mangelnder Hygiene und schlechter Ernährung brachten auch Krankheiten wie Tuberkulose, Rachitis oder Typhus mit sich. Auch die Kindersterblichkeitsrate war enorm hoch. Doch vor allem die jüdischen Unternehmer in der Berliner Konfektion wurden für das Elend der Bevölkerung angegriffen – und nicht die christlichen Arbeitgeber.

Dass Juden inzwischen im öffentlichen Leben eine Rolle spielten und erfolgreich waren, wurde zur Gefahr erklärt; ihre hervorragenden Leistungen in wirtschaftlicher, sozialer und intellektueller Hinsicht in Preußen und besonders in Berlin wurden ihnen jetzt zur Last gelegt. Der Wechsel vom Nationalliberalismus hin zum Nationalkonservatismus unter Bismarck begünstigte diese Entwicklung.

Der evangelische Theologe Adolf Stoecker begann 1879 den Antisemitismus populär zu machen und fand dafür fruchtbaren Boden. Der Hofprediger des Kaisers, der im Berliner Dom auf der Kanzel stand, ging mit schroffen antisemitischen Thesen an die Öffentlichkeit und wurde aufgrund seiner hohen Stellung ernstgenommen. Breite Teile der Gesellschaft waren empfänglich für den Antisemitismus – den Begriff hatte der Judenhasser und Berliner Journalist Wilhelm Marr eingeführt.

Früher hieß es, die Emanzipation werde die Juden mehr in andere Erwerbszweige treiben. Nun sind sie emanzipiert; es ist das Gegenteil eingetreten. Noch mehr als früher cultivieren sie die Erwerbszweige, in denen leicht und viel verdient wird [...]. An der Arbeit der Handwerker sind sie fast gar nicht, an der Fabrikation wenig beteiligt. Daraus folgt, dass sie an der Arbeit keine Freude, für die deutsche Arbeitsehre keine Sympathie haben ... Sie sind überall da, wo es Not und Spekulationslust zu benutzen gilt.[13]

Geschickt verknüpfte er antikapitalistische Denkrichtungen mit antijüdischen Ressentiments. Vor allem zielte er auf die jüdische Gewerbetätigkeit in der Bekleidungsindustrie Berlins ab und forderte unter anderem einen erneuten Innungszwang und die Rückkehr zu einer längst überholten Ordnung.

Auch der Berliner Professor Heinrich von Treitschke, einer der führenden Männer im sogenannten *Berliner Antisemitismusstreit*, warnte vor der vermeintlich baldigen Übernahme des öffentlichen Lebens, der Börsen und Zeitungen durch Juden, da aus dem Osten unaufhaltsam eine »Schaar strebsamer hosenverkaufender Jünglinge«[14] jüdischen Glaubens ströme und ein »Zeitalter deutsch-jüdischer Mischcultur« drohe. Er prägte den später von den Nationalsozialisten aufgenommenen Satz: »Die Juden sind unser Unglück.«

In diesem Kampfbegriff und in Stoeckers Thesen kulminierten die Interessen verschiedener gesellschaftlicher Gruppierungen: die konservative, auf Restauration bedachte Bourgeoisie, der im Konkurrenzkampf der Industrialisierung arg gebeutelte Mittelstand sowie Teile der Arbeiterschaft, die ihre elende Lage »den Juden« anlasteten. So dauerte es auch nicht lange, bis die Juden, die in der Berliner Konfektionsindustrie wichtige Akteure waren, angegriffen wurden. Ein *Adreßbuch christlicher Firmen*, das 1881 auf Wunsch von »national gesinnten Kreisen der christlichen Berliner Bevölkerung« erschien, setzte sich einen Boykott jüdischer Berliner Konfektionsfirmen zum Ziel.

Der Reichstagsabgeordnete Hermann Ahlwardt, ein Antisemit von großer Beharrlichkeit, schrieb in seinem Buch »Arischer Verzweiflungskampf«: »Berlin hat keine Bordelle mehr, aber es hat die Konfektion.«[15] Mit der Gleichsetzung von Konfektion und sexueller Lasterhaftigkeit erweiterte Ahlwardt das breite Spektrum antisemitischer Vorurteile, die ein halbes Jahrhundert später erneut zum Tragen kommen sollten.

Ahlwardt hatte es besonders auf das Modehaus Herrmann Gerson abgesehen:

> *Die Aussteuer der Frau Kronprinzessin von Griechenland hat die Firma Gerson geliefert und dabei unzählige Tausende verdient. Die Hände deutscher Arbeiter und Arbeiterinnen haben die Kunstwerke hergestellt und auch die Zeichnungen entworfen. Der Jude hat das Geld eingesteckt und seine Leistungen werden gepriesen in aller Welt [...].*[16]

Nahezu jede Bevölkerungsgruppe, gleich welche Motivation sie antrieb, konnte sich aus dem großen Giftschrank des Antisemitismus bedienen, für jeden lieferte diese Strömung das richtige »Argument«.

Die starke Position der Juden in der Bekleidungsherstellung, die sich schon in den frühen Anfängen der Industrialisierung von 1836 bis 1840 zeigte, machte die Konfektion in Berlin zu einer prädestinierten Zielscheibe des Antisemitismus. Neben der alten christlichen Legende, die Juden würden Ritualmorde begehen, um ihren angeblichen »Blutdurst« zu stillen, da sie für ihre Religionsausübung das Blut christlicher Kinder bräuchten, wurden nun weitere schlechte »jüdische Eigenschaften« entdeckt. Man unterstellte zum Beispiel, dass sich die Juden nicht an bewährte kaufmännische Prinzipien hielten oder gar kriminell seien: Die Schreiber der *Antisemitischen Correspondenz*, eines der vielen antisemitischen Blätter dieser Zeit, bezichtigte »die jüdische Mäntel-Firma Gerson« des »systematisch betriebenen Schmuggels«. Dafür blieben sie zwar den Beweis schuldig, gelangten dennoch zu folgender Schlussfolgerung: »[...] man sieht daraus, auf welche Weise die international zusammenhängende Judenschaft es ermöglicht, auf allen Gebieten die anständige und ehrenhafte Konkurrenz zu schlagen.«[17]

Eine Weiterentwicklung dieses Gedankens hin zu einer »internationalen Verschwörung des Judentums« lag für die Antisemiten auf der Hand. Und sie vermuteten den Fachausschuss für Konfektion im Ältestenrat der Berliner Kaufmannschaft als organisatorisches Zentrum dieser »Verschwörung«. In der reaktionären *Staatsbürger Zeitung* war 1905 zu lesen:

> *Im Fachausschuß für Konfektion findet sich unter 17 Mitgliedern 1 Nichtjude [...] der Fachausschuß der Textilindustrie hat unter 24 Mitgliedern nur etwa 6 Nichtjuden. Auch in den Fachausschüssen für Reisende und Firmenvertreter für den Ausfuhrhandel, für den Verkehr und Spedition überwiegen die Juden.*[18]

Den Schreibern solcher Zeilen ging es um Stimmungsmache: War ein jüdischer Kaufmann reich, galt er als unehrlich und als Betrüger, war er arm, so hatte er es auf das Geld der Nichtjuden abgesehen. 1893 gab es bereits 16 Abgeordnete antisemitischer Parteien im Reichstag, und jegliche Bemühungen von jüdischer Seite, sich mit dem Antisemitismus argumentativ auseinanderzusetzen, waren zum Scheitern verurteilt. Nicht nur die jüdischen Bürger Berlins mussten erkennen, dass sich die zeitweise scheinbar linear verlaufende bürgerliche Gleichstellung nicht problemlos weiterentwickeln würde. Das Vorurteil, der Irrationalismus und der politisch motivierte Antisemitismus brachen sich in dieser Zeit Bahn. »Die verjudete Mode. Harmlose Deutsche ahnen gar nicht, wieweit der Einfluss der Alliance Israelite und die daraus folgende Verjudung Deutschlands reicht, [sogar] die Mode wird uns von den Juden diktiert«, heißt es in der *Antisemitischen Correspondenz* vom Juni 1899.[19]

Vorführ- und Verkaufsraum im Modesalon Herrmann Gerson, um 1890

Und doch schien diese Strömung, von einigen Schwankungen abgesehen, zunächst nur geringen Einfluss auf das weitere wirtschaftliche Wachstum der Konfektionsindustrie zu haben. Zu ihrer weiter aufgehenden Blüte trugen ohne Zweifel auch das verbreiterte Warenangebot und die damit entstehenden ersten Warenhäuser bei. In den 1880er und 1890er Jahren gründeten ARTHUR WERTHEIMER in Stralsund und HERMANN TIETZ in Gera ihre ersten Geschäfte für »Schnittwaren«. RUDOLF KARSTADT eröffnete 1881 sein »Tuch-Manufaktur und Confektions-Geschäft« in Wismar. »Das Warenhaus stieg aus dem Textilgeschäft empor«[20] und stellte alte kaufmännische Prinzipien auf den Kopf: Jedes Produkt war klar und für jeden sichtbar mit Preisen ausgezeichnet, der Gewinn knapp kalkuliert. Handeln und Feilschen gehörten in dieser neuen Unternehmenskultur der Vergangenheit an. Die Warenhäuser boten ihren Kunden nach Pariser, Londoner und amerikanischem Vorbild ein reichhaltiges Sortiment und ein bisher nicht gekanntes Einkaufserlebnis. Verlockende Dekorationen, spiegelndes Interieur und eine freundliche Bedienung zogen die Besucher an. Der Zweckrationalismus der industriellen Produktion machte sich damit auch zunehmend im Handel bemerkbar: Zeit und Geschwindigkeit des Absatzes, des Verkaufs und des Versands wurden zu bestimmenden Faktoren der Preiskalkulation.

Zwischen 1890 und 1925 verstärkte die moderne Architektur die von der Warenwelt ausgehende Faszination. Das Kaufhaus NATHAN ISRAEL an der Spandauer Straße – von vielen nur das »Harrods von Berlin« genannt – war mit seinem riesigen Gebäudekomplex war beispielhaft dafür.

Die Bekleidungsabteilungen in diesen Häusern bezogen ihre Ware hauptsächlich aus den Berliner Konfektionsfirmen oder auch von Konfektionshandlungen, die inzwischen Modelle aus Paris und Amerika importierten.

Die Jahrhundertwende brachte eine immer breitere und buntere Auswahl an Mode von der Kleiderstange. Am Hausvogteiplatz, am Dönhoffplatz und am Spittelmarkt ließen sich neben den bereits bestehenden Damenkonfektionsgeschäften nun auch Firmen der Herrenkonfektion, der Hutmacherei, der Posamentier- und Knopfmacherwaren, der Pelzverarbeitung sowie Firmen für künstliche Blumen aus Textilstoffen oder für Schmuckfedern nieder. Mit der Mode in allen ihren Spielarten befassten sich sage und schreibe circa 50 Zeitschriften, darunter auch das führende Branchenblatt *Der Confektionär*, 1886 von Leo Schottlaender gegründet. Mit Faszination und Bewunderung goutierte das Publikum die in den Schaufenstern dekorierte Pracht und Warenfülle; die hochpreisigen Angebote wurden ebenso beachtet wie die günstigen. Dabei war es dem Schaufensterbummler wahrscheinlich einerlei, ob er nun vor den Auslagen eines jüdischen oder eines christlichen Konfektionshauses stand. Der Hausvogteiplatz war nun in seiner Hochblüte und der Nabel der Welt für den berühmten CHIC AUS BERLIN.

Der »Berliner Chic« im ausgehenden 19. Jahrhundert: mondän, immer noch mit Unmengen an Stoff – und natürlich mit Korsett

Im Kaufmännischen Adressbuch Berlins wurden 1890 in Berlin bereits von 133 Damenkonfektionsgeschäften und 238 Damenmäntelgeschäften insgesamt 67 für den Export gelistet.

Ein Befreiungsschlag: Mode Anfang des 20. Jahrhunderts braucht kein Korsett mehr und zeigt mehr vom weiblichen Körper als jemals zuvor

Titelblatt des *Bazars* von 1925: die Berliner Mode definiert sich neu

ADIEU KORSETT. MODE FÜR DIE EMANZIPIERTE FRAU

Bertha von Suttner stöhnte 1903: »Das Korsett ist eine Qual; die Schleppe ist eine Qual; die Knechtschaft der Mode ist eine Qual [...]. Aber notabene: Ich habe immer ein Mieder getragen.«[21]

Mit großer Aufmerksamkeit wurden 1905 die Bestrebungen aus Paris und London registriert, die Damenmode zu reformieren. Die Frau sollte endlich von einem veralteten Relikt, dem Korsett, befreit werden. Zwar veränderte sich die Damenmode auch schon vor der Jahrhundertwende, doch es blieb die modische Linie, die Frau in ihrer Kleidung eng zu verschnüren und wie eine Puppe auszustatten. Der Grund: Die »Reformkleider« wirkten schlicht zu sackartig, und eine elegante Linie ohne Korsett schien – trotz aller gesundheitlichen Warnungen vonseiten der Ärzte – unvorstellbar.

Doch es hagelte immer mehr Kritik, da die Modehäuser sich fast ausschließlich auf Detailänderungen an Ärmeln und Blusen versteiften oder ihre Modeneuheiten lediglich durch neue Stoffe bestritten. Die Modezeitschrift *Der Bazar* bemerkte in Anspielung auf die Mode der Zeit:

Über den ästhetischen Eindruck der Mode [...] darf man natürlich auch nicht vergessen, was sich gegen sie sagen läßt. Selbstverständlich ist ihre Tendenz, nach der die Dame weder Leib noch Hüften besitzen darf, gegen die Natur. Die Korsetts der Zeit werden zu richtigen Stahlpanzern. Kaum hat sich je eine Zeit mehr gegen den weiblichen Körper versündigt. Das Korsett, das unter den Armen beginnt und beinahe bis zu den Knien herabreicht, macht eine kaum atmende, unbeholfene Kleiderpuppe aus der Frau; sie ist ein Kunstprodukt geworden.[22]

Die Damenmode war damit auch ein Abbild der eher rechtlosen Rolle und Position der Frauen in der Gesellschaft. Jede Regung in Richtung Selbstständigkeit, Freiheit und gleicher Rechte wurde von vielen mit Entsetzen betrachtet und erregte die Missgunst der von Männern dominierten Gesellschaft. Der Journalist und Essayist Erich Salten schrieb 1913 für das Jahrbuch des Kaufhauses *Nathan Israel* über die unmündig gehaltenen Frauen:

Die einzige Domäne der Frau und des Mädchens wurde das Haus, das mit allerlei Unnützlichkeiten angefüllt wurde, die von den stets gepflegten Händen all jener Frauen geschaffen wurden, deren Geist keine Beschäftigung fand und finden durfte. Puppen wurden geschaffen; nicht Menschen. Aber Puppen, die allerlei Gift in sich einsogen. Das Gift der Heimlichkeit. Das Gift des Klatsches. Das Gift, das von Zimmer zu Zimmer, von Haus zu Haus, von Gasse zu Gäßchen [...] schlich, und das mit einer einzigen Wollust eingesogen wurde, die der Frau noch erlaubt war. Und dieses Gift setzte sich so fest in den Organismus der Frau, daß sie sich noch nicht von ihm und anderen Kleinigkeiten freimachen konnte. Aber so, wie dem Mann der Kirchturm zu nah war, und er seinen Blick über diesen hinaus weiten wollte, so wurde dem Weibe das Gäßchen zu eng.[23]

So treffend diese Beschreibung Saltens für einen großen Teil der bürgerlichen und großbürgerlichen Damen gewesen sein mag, so falsch war sie für die hart arbeitenden Frauen, die sich »Unnützlichkeiten« nicht leisten konnten, sondern zum Überleben ihrer Familien einen wichtigen Beitrag leisteten. Doch beides sorgte für eine Veränderung der Mode: Sowohl das Erstarken der proletarischen Frauenbewegung seit 1890 wie auch das Streben der bürgerlichen Frauen nach Gleichberechtigung – besonders ihr Kampf um das Wahlrecht – förderten das Bedürfnis, sich von den einzwängenden Kleidervorschriften zu befreien.

England, Norwegen und Schweden waren Deutschland voraus, was eine Reform der Kleidung anging; hier stand die Bewegung, die sich in den 1890er Jahren um den Naturisten und Maler Karl Dieffenbach formierte, noch am Anfang. Sie hatte sich eine natürliche und individuelle Kleidung ohne die beengenden Korsetts und traditionellen Modevorschriften zum Ziel gesetzt.

Auch der *Internationale Frauenkongreß* vom 22. September 1896 in Berlin beschäftigte sich damit, grenzte sich aber zunächst, aus Angst vor der Einflussnahme durch die Pariser Mode, von der industriellen Fertigung der Reformkleidung ab. So fiel auch die erste Ausstellung des *Vereins für Verbesserung der Frauenkleidung* im April 1897, an der sich 35 Firmen der Bekleidungsbranche beteiligten, eher bescheiden aus, doch die Entwicklung war nicht mehr aufzuhalten.

Die moralinsaure und strenge preußische Gesellschaft, die in der Vergangenheit schon gegen die Modetrends aus Frankreich, Wien und London protestiert hatte, sah hinter der Reformkleidung wahre Abgründe. Eine Teilnehmerin des Treffens prominenter Führerinnen der deutschen Frauenliga um Helene Lange wurde wegen ihres »Reformkostüms« sogar auf der Straße verhaftet.

Dennoch: Berlin schaffte als modisches Zentrum in Deutschland das Unmögliche und setzte die Reform der Frauenkleidung durch. Allerdings mit prominenter Hilfe von PAUL POIRET. Der Pariser Modeavantgardist, der bereits zehn Jahre vor Coco Chanel sein eigenes Parfum kreierte und auch, was die korsettfreie Mode betrifft, der heute berühmteren Modegöttin eine Nasenlänge voraus war, hatte freundschaftliche Kontakte in Berlin – zu den Modehäusern *Herrmann Gerson* und *Valentin Manheimer.*

Bazar-Verlagshaus, ca. 1920

Der französische Modekönig Paul Poiret mit seinen Mannequins bei der Ankunft in Berlin, Mai 1926

Poiret, der schon sehr früh mit neuen Farben, Stoffen, Schnitttechniken und Linien in der Mode für Furore gesorgt hatte, löste 1911 in Berlin eine wahre Sensation aus, als er dem Publikum seine neuesten Modelle präsentierte. Philipp Freudenberg (1833–1919), der neue Besitzer von *Gerson*, hatte ihn engagiert. Die Zuschauer konnten ihren Augen nicht trauen, als sie die neuartigen Kleidungsstücke erblickten. Poirets Show »1002. Nacht« mit Pumphosen und Lampenschirmtuniken schrieb Geschichte. Doch das war längst nicht alles. Die Kleidungsstücke wurden auf eine für Berlin unverschämt neue Art präsentiert: Die üblichen Holz- und Weidenmodelle waren passé, Poirets Kleider wurden an lebenden Mannequins vorgeführt. Diese Idee stammte ursprünglich aus dem Jahr 1858 vom Modedesigner Charles Frederik Worth aus Paris und war bereits 1902 beim *Umzug von 100 Damen in Reformierten Kleidern* in Berlin umgesetzt worden, aber nun war es *die* Sensation in Berlin: Bertha von Suttner war von Poirets Mannequins so begeistert, dass sie fand, man müsse die Damen eher als Schauspielerinnen bezeichnen. Während nur eine ausgesuchte Schar von Menschen der Modenschau beiwohnte, verbreitete sich die Kunde davon in Windeseile in der ganzen Stadt und wurde von den einschlägigen Gazetten minutiös ausgeweidet, natürlich mit exakter Beschreibung der Mannequins einschließlich der genauen Maße ihrer Körper. Die Begeisterung war so groß, dass Poiret seiner Frau nach Paris schrieb und von tausenden Fans berichtete, die sich in Berlin die Füße platttraten, um die Nachmittagsvorstellung mit eigenen Augen zu sehen und anschließend vor Verzückung wie im Delirium nach Hause zu gehen. Durch diese Modenschau und Poirets Unterstützung genoss das Haus *Gerson* einen noch besseren Ruf und galt ab sofort als Trendsetter für die Modenschauen der

Moderne. Ab diesem Tag gab es bei *Gerson* und in den anderen großen Modehäusern regelmäßig Vorführungen mit lebenden Models, natürlich an einem festgelegten Nachmittag in eigens dafür eingerichteten Salons, die eher Theatern als Vorführräumen glichen und erhöhte Bühnen oder dramatisch geschwungene Treppenaufgänge als Laufstege boten – alles begleitet von einem Live-Orchester und dem damals berühmten *Modentee*, der bis in die 1920er Jahre hinein zur Tradition werden sollte und den Zuschauern kredenzt wurde.

Die großen Konfektionsfirmen waren aufgrund ihrer Kapazitäten sehr rasch in der Lage, Modeneuheiten aufzugreifen und unter die Kundschaft zu bringen. In gleichem Maße jedoch, wie sie den aktuellen Trends nachgingen, wollten die Modeschaffenden auch weiterhin Schnörkel und Ornamente. Denn neben der Frauenbewegung, die die gesellschaftliche Gleichstellung forderte, wollten die männlichen Ästheten des *Fin de Siècle* die Frau mythisierend verklären; sie entdeckten ein Wesen, das, gleichermaßen intelligent und undurchschaubar, ihrer Fantasie entsprach: die biblische Judith, die dem babylonischen General Holofernes den Kopf abschnitt. Vom Wiener Maler Gustav Klimt wurde sie als in Goldpailletten gewandeter Vamp auf die Leinwand gebannt. Was Sigmund Freud später als Kastrationsangst des Mannes bezeichnete, also die Angst vor der weiblichen Erotik, sorgte bei Klimt für Furore und beeinflusste nicht nur die Zeit, sondern auch die Mode einer ganzen Epoche.

Diese Judith denke man sich bekleidet mit einer Paillettenrobe aus einem Wiener Ringstraßen-Atelier, und es ist eine schöne jüdische Jourdame, die man überall trifft, die einher rauschend in den Seidenjupons bei allen Premieren die Männeraugen anlockt. Ein schlankes, schmiegsames, biegsames Weib mit einem schwülen Feuer in den dunklen Blicken, mit einem grausamen Mund und mit Nasenflügeln, die vor Leidenschaft beben. Rätselhafte Gewalten scheinen in diesem Weibe zu schlummern, Energien, Heftigkeiten, die nicht mehr zu stillen wären, wenn sie einmal in Brand gerieten [...]. Da streift ein Künstler ihnen die modischen Kleider vom Leibe, nimmt eine davon und stellt sie im Schmuck ihrer zeitlosen Nacktheit vor uns hin, und – ecce Judith – die Heldenfrauen der Vorzeit steigen vor unseren Blicken empor [...].[24]

Die unterschiedlichen, nebeneinander verlaufenden kulturellen Strömungen der Jahrhundertwende sorgten auch für Vielfalt in der Mode der Konfektionshäuser; es bildete sich keine eindeutig der Reformkleidung verschriebene Richtung heraus. Wenngleich Mode vor dem Ersten Weltkrieg stärker als zuvor zum Konsumgegenstand wurde, gehörte doch noch viel Geld dazu: Nur eine kleine, wohlhabende und modisch interessierte Schicht traf sich in den teuren Modesalons der Konfektion. Die dort herrschende aufgeregte und lebendige Atmosphäre sowie das großzügige Mäzenatentum der Konfektionsunternehmer, das z. B. musische Begabungen förderte, zogen auch talentierte junge Kulturschaffende an. So schrieb der Komponist Paul Lincke 1907 rückblickend über das Konfektionshaus *Levin*:

Dem honorigen Hause Levin am Spittelmarkt verdanke ich meine allererste Förderung. Noch ehe man in Berlin von mir Notiz genommen, war ich dort selbst schon angesehen und gehörte zu den jungen Musikern, denen man nicht nur ein offenes Haus, sondern für die verschiedensten musikalischen Genüsse auch gute Salärs zahlte. Auch nach dem Tode des alten Kommerzienrates Levin blieb es bei dem mäzenatischen Wirken der hochherzigen Familie, die somit nicht nur zum wirtschaftlichen und ökonomischen Aufschwung Berlins beigetragen hatte, sondern auch zum Künstlerischen. Man war durchaus wählerisch und unterschied auch bei der heiteren Muse zwischen Gut und Schlecht. Die familiären Bande, die mein berühmter Librettist Heinz Bolten-Baeckers zu Levins geknüpft hatte, trugen im Wesentlichen dazu bei, daß es ebenso herzlich wie kultiviert zuging und daß wir geliebt wurden, dort wo heiße Nadeln internationale Moden schufen.[25]

Paul Lincke und Heinz Bolten-Baeckers revanchierten sich auf ihre Weise: Die beiden kongenialen Künstler machten die Mode zum Sujet ihrer Liedchen, Couplets und Chansons.

Ich kleid' mich stets nach neuster Façon,
beweg' mich im Salon,
ich erfinde neue Moden,
was ich trage, das ist schick –
man sieht's auf den ersten Blick.

Refrain

Sehn Sie, das ist ein Geschäft,
das bringt heute noch was ein!
'ne jede aber kann das nicht,
das muß verstanden sein!

(aus: »Gigerlkönigin«)

Die kulturelle Verbundenheit der Konfektion mit dem großstädtischen Leben Berlins machte auch Mut zu eigenen schöpferischen Leistungen unabhängig von der Pariser Mode. 1910 zählte die Industrie- und Handelskammer im Fachausschuss *Konfektions-Industrie* immerhin 42 Mitglieder, die selbstständig Kollektionen herstellten – getragen von dem Bestreben, sich der mächtigen Konkurrenz aus Paris zu erwehren und die eigene Position auf dem Markt im Inland zu stärken. Darunter befanden sich so renommierte Firmen wie: *Weissmann & Diehn, Köhler & Priebatsch, Gebr. Lamm, Kraft & Lewin, Bruck & Loewenstein, Graumann & Stern, Flatow & Wachsner, S. Friedländer & Löwenthal, Machol & Lewin, Hugo Ahronfeld, Markwald & Scheidemann, Orgler & Fidelmann* und natürlich auch die *Gebr. Manheimer, D. Levin, H. Gerson und V. Manheimer.*

Trotz konfektionierter Ware und weniger Stoff: Mode bleibt bis zum Ende des Ersten Weltkriegs ein teurer Spaß für eine wohlhabende Oberschicht. Modezeichnung aus dem *Bazar*, 1910

Die Silhouette wird schmaler: Modezeichnung aus dem *Bazar*, 1914

Mit dem Ausbruch des Ersten Weltkriegs und mit der Mobilisierung des Nationalgefühls wurde ab 1914 aus der einstigen Konkurrenzsituation zwischen Franzosen und Deutschen eine heftige Feindschaft, die die französische Mode in Deutschland gar zum Politikum und das Tragen Pariser Chics zur moralischen Frage hochstilisierte. Die Autorin Clara Sander schrieb 1915 ganz im damals üblichen nationalistisch-patriotischen Stil:

In den ersten Augusttagen des Jahres 1914 begannen in den Tageszeitungen die Klagen über die unzeitgemäße Kleidung unserer Frauen, die in herausfordernden Schlitzröcken und Stöckelschuhen einhergingen, während ihre Männer und Brüder draußen im Felde unsere Scholle mit ihrem Blute verteidigten. Deutsche Frauen, die aus dem Ausland vertrieben waren und in den Schutz Deutschlands flüchteten, wurden sich bewusst, dass sie durch ihre Auslandskleidung ihr Vaterland verleugnet hatten. Gab es doch für viele deutsche Frauen im In- und Ausland kein größeres Lob als wenn man sie der Kleidung nach für eine Pariserin hielt! Auch der berechtigte Groll, den unser Volk gegen den Feind empfand, der unser Land bedrohte, verschärfte die Stimmung gegen die Herrschaft der Pariser Mode [...]. Man denke nur daran, mit welcher Sehnsucht die Frauen der ganzen Welt die Rückkehr ihrer Schneiderin von Paris oder die Ankunft der neuesten Pariser Modezeitung erwarten. Man denke daran, mit welcher Verzückung die Frauen die neuesten Pariser Modeschöpfungen aufnehmen, kritiklos gegen die wahnsinnigsten Ausartungen, voll Ehrfurcht für den geheiligten Pariser Geschmack. Ist dieser Geschmack wirklich so gut wie sein Ruf? Kann er vor unserem durch den Krieg ernüchterten Urteil bestehen [...]?[26]

Er konnte – und zeigte dies erneut nach dem Krieg. Doch zuvor erhoffte sich die Konfektionsindustrie durch den Krieg eine zusätzliche Stärkung der eigenen Position analog zu 1870/71, denn erneut war Frankreich vom deutschen Markt abgeschnitten. Der *Verband der Damenmode und ihrer Industrie*, dessen erster Vorsitzender Hermann Freudenberg war (der Sohn des neuen Besitzers der Firma *H. Gerson*) zählte 1916 bereits 1500 Mitglieder, darunter waren Stoffhersteller, Konfektionsfirmen, Großhändler, Kaufhausbesitzer und Werkstatteigentümer. Im ersten Mitteilungsheft des Verbandes von 1916 wurden die nationalbewussten Ziele und Aufgaben der Modefirmen herausgestellt: 1 – sich von der ausländischen Mode unabhängig machen, besonders von der französischen, 2 – Berlin als Modezentrum ausbauen und stabilisieren, und 3 – Moderichtlinien aus Deutschland vereinheitlichen.

Das »Mode- und Volksempfinden« sollte neu bestimmt werden. 1917 richtete der Verband die *Modewoche* ein und löste damit die damals älteste Modemesse der Welt – die *Durchreise* – ab. Mit der neuen Messe sollte bewiesen werden, dass die deutsche Mode auch gegen die »französische Modepolitik« bestehen konnte. Berlin wurde als Modestadt ausgerufen.

Die gesamte Arbeit und Politik des Verbandes standen im Zeichen der allgemein angestrebten Stärkung der heimatlichen Wirtschaft und Verteidigung der deutschen Staatsinteressen. Hermann Freudenberg setzte sich, wie zahlreiche andere Juden, die als Firmenvertreter und Eigentümer von Konfektionsbetrieben die Politik des *Damenmode-Verbandes* bestimmten, intensiv für die nationalen Belange Deutschlands ein. Die meisten Juden, nicht nur in der Konfektionsindustrie, verstanden sich als deutsche Staatsbürger und glaubten an den »Sieg der deutschen Waffen«. Dieses Selbstverständnis wurde durch eine neue Lüge der Antisemiten bald nach Kriegsanfang schwer erschüttert: Sie bezichtigten die Juden der »Drückebergerei« vor dem Einsatz an der Front. Daraufhin führte das preußische Kriegsministerium die berüchtigte »Judenzählung« durch, die die Beteiligung der Juden am Krieg überprüfen sollte. Das Ergebnis wurde nie veröffentlicht. Denn in Wahrheit stimmte das Ergebnis nicht mit dem Vorurteil überein: Genau wie bei den Nichtjuden leisteten 17,3 Prozent der jüdischen Männer Kriegsdienst, obwohl aufgrund des Alters oder des Berufes nur 15,6 Prozent der Juden dazu verpflichtet gewesen wären. 77 Prozent der eingezogenen jüdischen Soldaten nahmen an Fronteinsätzen teil und waren damit im Verhältnis fast so stark vertreten wie die Nichtjuden. 12 000 jüdische Männer starben im Ersten Weltkrieg in deut-

In Konkurrenz zu Paris: Berliner Mode in den 1910er Jahren

scher Uniform für ihr Vaterland. Doch mit der »Judenzählung« sorgte der Antisemitismus für eine erneute Stigmatisierung der jüdischen Bürger, die sich nach dem Krieg in der innenpolitischen Auseinandersetzung noch verschärfen sollte.

Resümierend lässt sich sagen: Die Berliner Konfektionsbranche, besonders die der Damenkonfektion, schaffte seit ihrer Gründung bis zum Ersten Weltkrieg die Grundlagen für ein liberales Modeverständnis. Die jüdischen Geschäftsleute und Konfektionäre in Berlin waren es, die der Branche und damit auch der Stadt zu internationalem Ansehen verhalfen und die Frauen »befreiten«. In knapp 80 Jahren haben sie mit großem Geschick diesem Wirtschaftszweig zu Blüte und Ruhm verholfen – allen Krisenerscheinungen und antisemitischen Kampagnen zum Trotz. Die Unternehmen rund um den Hausvogteiplatz wurden nicht nur in der Modewelt zum Begriff, sondern auch im Rest des Landes und schließlich in der ganzen Welt.

FRAUENMODE GESTERN UND HEUTE: KOMPLIZIERT, ABER LUKRATIV

Doch wie hatten es die Konfektionäre zu solch großer Popularität gebracht? Warum war ausgerechnet am Hausvogteiplatz der Erfolg zuhause und nicht etwa in Hamburg, Düsseldorf oder München, wie es heute eher der Fall ist? Gab es eine Art Geheimrezept, das die Branche unbedingt beachten musste, um etwaige Misserfolge zu umschiffen?

Wer sich heute mit Unternehmern der Damenbekleidungsbranche unterhält, wird häufig die gleichen Klagen hören: Der Konkurrenzdruck ist groß, der digitalisierte Handel und globale Preiskampf sind ruinös, die überschnellen Trendwechsel können nicht lange durchgehalten werden. Am Horizont droht der Bankrott, die Kassen klingeln schon längst nicht mehr wie es mal war. Zwar mag das ein oder andere davon richtig sein, für ihre einstmals riesigen Gewinne hat die Branche jedoch auch jahrzehntelang die Ausbeutung von Arbeitskräften in Billiglohnländern in Kauf genommen – bis heute. Der hohe Preis der Billigklamotten aus Pakistan und Bangladesch: hunderte Menschenleben. Beendet ist das Thema noch lange nicht.

Sieht man aber einmal von den üblichen Klagen der Branchenprofis ab, erkennt man, dass die Modeindustrie in der Tat unter besonderen Bedingungen wirtschaften muss: Modetrends entwickeln sich global, sind aber letztlich schwer zu kalkulieren. Die Modenschauen in den Metropolen diktieren, was gemacht wird; die Konfektion kopiert ohne Rücksicht. Die Kundinnen und Kunden suchen online nach den Billiglabels oder gehen am *Black Friday* einkaufen.

Früher konnte nicht nur ein verregneter Frühling eine Konfektionsfirma an den Rand des Ruins katapultieren. Wer einen plötzlichen, unvorhersehbaren Trendwechsel von Farben oder Dessins verschlief, musste die gerade erst fertiggestellte Kollektion auch mal als Ramschware verschleudern. Damals wie heute gilt: Manche Einflussfaktoren im Modezirkus sind so filigran wie ein halbseidenes Negligé. Wer zu träge auf den schnell wechselnden und oft schwer zu erfassenden modischen Zeitgeist reagiert und die eigene, exakt auf die anvisierte Zielgruppe zugeschnittene Modelinie nachlässig umsetzt, kann gar nicht so schnell schauen, wie er von der Hype-Wolke ins Vergessen stürzt – von den hohen Einkommensverlusten einmal ganz abgesehen. Im Gegensatz zu den 1920er Jahren kann jedoch durch rationalisierte Fertigungsweisen und Fließbandproduktion auf bestimmte Richtungswechsel schneller und flexibler reagiert werden.

Dennoch bleiben Fingerspitzengefühl, große Sachkenntnis, Psychologie, Mut zum Risiko und äußerste Aufmerksamkeit nach wie vor die Geheimzutaten für den geschäftlichen Erfolg in diesem »flatterhaft« erscheinenden, aber knallharten Industriezweig. Und letztlich darf – neben dem ständigen Beobachten der Konkurrenz und einem guten Händchen fürs Geschäft – vor allem eines nicht fehlen: das Talent. Mode muss man beherrschen, sie ist eine Kunst, die sich nicht einfach studieren lässt.

VON DER STAPELWARE ZUR COUTURE: WIE EIN KONFEKTIONSUNTERNEHMEN FUNKTIONIERTE

Der Begriff *Verlag*, den man heute im Allgemeinen mit einem Medienunternehmen verbindet, ist eng mit dem Begriff *Vorlage* verknüpft: Es bedeutet nichts anderes als dass ein Unternehmer in *Vorlage* geht, also das Risiko trägt und erst einmal Rohstoffe und Arbeitskräfte finanziert – in der Hoffnung, dass sich das Produkt gut verkauft und sich die Investitionen lohnen. Und damit sind seit Gutenberg nicht nur Bücher gemeint – auch in der Konfektion war dieses *Verlagssystem* wichtig.

Dort war sein charakteristischstes Merkmal die Trennung der Produktion vom Absatzgeschäft. Das Konfektionshaus oder Geschäft übernahm die Verantwortung für die modische Richtung; den Absatz der produzierten Ware erfolgte dann durch Einzel- oder Großhändler. Die Gründung eines kleinen Konfektionsunternehmens bedurfte neben dem Anfangskapital auch guter Kontakte zu sogenannten *Zwischenmeistern*, die die Arbeiten an die Schneider und Näher in den Heimwerkstätten vergaben und kontrollierten, um zum Abschluss mit Meisterhand auch die schwierigsten Vorgaben der Konfektionäre zu erfüllen.

Vor allem aber waren Gespür für die modischen Strömungen der Zeit sowie Mut zum Risiko gefragt – beides konnte über Erfolg oder Bankrott entscheiden. Vom Konfektionär und seinen Entscheidungen hing ab, ob die Zwischenmeister und Arbeiter in den Heimwerkstätten auch morgen noch Aufträge hatten. Der Konfektionär musste erahnen, welche Qualität und modische Aktualität bei den Kundinnen gefragt waren, und außerdem die Preise für seine Produkte festlegen.

Im Wesentlichen unterschied man in der Konfektion zwischen drei Genres, die noch in Zwischengenres unterteilt waren, auf die allerdings der besseren Übersicht halber hier nicht weiter eingegangen werden soll:

1 – Im *Modell-* oder *Couture-Genre* mit seinen Einzelanfertigungen wurden elegante Kreationen, die sich am neuesten Pariser Chic orientierten, aus teuersten Stoffen und Materialien hergestellt.
2 – Das *Mittelgenre* zeichnete sich durch qualitativ gute Materialien aus. Die Kleidung lag modisch im Trend, befand sich aber durch die hohen Stückzahlen preislich deutlich unter dem Modellgenre.
3 – Die *Stapelware* oder das *Stapelgenre* bezeichnet in hoher Stückzahl produzierte preiswerte und billige Kleidung, die modeunabhängiger und mit ihren zeitlos schlichten Farben und Formen über die Saisonzyklen hinweg noch verkauft werden konnte.

Die Konfektionäre der 1920er Jahre stritten sich lebhaft über das Genre der von ihnen vertriebenen Ware – die Wahrheit lag meist im Auge des Betrachters. Da die Beschäftigten in den Konfektionshäusern über ein ausgeprägtes hierarchisches Bewusstsein verfügten, kann man sich gut vorstellen, dass die angestellten Konfektionäre des Mittelgenres auf die des Stapelgenres mit leichter Verachtung herabblickten. Ziel eines jeden Konfektionärs war es, eine hochdotierte Stelle in einem Unternehmen des Modell- oder Couture-Genres zu bekommen, um später vielleicht sogar zum Mitinhaber eines renommierten Konfektionshauses zu werden.

Größere Konfektionsbetriebe waren zumeist offene Handelsgesellschaften mit ein bis drei Inhabern, oder eine Kommanditgesellschaft auf Aktienbasis. In der Regel verstanden sie sich als reine Familienunternehmen. Die Geschäftsführung von mittelgroßen Konfektionsbetrieben wurde fast immer in einen kaufmännischen und einen kreativen Bereich aufgeteilt. Der Konfektionär oder das in den 1920er Jahren noch seltene weibliche Pendant dazu, die *Direktrice*, war mit dem Entwurf und der modischen Linie beschäftigt, während der Geschäftspartner z.B. die Preise der einzukaufenden Stoffe verhandelte.

Dieses und die folgenden Fotos sind die einzigen noch existierenden Aufnahmen von verschiedenen Abteilungen und der Betriebsamkeit in einem großen Konfektionsunternehmen am Hausvogteiplatz: vom Entwurf über die Beurteilung von Stoffen sowie Zuschnitt und Verarbeitung bis hin zum Versand an die Kunden. Leopold Seligmann gestattete 1930 diese Aufnahmen für Werbezwecke

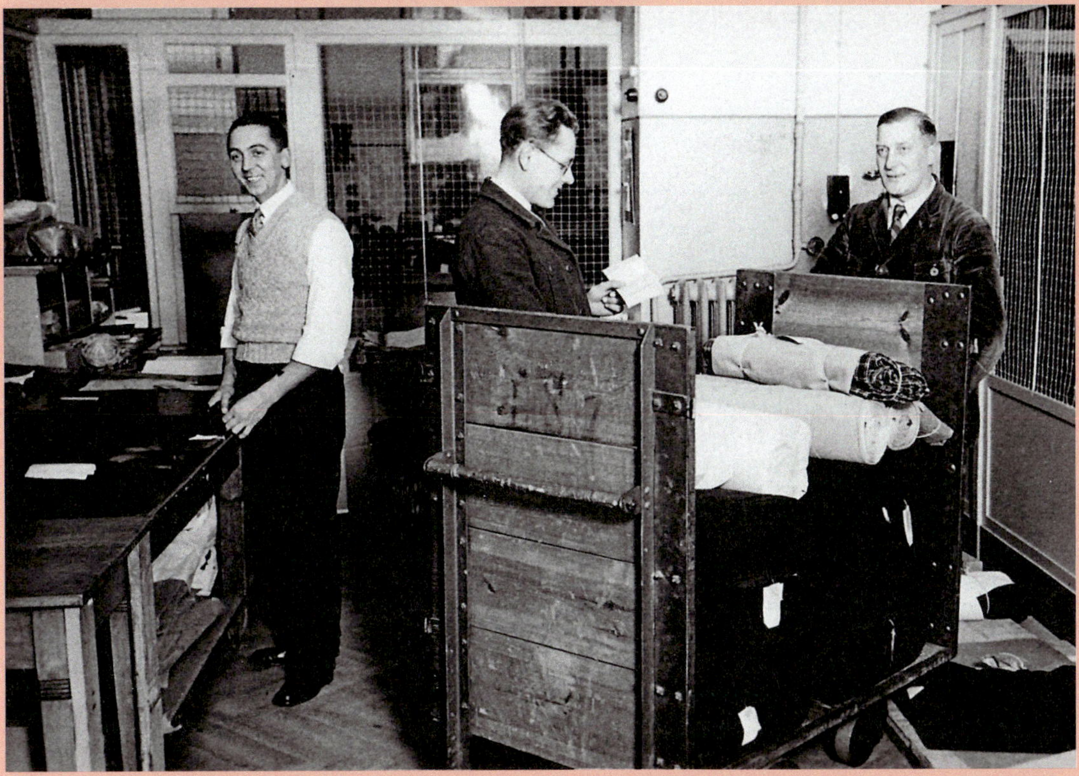

Ein Markenzeichen der Konfektionäre der 1920er Jahre war es, sich gegen die rasch vorangetriebene Rationalisierung und die industrielle Fertigung zu sträuben. Das ist auch auf die äußerst scharfe Konkurrenz der einzelnen Unternehmen untereinander zurückzuführen. Der saisonale Modewechsel, die bis zu ihrer Vorführung streng geheim gehaltenen eigenen Kollektionen sowie die Hoffnung, dem Konkurrenten stets eine Nasenlänge voraus zu sein, verhinderten gemeinschaftliches Handeln.

Die Arbeitsabläufe in einem großen Konfektionshaus gliederten sich organisatorisch in verschiedene Abteilungen; Priorität hatte dabei die Musterabteilung. Von hier gingen die wesentlichen Impulse für die neuen Kollektionen aus. Hier arbeitete der Konfektionär, der – je nach Genre – gut bis sehr gut bezahlt, aber stets vielgeplagt war. Zweimal im Jahr, im Frühjahr und Herbst, bestimmte er die modische Richtung seines Hauses. Er musste das Kunststück beherrschen, anhand von neuen Farben, Schnitten und Stoffen den Betrieb beständig »up to date« zu halten. Seine Ideen und seine Kreativität bestimmten neben den Verkaufspreisen und Exportmöglichkeiten wesentlich den Erfolg des Konfektionshauses. Die Konfektionäre des Modellgenres, aber auch die Berufskollegen des mittleren Genres fuhren zweimal im Jahr nach Paris, um die Schauen der Pariser Couture zu sehen. Abends im Hotel wurde das tagsüber Erspähte fleißig skizziert. Mit welcher Geschäftigkeit die deutschen Konfektionäre, aber nicht nur sie, hier spionierten, berichtet Catharina Menzel, die als Direktrice 1922 bei der Berliner Firma *Glaser & Goetz* beschäftigt war:

> *Ich fuhr mit meinem Chef, Herrn Glaser, in jeder Saison nach Paris, um die ganzen Modenschauen der Couture anzusehen. Von Berlin aus bestellte er immer schon die Eintrittskarten für die Vorführungen, die sehr, sehr teuer waren. Wir blieben meist 7–10 Tage in Paris und hatten vom Vormittag bis zum Abend ein volles Programm mit den Schauen. Herr Glaser saß dabei immer sehr nahe am eigentlichen Geschehen und signalisierte mir, mit kleinen vorher vereinbarten Zeichen, ich stand in seiner Blickrichtung etwas abseits, wann ich besonders aufpassen sollte. Ich hatte ein fast photographisches Gedächtnis für alle neuen Einzelheiten der gezeigten Modelle. Direkt nach der Schau ging ich sogar manchmal auf die Toilette und skizzierte kurz die wichtigsten Neuigkeiten, denn alles konnte man natürlich nicht im Kopf behalten. Es war auch völlig normal, dass wir bei diesen Schauen immer wieder auf die anderen Berliner Konfektionäre trafen, wir fuhren eben alle dahin, weil Paris den Ton angab.*[27]

Einen Musterschutz oder gar Copyright für die französischen Modelle gab es nicht und konnte es nicht geben – dies hätte den Ausschluss der Öffentlichkeit bedeutet. Ein Problem, unter dem im heutigen digitalen Zeitalter die Modebranche noch mehr leidet als seinerzeit.

Die so inspirierten Konfektionäre und Direktricen kehrten nach Berlin zurück und begannen, alles auf die heimischen Verhältnisse zurecht- oder auch zurückzustutzen. Die Pariser Ideen wirkten sich in den einzelnen Genres sehr unterschiedlich aus. Ein letztes Risiko bestand immer, da alle Modeschöpfer, die etwas auf sich hielten, in Paris abguckten. Daher war auch immer die größte vorstellbare Katastrophe theoretisch möglich: Nämlich die, dass sich zwei Kundinnen auf der Straße oder womöglich sogar im Theater vor Publikum begegneten und das gleiche Modell trugen, allerdings aus zwei verschiedenen Modehäusern. Und wer konnte darüber hinaus auch schon mit Sicherheit sagen, was im Februar, März oder im nächsten Winter tatsächlich Mode war? Zwischen dem Besuch der Pariser Schauen und der Präsentation der eigenen Kollektion lagen nun knapp vier Monate intensivster Arbeit. Den Entwurf führte der Konfektionär selbst aus, in größeren Betrieben unterstand ihm eine Entwurfsabteilung, die nach seinen Anweisungen arbeitete. Dann wurden die Kosten kalkuliert, was nicht selten die Materialabteilung oder der Materialeinkauf erledigte. Auch das Festlegen der zu verarbeitenden Materialien lag in der Verantwortung des Konfektionärs. Benötigte ein Unternehmen eine größere Menge, wandte sich der Betrieb direkt an die Stoffhersteller, um bei den teuren Stoffen die Zusatzkosten durch die Zwischenhändler zu sparen. Neben der finanziellen Seite erforderte die Auswahl der Stoffe ein besonderes Gespür für den Zusammenhang zwischen Modell, Farbe, Schnitt und Modetrend. Letzterer konnte auch falsch eingeschätzt werden. Bevor die gesamte Stoffmenge geordert wurde, fertigten einige Konfektionsbetriebe nach den Angaben des Konfektionärs einen Prototyp des entworfenen Modells an. Nach einer solchen letzten Überprüfung der eigenen Arbeit auf Passform und Silhouette begann die sogenannte *Einrichtungs-* und *Zutatenabteilung* mit der Zusammenstellung der Zutatenpakete. Darin waren alle Artikel enthalten, die zur Herstellung einer Bekleidungsserie benötigt wurden: z. B. Knöpfe, Garne, Einlagen, Spitzen, Pelzbesätze, Futterstoffe und anderes mehr.

Ein Lehrling in der Einrichtungs- und Zutatenabteilung des großen Konfektionshauses *Ludwig Lesser* am Hausvogteiplatz sollte später zwischen 1960 und 1980 zu einem der erfolgreichsten Konfektionäre im Modellgenre in Berlin werden: Detlev Albers. Er berichtet:

Die Ausbildung bei Ludwig Lesser in Berlin war sehr gut. Ich hatte ein Maßband um den Hals gehängt und musste die aus dem Haus gehende Ware messen und nach Fehlern durchsehen. Dabei wurden die Stoffballen, die uns von den Fabrikanten geliefert wurden, auf große Rollen gezogen. Wenn ich einen Webfehler entdeckte, wurde an der Webkante mit einer Zange ein Zeichen gemacht, damit die Zuschneider ihn bemerken und berücksichtigen konnten. Auf Arbeitszetteln standen die Anweisungen für die Größe und das Modell. Zutaten wie Gurtband, Knöpfe, Polster u. v. a. wurden hier ebenfalls dazugelegt. Die Kalkulation war äußerst genau. Die Zutatenabteilung schrieb Gutscheine für die Zutaten aus, die nicht sofort an die Zwischenmeister geliefert werden konnten. Alles ging nun in die sogenannte »Schneiderkontrolle« und wurde von anderen Angestellten nochmals nachgemessen und überprüft. Dies geschah deshalb, weil die Angestellten aus der Einrichtungs- und Zutatenabteilung sehr oft die Zwischenmeister, die ja die Pakete später bekommen sollten, kannten und hier schon öfter einmal den Zwischenmeistern z.B. mehr Stoff abgeschnitten wurde als sie tatsächlich brauchten. Das Ganze war sehr personalintensiv.[28]

Die Zwischenmeister waren allesamt gelernte Schneidermeister und große Könner ihres Fachs. Sie holten sich ihre Zutatenpakete aus den Konfektionshäusern ab und schnitten die Stoffe in ihren eigenen Werkstätten nach den Vorlagen zu. Zu ihren besonderen Begabungen gehörten die genaue Einhaltung der verschiedenen Größentabellen und stoffsparende Zuschnitte. Obwohl die Zwischenmeister nicht im Konfektionshaus arbeiteten, gehörten sie innerhalb der Hierarchie zu den angesehenen Leuten.

DIE DUNKLE SEITE DER GLITZERWELT: AUSBEUTUNG FÜR DIE MODE

Die Schneider oder Näherinnen standen dagegen am untersten Ende dieser Hierarchie. Diese arbeiteten entweder in der eigenen Werkstatt der Zwischenmeister, wie es in der Modellkonfektion sehr häufig der Fall war, oder außerhalb in kleineren Heimwerkstätten. Vor allem für die Herstellung der billigen Stapelware gaben die Zwischenmeister die zugeschnittenen Teile mit den Zutaten oft an Heimarbeiterinnen ab. In Berlin nähten tausende Frauen in ihren Wohnungen unter schlechtesten Arbeitsbedingungen für die Konfektionshäuser, zumeist in den Arbeiterbezirken im Norden und Osten der Stadt. Die Berliner Gesundheitsämter registrierten im Bekleidungsgewerbe überdurchschnittlich viele Sterbefälle aufgrund von Lungentuberkuloseerkrankungen.

Einige Zwischenmeister zerteilten nochmals die einzelnen Arbeitsgänge. Speziell die Heimarbeiterinnen in den kleinen Werkstätten wurden oft ausschließlich mit der Fertigung z. B. von Knopflöchern, Ärmeln oder Kragen beschäftigt. Lag der durchschnittliche Frauenlohn in der Industrie bei 59,8 Pfennig pro Stunde, muss davon ausgegangen werden, dass die

Berliner Näherinnen bei der Heimarbeit, 1912

Die Dame-Titelblatt von 1927: der Kontrast zum Elend der Armutsquartiere in der Millionenmetropole

Näherinnen weit weniger verdienten. Ein Damenmantel im preiswerten Stapelgenre kostete 1929 circa 42 Mark. Dafür musste eine Näherin ca. 10 Stunden arbeiten. Der Zwischenmeister oder ein Angestellter kontrollierten und bügelten das fertige Kleidungsstück, um es dann im Konfektionshaus abzuliefern.

Trotz der geringen Löhne hatten die Konfektionsunternehmer kaum Probleme mit Gewerkschaften: Die Arbeiterschaft in den vielen Kleinwerkstätten war viel zu zersplittert, als dass sie sich hätte organisieren können. Das fehlende tarifliche Reglement führte nicht selten auch zu willkürlicher Beurteilung der Arbeitsleistung und Bezahlung, besonders der Heimarbeiterinnen.

Diese der Berliner Konfektion eigene Produktionsweise ist auch auf die Natur der Mode selbst zurückzuführen, die schnellen Wechseln und Veränderungen unterworfen ist. Zudem legte man in den 1920er Jahren gesteigerten Wert auf individuelle und elegante Kleidung, die sich einer durchrationalisierten und seriellen Fertigung entgegenstellte. Saisonale Veränderungen der Modelle konnten ohne großen Aufwand an die Zwischenmeister und Kleinstbetriebe weitergegeben werden. Unter modernen fabrikspezifischen Gesichtspunkten war dieses System bereits in den 1920er Jahren ein Relikt vergangener Zeiten. Die Mode war eben nur bedingt industrialisierbar. Im Vordergrund stand weniger die ökonomisch effektivste Art und Weise der Bekleidungsherstellung, sondern mehr das Geschick des jeweiligen Konfektionshauses, mit seinen Modellen Aufsehen zu erregen und den exklusiven Geschmack der umworbenen Kundschaft zu treffen.

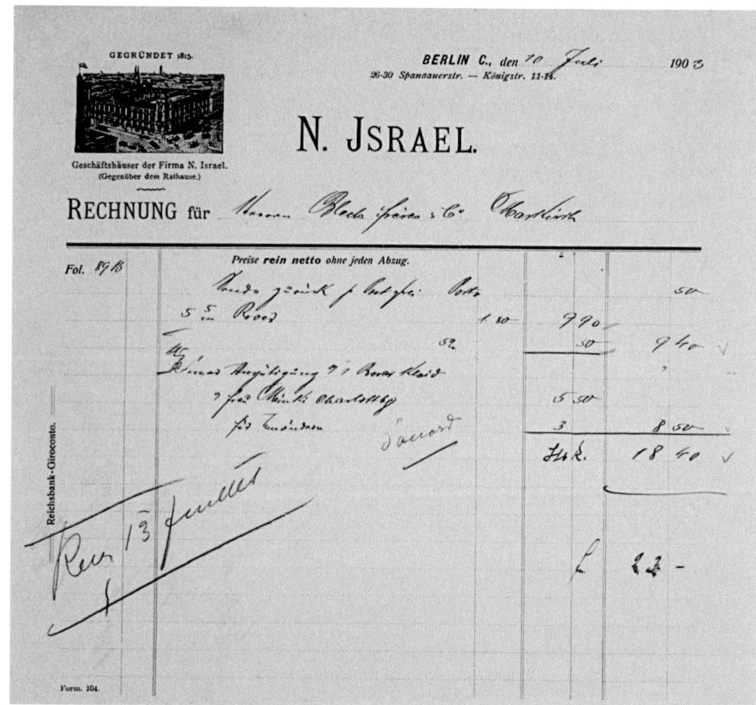

GEGRÜNDET 1815.

BERLIN C., den 10 Juli 1903
26-30 Spandauerstr. — Königstr. 11-14.

Geschäftshäuser der Firma N. Israel.
(Gegenüber dem Rathause.)

N. JSRAEL.

RECHNUNG für

Preise rein netto ohne jeden Abzug.

Fol.

Reichsbank-Giroconto.

Form. 104.

Rechnung des Kaufhauses Nathan Israel über eine Kleidanfertigung, 1903

EXPORT: Fast alle Exportlieferungen werden auch in kleinen Betriebsstätten hergestellt. Beispiel: Der Konfektionsexport aus Deutschland in die Niederlande beträgt 1926 über 29 Millionen Mark. Zählung von 1907 und 1925 im Vergleich:

Jahr	*Betriebe*	*Beschäftigte* *total*	*davon weiblich*
1907	320.235	600.128	308.163
1925	334.147	681.619	383.618

BESCHÄFTIGTE: Der hohe Anteil der weiblichen Beschäftigten ist ein Indiz für die zahlreichen kleinen heimischen Nähwerkstätten. 1925 betrug er 56,28 Prozent. Im gleichen Jahr beschäftigte die Berliner Bekleidungsindustrie 78.220 Heimarbeiter/-innen in 48.594 Betrieben. Während 1927 die gesamte Zahl der Bekleidungsbetriebe um 13,9 Prozent sank, nahm die Quote der weiblichen Beschäftigten nochmals um 7,25 Prozent zu.

BETRIEBSGRÖSSEN UND UMSATZENTWICKLUNG: Auflistung der Berliner Damenkonfektionsbetriebe im Taschenadressbuch für Einkäufer (im gleichen Verlag wie das Branchenblatt Der Konfektionär erschienen) von 1927:

Rubrik	*Zahl der Firmen*
Damenmäntel und -Kostüme	272
Damenkleider, -Blusen und Kostümröcke	355
Maids- und Backfischmäntel und -Kostüme	47
Mädchen- und Kindermäntel	27
Modellkonfektion	31
Mädchen- und Kinderkleider	38
Morgenröcke und Matinees	8
Halbfertige Roben	6
Gummi- und imprägnierte Kleidung	18
Gesamt: Damenkonfektion	802 Firmen

Durch branchenübergreifende Produktion sind in der Übersicht 52 Betriebe doppelt aufgezählt, dennoch bleiben immerhin 750 Betriebe der Damenkonfektion in Berlin.

AUFSTIEG UND CRASH

Der älteste und wirtschaftlich bedeutendste Teil der Branche war die DAMENMÄNTELKONFEKTION, die jedoch wie die gesamte Bekleidungsindustrie in den 1920er Jahren eine rückläufige Entwicklung erfuhr. Die Mitgliedszahlen des Verbandes der *Deutschen Damen- und Mädchenmäntelfabrikanten* geben darüber Auskunft. Hatte der Verband im September 1923 noch 422 Mitglieder (der höchste Stand seit 1912), so waren es Ende 1926 nur noch 268. Ebenfalls sank der Gesamtumsatz der Damenmäntelkonfektion in Berlin mit ca. 350 Millionen Reichsmark im Jahre 1925 ein Jahr später auf 290 Millionen Reichsmark.

Mit Damenmänteln ließ sich in den 1910er Jahren noch das meiste Geld verdienen. Titelblatt der *Eleganten Welt* von 1919

Was war die Ursache? Ab 1926/27 kann man von einer strukturellen Krise sprechen, die durch den Zusammenbruch des Welthandels noch intensiviert wurde. Bis 1926 hatte ein gut gehender Berliner Damenkonfektionsbetrieb einen Jahresumsatz von ca. 4 Millionen Reichsmark (das entspricht heute ca. 15 Millionen Euro). Ein durchaus beachtliches wirtschaftliches Ergebnis, das gut 70 Prozent der Berliner Konfektionsfirmen vorweisen konnten. Eine weitere Steigerung der Umsatzzahlen und eine Ausweitung der Produktion hätten sich nur noch durch industrialisierte Kleidung erreichen lassen. Die Trennung von Handel und Produktion in der gesamten Branche, die einige Konfektionsfirmen in Ansätzen aufzuheben versuchten (die Firma *Fischbein & Mendel* soll im Geschäftshaus ca. 200 Näherinnen beschäftigt haben), hätte nicht aufrechterhalten werden können.

Welche Chancen die Berliner Konfektion gehabt hätte, lässt sich aufgrund der krisenhaften Wirtschaftslage bis 1933, die durch den Börsensturz von 1929 in New York ausgelöst wurde, nur schwer abschätzen. Die Krise hallte noch bis 1935 nach. Dennoch gab es auch eine wirtschaftliche Stabilisierung in den ersten Jahren der Nazi-Diktatur. Die Konfektion profitierte von neuen und alten Absatzmärkten. Schließlich war aber für den Untergang der Berliner Konfektion primär die Politik im nationalsozialistischen Deutschland verantwortlich. Wie systematisch diese Zerstörung erfolgte, werden wir noch sehen. Jedoch kann man sagen, dass unter rein wirtschaftlichen Gesichtspunkten betrachtet die Damenkonfektion sich hätte neu definieren müssen. Tendenzen zur Stagnation und rückläufigen Entwicklung waren unverkennbar, die Glanzzeit schien vorbei. Die Konfektionsfirmen hätten sich radikal verändern und effektiver arbeiten müssen. Hätten sie es geschafft? Man wird es nicht mit Bestimmtheit sagen können.

Die Frage lautet auch: Geht es bei Mode nur um Zahlen? Sondern nicht auch um Ansehen, Eleganz, Charme und Chic eines ganzen Berufszweiges mit einer großen Tradition?

Nur kurz sei an dieser Stelle erwähnt, dass Berlin im Jahr 1961 erneut vor diesem Problem stand, als Westberlin durch den Mauerbau plötzlich vom Großteil der Zwischenmeisterbetriebe, die im Osten Berlins ansässig waren, abgeschnitten war. Die Konsequenz war eine in den 1960er Jahren einsetzende Industrialisierung der Konfektion mit Gruppen- und Fließbandarbeit in neuen Produktionsstätten – nicht nur in der Bundesrepublik Deutschland, sondern auch in der DDR, die im großen Stil die Massenfertigung von Kleidung betrieb – allerdings kaum für die eigene Bevölkerung, sondern in der Hauptsache für westdeutsche Modefirmen und Versandhäuser.

REKLAMEVERLAG ERNST MARX BERLIN W 8
Berlin W8
Friedrichstr. 61
HOCHSCHUL
ZUSCHNEID

Moderne Schnitttechniken werden immer wichtiger für die Konfektion: Plakat der Hochschule für Zuschneidekunst »System – Le Grand Chic«, gestaltet von Ernst Deutsch, Berlin 1911

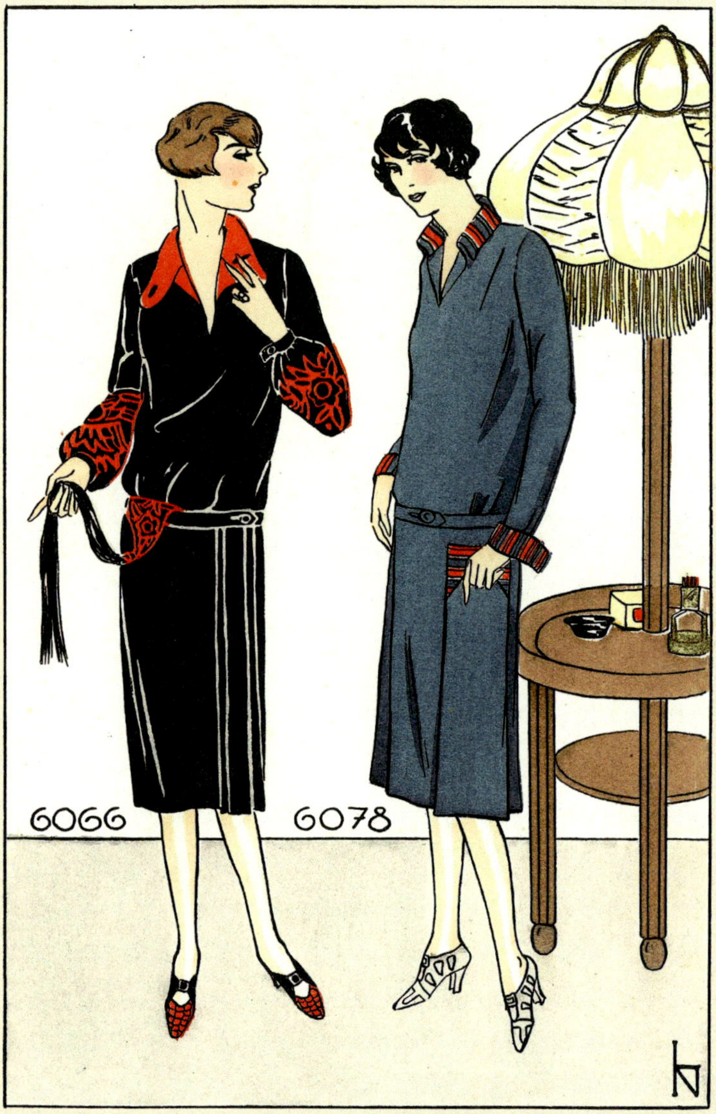

Hermann Löb & Levy

Berlin SW Krausenstr. 38/39

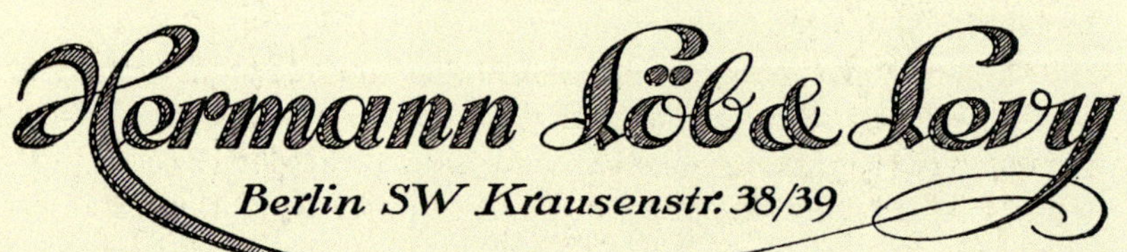

BERLINER CHIC IN DEN ZWANZIGER JAHREN

EXPORTSCHLAGER MODE

Modezeichnung von Lissy Edler (Alice Newman) für das Modehaus Löb & Levy, 1920er Jahre

Schon im 19. Jahrhundert erzielte die Berliner Konfektion einen bedeutenden Teil ihrer Gewinne durch den Exporthandel. So wurden zum Beispiel während des Krieges 1870/71 entscheidende wirtschaftliche Wachstumsphasen durch den Auslandsabsatz erreicht. Der Erste Weltkrieg sorgte dann allerdings für starke Verluste im Export. Zu den wichtigsten ausländischen Abnehmern der Berliner Bekleidung gehörten damals die Niederlande, Großbritannien, Schweden, Dänemark, die Schweiz, die USA sowie Argentinien mit insgesamt 130 Millionen Reichsmark pro Jahr.

In den 1920er Jahren wurde zwar fast der gesamte deutsche Markt durch die heimische Konfektionsindustrie versorgt, aber das Exportgeschäft blieb trotz des Rückgangs im Ersten Weltkrieg ein wichtiges Standbein besonders der großen Konfektionsunternehmen in Berlin. Es waren die hohe Qualität, modische Aktualität und pünktliche Einhaltung der Lieferfristen, die ausländische Importeure an der deutschen Konfektion und vor allem der Damenkonfektion so schätzten. Mit der ab 1916 regelmäßig im Frühjahr und Herbst stattfindenden *Modewoche* wurde eine zweckdienliche Marketing-Maßnahme für den Export geschaffen. Allerdings blieben die europäischen Einkäufer weg (mit denen war man ja verfeindet), dafür kamen Kunden aus Argentinien, Brasilien und anderen Ländern. Erst nach dem Krieg, der Währungsreform und drei Jahre nach Ausrufung der Republik besserte sich die Lage. Berlin avancierte zur internationalen Modemetropole mit einer leistungsfähigen Bekleidungsindustrie.

Der Bekleidungsexport und damit die engen geschäftlichen Beziehungen zum Ausland hatten für die jüdischen Unternehmer, die nach 1933 Deutschland verlassen mussten, eine ganz besondere Bedeutung: Ein gewichtiger Teil der Emigranten aus der Konfektionsbranche konnte sich durch die guten Kontakte neue Existenzen aufbauen – besonders in den Niederlanden und in Großbritannien. Diese Auslandsverbindungen ermöglichten ebenfalls die Emigration zahlreicher Konfektionsangestellter jüdischer Herkunft – auch vom Hausvogteiplatz.

EINE »GOLDENE ZEIT«?

So golden, wie die 1920er Jahre heute oft genannt werden, waren sie nicht unbedingt. Rudolf Schlichter, einer der Künstler der Neuen Sachlichkeit, hat in einem seiner Gemälde einen Blick auf diese Epoche eingefangen, der zum einen Zeitzeugnis ist und zum anderen eine geradezu prophetische Aussicht auf die Zukunft zeigt. Das Aquarell trägt den Namen *Hausvogteiplatz.*

Wir sehen das Treiben an diesem damals so mondänen Ort, der wie kaum ein anderer das »Goldene« der Zwanzigerjahre widerspiegelt. Doch die Menschen, die sich auf dem Gemälde direkt vor einem der Häuser mit dem Schriftzug *Konfektion* drängen, wirken alles andere als unbeschwert. Die mit teuren Pelzkrägen geschmückten Damen im Vordergrund des Bildes sind von gut gekleideten Herren umgeben und scheinen deren Blicke mit zwiespältigen Gefühlen hinzunehmen. Schlichters Straßenszene wirkt bedrohlich. Der blutige Galgen im Hintergrund, der sich über der Menschentraube erhebt, zeugt von Unheil oder will davor warnen – nur keiner der Passanten schaut hin. Auch der Himmel – wir sehen gleichzeitig Sonne und Mond sowie ganz oben, am höchsten Punkt des Bildes, Saturn, den Planeten der Melancholiker und der Trauer – kündet beinahe apokalyptisch an, was der Maler 1926 noch nicht wissen konnte, aber aus unserer Perspektive sinnbildlich dafür stehen kann, was sich hier auf diesem Platz wenige Jahre später zutragen sollte.

Wir können aus der Biografie des Künstlers nur erahnen, worauf er wirklich abzielte; als Prophet hat sich Schlichter jedenfalls nicht verstanden. Doch was war es genau, was die *Goldenen Zwanziger* zu einer Legende machte und ihnen am Ende den Glanz raubte? Die *Golden Twenties*, wie diese deutsche Epoche international genannt wurde, bezieht sich auf die Jahre zwischen 1924 mit der Einführung der *Rentenmark*, die gleichzeitig das Ende der Inflation einläutete, und 1929, als es zum Börsenkrach in New York und einer Weltwirtschaftskrise kam, die den Globus in den Würgegriff nahm.

Bis zum beginnenden Wirtschaftsaufschwung 1924 war es in vielen Industrieländern ein dorniger Weg, zumal in Deutschland, das mit dem Vertrag von Versailles und den damit einhergehenden massiven Reparationszahlungen und Gebietsverlusten nicht nur den Krieg verloren, sondern mit Hungersnöten, Arbeitslosigkeit und Krankheiten im Land zu kämpfen hatte. Die katastrophale Versorgungslage der Bevölkerung aufgrund der gigantisch hohen Kriegsausgaben hatte schon vor dem Ende des Ersten Weltkrieges soziale Unruhen zur Folge. Denn der Krieg forderte nicht nur Millionen von Opfern, sondern spaltete auch die Bevölkerung und vor allem die Arbeiterbewegung. Die Konflikte eskalierten mit der Ermordung von Rosa Luxemburg und Karl Liebknecht am 15.1.1919 durch Angehörige der Preußischen Armee. Zwar schuf die sieben Monate später verabschiedete Weimarer Verfassung die Grundlagen einer liberalen Demokratie, doch verhinderten die miserable Wirtschaftslage, die innenpolitischen Kämpfe zwischen *Nationalen* und *Liberalen*, die stetig wachsende *Hyperinflation* und die hohe Arbeitslosigkeit zwischen Januar 1919 und November 1923 eine Stabilisierung der jungen Republik.

Rudolf Schlichter, Hausvogteiplatz, 1926

Zu einer relativen Ruhe kam es erst Ende 1923 durch die eingeleiteten strikten Maßnahmen in der Wirtschafts-, Finanz- und Sozialpolitik. Von staatlicher Seite wurde so ein halbes Jahrzehnt einer scheinbaren Stabilität eingeleitet und mit ihr der wirtschaftliche Aufschwung. Gleichzeitig nahmen aber die antisemitischen Ausschreitungen und Hetzkampagnen zu. Der verlorene Krieg, der Zusammenbruch der deutschen Monarchie und die desolate politische Situation mündeten in der Suche nach den Schuldigen. Die Sündenböcke waren schnell gefunden. Bereits während des Ersten Weltkrieges wurden die deutschen Verluste den Sozialisten, Demokraten und natürlich wieder einmal den Juden angelastet. Postkarten machten die Runde, auf denen die Karikatur eines Juden einem deutschen Soldaten im Schützengraben einen Dolch in den Rücken rammt – die *Dolchstoßlegende* war geboren. Niemand geringerer als der spätere Reichspräsident Paul von Hindenburg hatte diesen erlogenen Mythos vom deutschen Heer, das »von hinten erdolcht« worden sei, in Umlauf gebracht.

Eine zuvor nicht gekannte Flut antisemitischer Schriften wurde von rechtsradikalen und konservativen Gruppen und Organisationen, die sich mit allen Mitteln gegen eine demokratische Entwicklung in Deutschland stemmten, publiziert. In den erneuten Schuldzuweisungen wurde »den Juden« nun auch vorgeworfen, sich am Krieg bereichert zu haben und die Verantwortung für dessen Niederlage zu tragen. Selbst die Verantwortung für die revolutionären Arbeiteraufstände im Oktober und November 1918 wurde nun ihnen angedichtet – von Adolf Hitler, der sich April 1922 in einer Rede ereiferte:

> *Das ist die Schuld des Juden, daß er die breite Masse in diesen Wahnsinn des Novembers hineingehetzt hat. Und weiter hat unsere rechte Seite ja ganz vergessen, daß die jüdische Demokratie [...] immer und jederzeit nur Mittel war zur Vernichtung der tatsächlichen arischen Führerschicht.*[29]

Vorläufiger Höhepunkt des militanten völkischen Antisemitismus war 1922 die Ermordung des jüdischen Reichsaußenministers Walther Rathenau durch Angehörige der rechtsradikalen Gruppe *Consul*. Mit der Weimarer Republik waren zwar die letzten Restriktionen gegenüber Juden aufgehoben worden, die sie als Menschen mit eingeschränkten Rechten gebrandmarkt hatten (sie durften nun alle öffentlichen Ämter bekleiden), doch formierte sich in den 1920er Jahren die NSDAP als stärkste antisemitische und rechtsradikale Partei.

ZWISCHEN PLAGIAT UND SELBSTFINDUNG

Auch die Konfektionsindustrie erlebte nach 1924 einen neuen wirtschaftlichen Aufschwung. Oscar Heimann von der Konfektionsfirma R.M. Maaßen und Mitvorsitzender des *Verbandes der Deutschen Modeindustrie* hatte schon kurz vor Kriegsende vermeldet, »daß Deutschlands Modeindustrie

Diese und die folgenden Modeskizzen stammen von Lissy Edler (Alice Newman). Für das Berliner Konfektionshaus Löb & Levy entwarf sie bis 1936 ganze Modellserien

imstande ist, auch während des furchtbaren Weltkrieges mit an der Mode zu schaffen und moderne Gedanken und Arbeiten von feinstem Geschmack hervorzubringen«[30]. Was heute etwas deplatziert klingen mag, wurde damals als Bekundung der patriotischen Grundhaltung des Verbandes verstanden.

Und es gab – allen antijüdischen Ressentiments zum Trotz – enge Verbindungen zwischen jüdischen und nichtjüdischen Unternehmen sowohl in der Konfektion als auch im kulturellen Leben: Fast 300 Mitglieder und Förderer zählte die Verbandssektion in Berlin. Zu ihnen zählten Vertreter der Modezeitschriften, bildende Künstler, Stofffabrikanten und Journalisten. Man war sich einig, dass die nationale Modeindustrie gestärkt sowie die Mode auch als Zeichen deutscher Kultur exportiert werden sollte. Im Gegensatz zur Vorkriegszeit konnte sich die Konfektion in den 1920er Jahren auch auf einen erweiterten Binnenmarkt einstellen, denn modische Kleidung wurde zu *dem* Konsumartikel vor allem der großstädtischen Bevölkerung.

Der *Verband der Damenmode* in Berlin hoffte sogar, die deutsche Kundschaft zur »einheimischen Mode [...] erziehen«[31] zu können. Wenngleich diese Idee eher politisch motiviert war, hatten die Konfektionäre Ende 1919 in der Tat weniger das Problem, ihre Waren den Deutschen schmackhaft machen zu müssen. Ihre Waren durften schlicht erst gar nicht ausgeführt werden. Denn ein für die Bekleidungsindustrie verhängtes Exportverbot sollte den Kleidermangel im Land in den Griff bekommen. Dieses Ausfuhrverbot wurde zwar im Frühjahr 1920 etwas gelockert, dafür schlug wenige Monate später eine neue Exportabgabe ins Kontor der Konfektionäre, die deutsche Unternehmen im Handel mit dem Ausland zusätzlich benachteiligte. In dieser Zeit füllten sich in Berlin die Lager.

Zeichnung von Lissy Edler (Alice Newman), 1924

6555

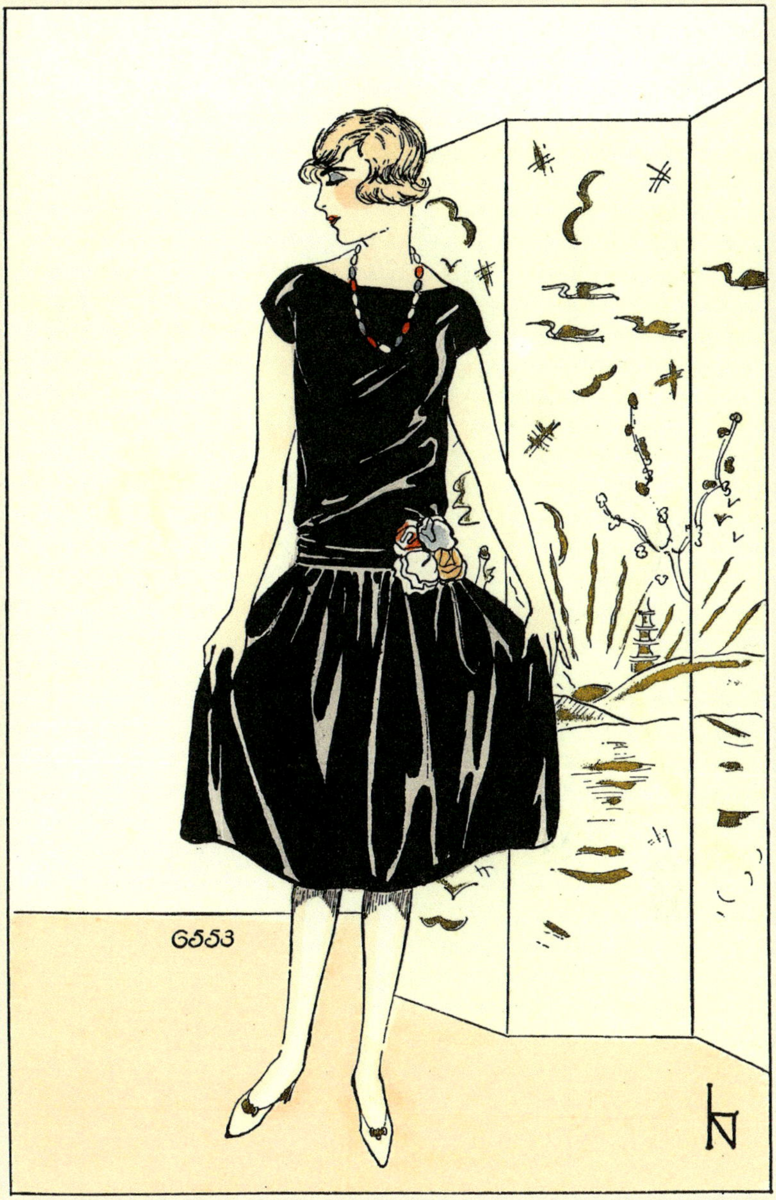

Hermann Löb & Levy

Berlin SW Krausenstr. 38/39

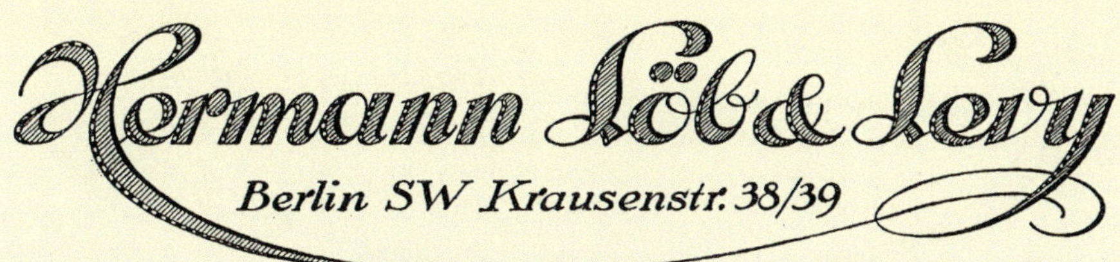

6569

Hinzu kam, dass ab Ende 1921 nur noch Ausfuhranträge für Waren an Länder genehmigt wurden, in denen eine stabile Währung herrschte. Denn nach Abzug aller Unkosten für Rohstoffe mussten sämtliche Devisen bei der Reichsbank abgegeben werden. Die bislang rosigen Exportzahlen trübten sich vorübergehend ein.

Was jedoch die Versuche anging, sich von den Kreationen der Pariser Mode zu emanzipieren, tendierte der Verbandskollege Adolf Manheimer und Inhaber der *Fa. V. Manheimer* zu einer eher realistischen Sicht der Dinge. Kurze Zeit nach dem Aufruf von Oscar Heimann, dem bereits erwähnten Verbandsfunktionär der deutschen Modeindustrie, an die Industriellen, die Kreation von Mode nach deutschen Vorstellungen zu wagen, stellte Manheimer lapidar fest: *»Die [...] Anpassungsfähigkeit ist wohl das charakteristischste Moment der Berliner Konfektion.«*[32]

Die folgenden Jahre gaben beiden Recht. Neben der ungebrochenen Vorbildfunktion der Pariser Mode und ihrer Ausstrahlung auf die modische Linie in Berlin setzten sich auch eigene Modeschöpfungen durch. Doch in der Mehrheit wurde die Pariser Mode von der Konfektion in Berlin »tragbar« gemacht, und wer immer in dieser Zeit vom *Berliner Chic* sprach, meinte die in Berlin nach Pariser Modellen angefertigte Damenkonfektion. Gerade diese Tatsache war es aber auch, die der Verband der Modeindustriellen misstrauisch beobachtete, denn seiner Meinung nach behinderte das schon fast traditionelle Kopieren der Pariser Modelle die eigenständige Modeentwicklung. Es muss eine Art Hassliebe gewesen sein, die die Konfektion in Deutschland und besonders in Berlin der französischen Mode entgegenbrachte: Ohne sie ging es nicht, aber mit ihr fühlte man den Konkurrenzdruck und nicht selten die eigene Mittelmäßigkeit.

Die sich bereits im Krieg abzeichnende direkte Gegnerschaft zur französischen Modedominanz verschärfte sich mit der französisch-belgischen Besetzung des Rheinlandes und des Ruhrgebietes Anfang 1923 als Folge der von Deutschland nicht zu erfüllenden Reparationsverpflichtungen durch den Versailler Vertrag von 1919. Der *Verband der Deutschen Mode-Industrie* rief seine Mitglieder zu Beginn des Jahres 1923 zum »Boykott französischer Modewaren« auf.

Wir empfinden es als eine Schande, wenn die Vertreter der Mode in einem Augenblick nach Paris gefahren wären und dort eingekauft hätten, in welchem unsere Landsleute vom einfachsten Arbeiter bis hin zum größten Industriellen und höchsten Beamten bis aufs Blut drangsaliert und mißhandelt werden [...].[33]

Obwohl Teile der Öffentlichkeit und Branchenkenner darüber nur den Kopf schütteln konnten, sah der Verband den Moment gekommen, die materiellen Interessen denen der »nationalen und persönlichen Ehre« zumindest verbal unterzuordnen. Erstmals in der Berliner Modegeschichte mischt sich die Industrie direkt in politische Angelegenheiten ein. Selbstbewusst verkündeten die drei Vorsitzenden und die Mitglieder des Vorstandes, unter ihnen Albert Stern von der Firma *Graumann & Stern* und Dr. Stefan Gerstel von der Firma *M. Gerstel*:

Machen wir kein Geheimnis daraus, sagen wir den Käufern des In- und Auslandes, wir waren nicht in Paris, seht Euch unsere Sachen an und urteilt, ob sie gut oder schlecht sind, und wir werden sehen, daß auch die Käufer dafür Verständnis haben. Die meisten Länder besitzen selbst so viel Nationalgefühl, daß man in diesem Falle Achtung vor dem haben wird, der sagt, daß er nicht in Paris war.[34]

Der Verband war sich über die daraus entstehenden Nachteile im Klaren, betrachtete aber diesen patriotischen Schritt als »williges Opfer«. Allerdings war der Boykott nicht von langer Dauer. Spätestens seit der Unterzeichnung des *Dawes-Plans* im Jahre 1924, der eine jährliche Anpassung der Reparationszahlungen an die Wirtschaftskraft der Weimarer Republik vorsah, nahmen auch die Berliner Konfektionäre ihre Reisen zu den Pariser Modenschauen wieder auf. Dennoch: Ihre Entschlossenheit, patriotisch im Sinne Deutschlands zu handeln, gibt doch beredten Aufschluss über die national-liberale Gesinnung der zahlreichen jüdischen Verbandsmitglieder. Dabei ging es ihnen nicht um die Verteufelung des französischen Modestils und der anerkannten Leistung der Pariser Couturiers, wie dies die konservativ-nationalistischen Kräfte taten, sondern um die Stärkung der deutschen Modeindustrie, deren Teil sie waren. Darüber hinaus sahen sie hier eine Chance, die Weimarer Republik in ihrer demokratischen Grundstruktur zu fördern. Nur in einer liberalen und demokratischen Republik konnten die jüdischen Unternehmer der Modebranche, wie alle anderen Juden auch, vor den antisemitischen Anfeindungen sicher sein – so zumindest ihre Hoffnung.

Und die noch so junge Republik war in Gefahr: Von Anfang an agitierten und kämpften die Kräfte, die sich in der NSDAP sammelten, gegen die Weimarer Republik und ließen keinen Zweifel an ihrer antisemitischen und undemokratischen Haltung aufkommen. Die Berliner Konfektionsbranche mit ihrem im Vergleich zu anderen Industriezweigen hohen Anteil an jüdischen Unternehmen und Geschäftsleuten (1930 lag er bei ca. 50 Prozent) bot ein besonderes Angriffsziel. Das NS-Blatt *Völkischer Beobachter* schrieb 1928:

Ein einziger Konfektionsjude hebt diktatorisch die Hand auf und tausende von Frauen und Mädchen stülpen sich einen Küchentopf als ›Modeneuheit‹ auf den Kopf; eine französische Firma hat noch einige Exemplare einer Kopfbedeckung oder eines Gürtels übrig, sofort wird sie durch einen jüdischen Geschäftsfreund in Deutschland ›Mode‹ [...].[35]

Wenngleich solche und andere Äußerungen noch nicht sofort von der Bevölkerung aufgenommen wurden, waren es doch Fanale. Für die Deutschen jüdischen Glaubens musste der Gedanke an eine einseitige Auflösung des deutsch-jüdischen Verhältnisses absurd gewesen sein. Vor allem in der Bekleidungsbranche mit ihren außerordentlich positiven Ergebnissen hatte sich gezeigt, wie wichtig die Schritte seit der Aufklärung zur längst fälligen Emanzipation der Juden – weg vom Rande der Gesellschaft hin zu ihrer Anerkennung als gleichberechtigte Staatsbürger – waren. Auf diese gemeinsame Geschichte baute die Mehrheit der deutschen Juden. Vergeblich: Der schwierige, aber auch ungeheuer produktive Prozess der deutsch-jüdischen Geschichte war mit dem 30. Januar 1933 schlagartig beendet. Hitler kam an die Macht, eine Hoffnung war gescheitert. Mit der darauffolgenden systematischen Vertreibung der Juden auch aus der Berliner Modewelt wurde eine einhundertjährige Tradition einfach abgeschnitten. Um das Ausmaß des Verlustes zu verstehen, hilft ein genauer Blick auf die Zwanzigerjahre und das Berliner Zentrum des Modeschaffens – auf eine Branche, die unglaublich kreativ und vital war. Dieser Blick zeigt aber auch, dass die Modegestaltung am und um den Hausvogteiplatz herum nicht einfach nur von guten Ideen lebte, sondern in einem traditionsreichen Umfeld einer liberalen Kultur gelernt werden musste.

»DIE SCHICKESTE SCHICKSE DER MODE«

Zur Eröffnung der Frühjahrsmodenwoche am 13. Februar 1922, die unter der künstlerischen Leitung des bekannten Bühnen- und Kostümbildners Emil Pirchan stand, war auch der Preußische Minister für Handel und Gewerbe, Staatsminister Siering, angereist. Über den *Verband der Deutschen Modeindustrie* sagte er:

Ich würdige mit Dank, daß Sie in erstaunlich kurzer Zeit einen tüchtigen Weg durchmessen haben, dank der Männer, die in aufopfernder Weise die Geschicke Ihres Verbandes in die Hände genommen haben, welche in rastlosem Eifer die zunächst auseinandergehenden Fäden verknüpft und ein organisatorisches Gebilde für die Zukunft geschaffen haben. Sie wollen versuchen, durch Einsatz starker Künstlerkraft die deutsche Modearbeit zu vertiefen und unabhängig zu machen [...]. Wir ringen heute in Deutschland noch um unser nacktes Leben, wir ringen, [...] um für die nächsten Monate und Jahre unsere deutsche Selbständigkeit zu bewahren [...]. Ich bin überzeugt, in Ihrer aller Sinne zu sprechen, uns darf und braucht nicht vor der Zukunft bange zu sein, solange wir uns als Deutsche selbst finden in der gemeinsamen Arbeit.[36]

Minister Siering sollte nicht Recht behalten. Mit seiner Prognose lag er mächtig falsch, wie die Geschichte zehn Jahre später zeigen sollte. Tatsächlich hätten sich besonders die jüdischen Industriellen der Branche große Sorgen um ihre Zukunft machen müssen. Aber Siering beschrieb immerhin eine Art Handlungsrahmen, in dem sich die Berliner Konfektion entwickeln sollte. Zwar waren die Inflationsjahre nach dem Krieg wenig geeignet, den Bekleidungskonsum zu fördern, dennoch schuf die Berliner Konfektion in diesen und den folgenden Jahren ihre eigenständigen Grundlagen der Modeentwicklung. Voraussetzung dafür war nicht zuletzt die demokratische Weimarer Verfassung, die die Zeiten der Monarchie ablöste – auch kulturell: Mode wurde zum Ausdruck eines neuen großstädtischen Lebensgefühls mit Berlin als prägendem Zentrum.

Selbstbewusste Frauen: Die Zwillingsschwestern Sally und Ruth Katz (in Hosen) als Zuschauerinnen in Berlin-Frohnau während der Polo-Woche, 1928

Während etwa die Dadaisten noch heftig die Gesellschaft attackierten und die »durch den Krieg verrotteten bürgerlichen Werte«[37] beklagten, entwickelte sich eine breite Vergnügungskultur. Die Zauberworte von damals hießen *Jazz* und *Charleston*. Allerdings reagierte so manches der etablierten Konfektionshäuser zunächst reserviert auf importierte Tanzleidenschaft der *Roaring Twenties* aus den USA. Das Modehaus *Rudolph Hertzog* appellierte sogar an die Moral der Berliner und riet von den neuesten »mondänen Tänzen wie Shimmy oder Scottish Espagnol« ab; es prangerte deren »übertriebene unästhetische Bewegungen« an und teilte mit, der Tanz solle »sportliches Vergnügen sein, nicht erotisches Reizmittel«. Doch gerade die politisch und wirtschaftlich instabile Situation förderte den Wunsch nach Vergnügungen aller Art, dem die vielen kleinen Tanzlokale nachkamen, die in der Nachkriegszeit wie Pilze aus dem Boden schossen.

Auch wenn die normale Berliner Bevölkerung aufgrund der allgemeinen Notlage von den neuen Modesensationen nichts hatte, schufen die Couturiers der Hauptstadt einen überaus aufwendigen und teuren Kleiderluxus, der sich wiederum an der populären Musik orientierte und um den selbst Paris nicht herumkam. Neben den aufgebauschten Chiffon-, Rüschen- und Tüllkleidern, die schon fast wieder an die Krinolinenzeit erinnerten, setzte sich ab 1920 eine schlichte und einfachere Linien- und Schnittführung in der Damenmode durch. Die Rock- und Kleiderlängen verkürzten sich in Richtung Knie, die Taillenlinie senkte sich merklich auf die Hüfte.

Zwar benötigten die Modeschöpfer für die schnörkellosen Schnitte um Welten weniger Stoff also zuvor, doch die verlorengegangene Materialfülle der Krinolinenröcke glichen sie durch den Einsatz teurer Seiden-, Samt- und Brokatstoffe aus; besonders auffällig geriet die Eleganz dort, wo Zobel, Breitschwanz und Hermelin zu kostspieligen Mänteln verarbeitet wurden. Diesen Luxus erlaubten sich allerdings nur die französischen Modellhäuser. In Berlin standen vielmehr neue Stoffmuster im Fokus – nicht zuletzt, weil dies schlicht billiger war. Kleiderstoffe aus Crêpe de Chine und Seide erhielten in Anlehnung an die moderne Malerei »ultramoderne kubistische Dekors«[38]. Doch so sehr sich die die Haute Couture in Paris oder die Modellhäuser in Berlin auch bemühten, ihren neuen Stil an die Kundinnen zu bringen, blieb ein entscheidendes Hindernis bestehen: der rasante Geldschwund durch die Inflation. Schon im Winter 1921 kommentierte eine Kritikerin der Modenzeitschrift *Elegante Welt*:

Selbst die reichste Kriegsgewinnlersgattin kann sich nicht solche, pelzbesetzten Prunkstücke kaufen [...]. Denn inzwischen, da der Preis für einen edlen Pelz auf eine Viertelmillion Mark gestiegen ist, kann das nicht einmal mehr ein Filmsternchen zahlen, [und so kam] als Käuferin nur eine Kundin aus dem valutastarken Ausland, aus Dollarica in Frage. Die Berlinerin genießt Eleganz und Luxus aus der Flimmerkiste – sie leistet sich statt Chinchilla ein Kinobillett und begutachtet die Toiletten der Modehäuser Flatow-Schädler/Mosse in Fritz Langs Film »Dr. Mabuse« und hängt ihr Herz an den Liebling der Saison, an Rudolf Valentino als »Scheich« in Paramount [...].[39]

Die Erleichterung war daher bei den Berliner Konfektionsfirmen groß, als 1924 mit der neuen Währung der *Rentenmark* die wirtschaftliche Stabilisierung eingeleitet wurde; der Weg zu den Verbrauchern war frei. Jetzt konnte die Mode zum Konsumartikel werden, da die Bevölkerung auf ruhigere Zeiten hoffte. Besonders die jungen Konfektionäre, die erst in den 1920er Jahren vor allem am Hausvogteiplatz ihre Tätigkeit aufnahmen und sich um eine eigenständige modische Entwicklung bemühten, registrierten aufmerksam die Ideen aus dem Ausland, die vor allem in Berlin wie der Blitz einschlugen.

die neue linie ist die erste deutsche Lifestyle-Zeitschrift für eine intellektuelle und modebewusste Oberschicht – mit einem damals radikal neuen Konzept: Die Zeitschrift wird von Künstlern des Bauhaus entworfen und thematisiert Lebensart, Mode, Literatur, Reise- und Architekturtrends.

Zum wichtigsten Multiplikator dieser Ideen wurden in Deutschland die Berliner Kulturstätten und großen Amüsierbetriebe, die Revuen, Kabaretts, die Schauspielhäuser und Kinos. Wer in Literatur, Musik, Film, Theater oder Tanz mitmischen wollte, lebte ohnehin bereits in dieser Stadt – intensiver und vielleicht auch unbelasteter als in Paris oder Wien. Dort war der Wunsch nach einem Bruch mit den traditionellen Moral- und Kulturvorstellungen nicht so groß wie hier. In Berlin spürte man das Lebensgefühl einer neuen Zeit, die Stadt wurde zur Drehscheibe des intellektuellen und künstlerischen Lebens auf der Suche nach eigener Identität und Authentizität. Für die Berliner Modeschöpfer und Konfektionshäuser waren dies nahezu ideale Bedingungen, um die schon vor dem Krieg bestandene Tuchfühlung zum Kulturbetrieb und zu Künstlern jetzt neu zu nutzen.

Die wechselseitige Beeinflussung von Mode und Kultur zeigte sich am deutlichsten in den opulenten Ausstattungsrevuen, wie sie von Herman Haller im *Theater am Admiralspalas*t zwischen 1924 und 1929 zu sehen waren. Hier entfaltete sich ein wahrer Materialluxus, der der Fantasie der Kostüm- und Bühnenbildner wie Josef Fenneker, Ludwig Kainer und Emil Pirchan keine Grenzen setzte. Zur Anfertigung der teuren Kostüme setzte man auf die fachliche Beratung oder auch die Werkstätten von renommierten Modellfirmen wie *Herrmann Gerson, Valentin Manheimer* oder *Friedlaender*; hier fanden die Kostümkünstler das richtige Klima für ihre schöpferischen Leistungen. Retrospektiv schrieb der Musikforscher Richard Schaal:

> *In den extrem aufwendigen Kostümen der Revue wurden aktuelle Modetendenzen mit Rückgriffen auf historische Kostümformen verschmolzen [...]. Modische Richtlinie war vor allem das elegante Abendkleid, etwa für den Star, wobei oft die Themen der Ausstattungsbilder das zu verwendende kostbare Material bestimmten: Seide, Samt, Brokat, Spitze, Federn, Strass, Pailletten [...]. So trug der weibliche Star eine Art Modell-Haute-Couture in Extremform [...]. Der Materialluxus für Kostüme kulminierte in echten Federn. 250 echte Paradiesreiherfedern bildeten das teure Nichts für eine Paradiesvogel-Szene in der Haller-Revue »Achtung! Welle 505«.*[40]

Die Modefirmen nahmen Trends auf und lancierten sie. In den Auslagen und Modenschauen konnte das Publikum dann die tragbar gemachten Modelle bewundern oder sogar kaufen. Die Stars der Revuen wurden gleichzeitig zu Leitfiguren und Werbeträgern modischer Veränderungen.

erscheinungsort: berlin
die neue linie
september
1929
moholy-nagy

Kostüm aus der Haller-Revue *Achtung! Welle 505*, 1925

Der in den 1920er Jahren durch neue Medien wie das Kino entstehende Starkult wurde ebenfalls für die Konfektion wichtig. Es ging um die Vermarktung von Gefühlen, Wünschen und Empfindungen, die nicht selten mit Kleidung und Mode verbunden waren.

Das galt auch für die Sportbekleidung, die über den »großen Teich« aus Amerika nach Europa geschwappt war. Sie versprach dem Käufer nicht nur mehr Bequemlichkeit, sondern sorgte für ein neues befreites Körpergefühl. Tatsächlich stellte diese Bekleidung gegenüber den früher sehr beengenden Moderichtungen einen großen Fortschritt dar. Die Berliner Konfektion machte daraus einen Verkaufsschlager, der bis in die 1930er Jahre anhielt: Sportliche Badekleidung, Anzüge, Kostüme, Kleider, Hüte, Schuhe etc. wurden über die Schaufenster der Kaufhäuser sowie die noch relativ neuen Warenkataloge verkauft. Artikel und Werbeanzeigen in den Modejournalen nahmen gezielt sportliche Veranstaltungen wie z.B. Tennisturniere und ihre Stars auf und offerierten die passende Kleidung dazu.

Weitere Gelegenheiten und Anlässe für besondere Kleidung schuf sich die Gesellschaft selbst: Abendkleider, Nachmittagskleider für den Tanztee und den Stadtbummel, Theatergarderobe, Reisebekleidung, ein zum Auto passendes Kostüm, Kleidung für jeden Zweck. Die Konfektion lernte sch nell zu differenzieren und reagierte mit einer großen Zahl von Spezialbetrieben und Fachgeschäften. Zudem erschloss sich den Modefirmen mit dem Anwachsen des Handels, mit den modernen Großbetrieben und der öffentlichen Dienstleistung in Berlin ein neuer Kundenkreis: die Angestellten. Eine bislang nicht gekannte Zahl von Frauen und Männern hielt Einzug in die Verwaltungsbüros und Verkaufsstellen der Betriebe. Zu Tausenden bevölkerten sie nach Arbeitsschluss die Etablissements der zahlreichen Vergnügungsstätten und wollten zerstreut werden bzw. zumindest einen Hauch der großen glitzernden Welt erfahren, die man ihnen vorspiegelte. Die Angestellten kultivierten eine eigene Lebensweise, die sie zwischen Arbeiterschaft und Unternehmern positionierte. Mit ihnen wurde nicht nur das Wochenende zum *Weekend* und die Freizeitgestaltung zum kulturschöpfenden Akt hochstilisiert, sie schufen auch neue Konsumbegierden, die unter anderem die Konfektionsfirmen gerne befriedigten. Schnelle Modenwechsel förderten die Bereitschaft, öfter neue Kleidung zu kaufen. Man wollte »up to date« sein und sich mit modischer Kleidung von der Stange selbst das Gefühl vermitteln, man sei auf der Höhe der Zeit. Die *Garçonne,* eine knabenhaft wirkende Frau, war sinnfälliger Ausdruck einer Moderichtung, die zugleich auch einen schlanken neuen Frauentyp favorisierte. Sie war, so wie sie in der Alltags- und Berufswelt zwischen 1923 und 1933 auftrat, ein reines Kunst- und Modeprodukt mit großer Ausstrahlungskraft. Dieses Klischee trug ein einfaches loses Hängerkleid mit dem unabdingbaren Accessoire der langen Kette; die Schuhe waren schlicht mit halbhohem Absatz. Der schon 1920 von Coco Chanel und der Tänzerin Isadora Duncan in Europa verbreitete Kurzhaarschnitt, die *Bubikopf-Frisur,* gehörte mit leichten Veränderungen untrennbar zu diesem Modestil.

Die ab 1925 in der Kunst und Architektur einsetzende Stilrichtung der *Neuen Sachlichkeit* förderte in der Mode eine schon drei Jahre zuvor ein-

Aus dem Skizzenbuch von Lissy Edler (Alice Newman): die Diseuse Marga Lion, Star unzähliger Revuen und Theaterstücke am Kurfürstendamm, von Zeitgenossen als »einmalig«, »prachtvoll«, »pikant« und »heimliche Pariserin« gepriesen

geleitete klare und nüchterne Linienführung in der Bekleidung und nahm Abstand von Rüschen und Spitzen, vom Ornament und von Schnörkeln der Dessins. Ein neues Stoffdesign, orientiert am Formenverständnis des *Bauhauses* oder an den Farbenkombinationen der Malerin und Modedesignerin Sonia Delaunay, gewann an Bedeutung und befreite die Berliner Konfektions- und Modellmacher von dem Vorurteil, sie könnten nur kopieren.

Beflügelt wurden die Modeschöpfer in ihrer Arbeit aber nicht nur von den großen kulturellen Strömungen. Sie ließen sich auch von den Trends der entstandenen Subkultur, der *Demimonde* der Nachtclubs, leiten. Selbst das so noble Modehaus *Valentin Manheimer* stellte in seinen Auslagen gedeckt farbige sogenannte Kokain-Komplets aus: Kleider mit dazugehöriger langer Jacke. Das mag nicht zuletzt an den schillernd-androgynen Figuren gelegen haben, die das Nachtleben der Metropole bevölkerten und die Modestylisten faszinierten. Schließlich hatten auch die gutverdienenden Konfektionäre, wie der Autor Siegfried Kracauer bemerkte, verschiedentlich einen Hang zu dem ein oder anderen von ihnen produzierten Luxus und auch zum Ambiente lesbischer und schwuler Lokalitäten. Hier traf sich eine relativ kleine Schicht, für die Mode und Kleidung zum essenziellen und schrillen Ausdrucksmittel ihrer Empfindungen geworden war. Doch benötigte selbst der Monokel tragende, abgeklärte und bleichsüchtige Vamp die Folie des Normalen, um sich von den gängigen Lebensgewohnheiten abzusetzen.

Marcellus Schiffer, einer der brillantesten Chansontexter dieser Zeit, und der Komponist Mischa Spoliansky, der ein Lehrjahr im Modehaus Gerson verbrachte, nahmen sich 1928 in ihrer Revue »Es liegt in der Luft« spöttisch den Nerv der Zeit und Moden vor.

Die Linie der Mode

Es steht in dem Fenster der Menschheit
zur Schau eine magere Frau
unbeweglich.
Es hat zum Kostüm ihr der Stoff nicht
gereicht – was oben sie zeigt ist kläglich.
Sie kann sich nicht brüsten – sie hat
keine Brust, ein Leibchen ist Hülle des
Leibes.
Sie hat keine Hüften – sie hat keine Lust,
dieser Restbestand eines Weibes!
Sie spreizt ihre Arme – sie dreht sich
im Kreis.
Was will sie? Was hat sie? Was kann
sie? – Wer weiß?
Wer ist dieses Ausrufungszeichen der
Not?
Welch Abgesandter vom Tode?
Man weiß nicht – ist es der Hungertod?
Oder die neueste Linie der Mode?
Es raset ein Auto durch Dick und durch
Dünn! Erleuchtet von außen und innen.
Das Auto das rast zum Saisonbeginn.
Doch sitzet kein Fahrgast darinnen!
Es hält vorm Theater, dem modischen
Haus.
Man wittert schon rings die Reklame!
Ein Fahrgast so gut als wie nichts steigt
heraus.
Dieses Nichts – das war eine Dame!
Sie spreizt ihre Arme – sie dreht sich
im Kreis.
Was will sie – was hat sie? Was kann
sie? – Wer weiß?
Wer ist dieses Ausrufungszeichen
der Not?
Welch Abgesandter vom Tode?
Die Dame – das ist der Geistestod!
genannt auch – die Muse der Mode!
Eine vornehme Frau trägt zu Markt
ihre Haut, sie leistet sichs leicht – das
zu bieten.
Die Mode – die hat sie den Nuttchen
geklaut!
Sehr viel ist da nicht zu vermieten!
Doch denkt sie geschäftlich mit häuslichem Geist – man muß sich mit Liebe
ergänzen.
Man hat dieses Vorrecht – damit man
beweist, daß selbst jede Vornehmheit
Grenzen!
Sie spreizt ihre Arme – sie dreht sich
im Kreis!
Was will sie? Was hat sie? Was kann
sie? – Wer weiß!
Wer ist dieses Ausrufungszeichen
der Not?
Welch Abgesandter vom Tode?
Man weiß nicht – ist es der Liebestod?
Oder die schickeste Schickse der Mode?
(Chanson, vorgetragen
von Margo Lion, aus der Revue
»Es liegt in der Luft«)

Das Vergnügen ruft: Werbeplakat eines Nachtclubs Ende der 1920er Jahre, gezeichnet von Lissy Edler (Alice Newman)

So sehr sich die Konfektionsfirmen und Modellhäuser auch den Randerscheinungen der Modeszene widmeten und von ihnen beeinflussen ließen, blieben sie doch der Eleganz verpflichtet. Nur ihre Impulse bekamen sie nun nicht mehr allein aus Paris. Jetzt wirkten Couturefirmen wie Johanna Marbach in der Lennéstraße oder der Damensalon von Sophie Storch stilbildend für Berlin und über die Grenzen Deutschlands hinaus.

Der kluge Beobachter und schreibende Flaneur Franz Hessel beobachtete bei seinen Berlin-Impressionen Ende der 1920er Jahre:

Aber schon kommt ein neuer Frauentyp auf, der den Sieg davonträgt über die, deren Schneider und Putzmacherin im Tiergarten wohnen, die junge Avant-Garde, die Nachkriegsberlinerin […]. Diese Jugend fängt an, einen neuen Stil zu finden, gleich weit von dem Snobismus der Marke und der Gleichgültigkeit, die sich mit der Serie begnügt. Ist es schon wahr, was man immer lauter und allgemeiner zu behaupten anfängt, die Berlinerin könne sich an Eleganz mit den besten Europäerinnen messen?[41]

Sie konnte. Die vom *Verband der deutschen Modeindustrie* 1922 geforderte Eigenständigkeit und Kreativität erreichte zwischen 1925 und 1930 ihren Höhepunkt. Die Mode der Zwanzigerjahre war vielfältig und Ausdruck einer später nicht mehr erreichten Einheit von Kultur, Kreativität und Lebensstil.

»Der Kleidersinn war weniger dramatisch, war demokratischer und daher eleganter geworden«[42], beschrieb Franz Hessel die von ihm beobachtete Situation 1929 in Berlin. Dass dies so war, ist auch auf die Tätigkeit der großen und bekannten Modellhäuser der Konfektion mit seinem Zentrum am Hausvogteiplatz zurückzuführen. Zu den maßgeblichen Firmen dieser Zeit gehörten unter anderen: *Rudolf Loewinberg & Dannenbaum, Auerbach & Steinitz, Hansen Bang, Norbert Jutschenka, Schädler & Flatow, Block & Simon, Karl Lax, Friedlaender & Zaduck, Geschwister Sauer, Orgler & Fidelmann.* Viele andere wären zu nennen, doch waren diese Firmen neben *H. Gerson* und *Valentin Manheimer* die ersten, die in Berlin für einen »demokratischen Kleidersinn« sorgten.

Wie radikal der Nationalsozialismus diese Entwicklung zerstörte, wird daran deutlich, dass keine der genannten Firmen nach 1938 noch in Berlin vertreten war. Sie alle hatten jüdische Besitzer, die nach dem 30. Januar 1933 systematisch nicht nur vom Hausvogteiplatz verdrängt, sondern verfolgt, beraubt oder auch ermordet wurden.

Nach Jerusalem
Kohn Isaak
u. Co
Deutsche,
gegen
nur bei
Germans
yourselves
atrocity
buy only at
23 50

Der Anfang vom Ende:
Boykott der Nazis
gegen ein Bekleidungs-
geschäft in Berlin,
April 1933.

Einzelpreis 20 Pfg. bei Zustellung frei Haus zuzügl. 2 Pfg. Bestellgeld

Berlin, 4. Juniheft
8. Jahrgang / 1938 / Nummer 26

Arbeit und Wehr

Wirtschaftsillu… s Deutsche Volk

Deutsche Ware aus arischer Hand

Diese schöne, seidige Vistra-Polobluse ist sehr kleidsam für den Sommer und außerdem sehr leicht wasch- und kochbar

DAS ZEICHEN FÜR
ADEFA
Ware aus arischer Hand

Aufnahme J. G. Archiv

Das Siegel »ADEFA« steht für »deutsche Ware aus arischer Hand« – und ein völlig verändertes Frauenbild

NACH 1933: »ARISCHE MODE« UND DIE VERTREIBUNG DER JÜDISCHEN MODEMACHER

DIE LIBERALE MODE ALS FEIND

Schon vor der Machtergreifung der Nazis richtete sich die traditionelle Grundhaltung des reaktionären Bürgertums gegen eine Mode, die Ausdruck eines liberalen und demokratischen Verständnisses war. Diese Haltung war jedoch eher gespalten und bis 1933 nicht eindeutig. Auf der einen Seite genossen auch konservative Menschen eine gewisse Modernität des Lebensstils, den Luxus, die Weltläufigkeit und Eleganz, die auch die etablierten sowie neu gegründeten jüdischen Firmen den Großstädten und Kunden bescherten. Auf der anderen Seite standen extreme und konservative Ansichten sowie die politische Polarisierung der Zwanzigerjahre und die Suche nach nationaler Identität. All dies machte bestimmte Gesellschaftsschichten für radikale Positionen empfänglich, die sich auf alte antijüdische Ressentiments stützten.

Gerade die Weimarer Zeit zwischen 1923 und 1933 schuf die gesellschaftlichen Bedingungen dafür, dass sich Menschen individuell frei entfalten und sich keinem gesellschaftlichen Zwang zur Uniformität mehr unterwerfen mussten. Es lag auf der Hand, dass sich unter solchen Voraussetzungen auch der Kleidungsgeschmack in Deutschland veränderte. Moderne europäische und außereuropäische kulturelle Strömungen wurden aufgegriffen und deren textile Abbilder in die Kleiderschränke der Deutschen gebracht. Berliner Modeschöpfer bedienten sich aktueller Trends, wie wir bereits gesehen haben. Mode und Bekleidung wurden zum Ausdrucksmittel des eigenen Lebensgefühls, das sich nicht mehr auf die kulturelle deutsch-preußische Tradition beschränken ließ.

Es verwundert daher nicht, dass sich diejenigen, denen aus politischer Überzeugung der Individualismus ein Dorn im Auge war, auch gegen die neue Mode wandten. Mit dem fatal schnellen Erstarken der nationalsozialistischen Bewegung nahmen auch offensive Äußerungen gegen »niedrigste Sinnlichkeit, schamloseste Erotik, triebhaftes Männchen- und Weibchentum«[43] zu. Die Frauenmode wurde zur Zielscheibe nationalistischer Agitatoren. In ihren Augen spiegelte die Mode der Zwanzigerjahre alle von ihnen abgelehnten Lebensauffassungen wider. Der Schritt gegen diejenigen, die sie herstellten, war schnell getan – zumal die jüdischen Konfektionshäuser als Multiplikatoren des modischen Geschehens galten.

> *Die ›edle‹ Frau, die deutsche Frau, muß wissen, daß sie sich edel, vornehm, gediegen und ihrer Art entsprechend zu kleiden hat. Durch Kleidung aufzufallen, muß ihr peinlich sein [...]. Das überlässt sie den Dirnen, deren Geschäft es verlangt. Sie will nicht anlocken, auch auf die Gefahr hin, daß sie sitzen bleibt! Sie will sich umwerben lassen – nicht um ihrer schicken Kleider, sondern um ihrer seelischen Eigenschaften willen. Die edle, die deutsche Frau! Wir wissen, daß es heute millionenfach anders ist, daß die Pariser Dirne den Ton für die deutsche Frauenwelt angibt, daß [...] jüdische Konfektionshändler in würdiger Zusammenarbeit mit Spinnerei- und Weberei-Industriellen unter Beihilfe der Dirnenwelt, die das Aushängeschild abgeben muß, die ›große‹ Mode machen.*
>
> *Schmach und Schande, Erniedrigung und Entwürdigung deutschen Geschmacks, deutscher Selbständigkeit. Soll's im neuen deutschen Vaterland so weitergehen? Soll dieser Spuk nicht mal ein Ende nehmen? [...] Unter den Zeichen des Hakenkreuzes, des Wendekreuzes, des Sonnenrades können Paris und London nicht mehr Modekultstätten der deutschen ›Dame‹, des deutschen ›Herren‹ bleiben! [...] Deutscher Gemeinsinn im neuen totalen Staat kann sich wahrhaftig auch mal bei der hutkaufenden deutschen ›Dame‹ regen! Oder der totale Staat muß auch hier auf diesem Nebengebiet der Geschmackskultur, das doch so wichtig ist, gewaltsam eingreifen. Was wir endlich einmal zu gewinnen hoffen, kann doch nur eine deutsche Mode sein.*

Der Verfasser dieser Zeilen war protestantischer Pfarrer. Er hatte offensichtlich die Lektionen des Antisemiten und Theologen Stoecker von 1880 gut gelernt. Was genau das »edle« bzw. »arische Wesen« oder die »Geschmackskultur« in der nationalsozialistischen Mode sein sollte, wurde nicht bestimmt. Zumeist richteten die Schreiber der braunen Pamphlete ihre Angriffe gegen »die Pariser Mode« und gegen die »Konfektionsjuden«. Eine klare Definition dessen, was Emigranten aus der Branche später ironisch »Nazi-Fashion« nannten, gab es nicht. Das mochte auch daran liegen, dass für den NS-Staat die Bekleidungsherstellung in erster Linie ein wirtschaftlicher Faktor war. Just so, wie sich die Firma *Hugo Boss* lukrativ der Produktion von NS-Uniformen im Staatsauftrag widmete.

Die nationalsozialistische Ästhetik, sofern es diese überhaupt gab, sollte die Überlegenheit des »Arischen« demonstrieren, wurde aber in Bezug auf Stilbildung in der Mode nur von wenigen Autoren bemüht. Einer von ihnen war Johannes Itten, der anlässlich der *Reichsausstellung der deutschen Textil- und Bekleidungswirtschaft* 1937 in Berlin seine Auffassung zu »Stoffkultur und Geschmacksbildung« mit der Allgemeinheit teilte:

Ich meine, daß nur derjenige menschliche Körper als kultiviert gelten darf, dessen Systeme – Muskeln, Blutlauf, Nerven, Drüsen, Atmungs-, Verdauungs- und Zeugungssysteme – in denkbar vollendeter Zusammenwirkung ein Ausdruck geistig geschauter Vollkommenheit geworden sind [...]. Der schöpferische liebende Mensch schafft Kulturwerte – blut-, raum-und zeitgebunden. [...] Die wahre naturgemäße schöpferische Macht eines Volkes kann nur allein aus dem inneren geistigen, blutgebundenen Wesenskern dieses Volkes herauswachsen. [...] Wir stehen heute als Stoffschöpfer vor der wirtschaftlich wie kulturell gleich bedeutsamen Aufgabe, arteigene deutsche Stoffe zu schaffen [...]. Nicht so sehr äußere Organisation als vielmehr naturgemäße Menschenerziehung im Hinblick auf das textile Gebiet werden uns zu einer arteigenen starken Stoffkultur führen. [...] Um zu dieser Stoffkultur zu gelangen, ist die Lösung des Problems der Geschmackserziehung von wesentlicher Bedeutung. Das geschmackliche Urteil ist sehr stark subjektiv gebunden an die blut- und konstitutionell bedingten subjektiven Formen, Farben und Strukturen [...]. Der sogenannte modische Geschmack ist überall da mehr oder weniger vorhanden, wo das modische Interesse geweckt ist, und kann bei mangelhaftem Vorhandensein durch Schulungsarbeit ausgebildet werden. Modisch richtig als Neuschöpfer zu arbeiten vermag waber nur der wahrhaft schöpferische, inspirierte, in das Zukünftige gerichtete Gestalter.[44]

Sieht man einmal von der verquasten Pseudo-Ästhetik ab, so bleibt nichts anderes übrig als der im NS-Staat verbreitete völkische Rassismus. Dies ist heute nicht zuletzt deshalb interessant, weil der Verfasser dieser Zitate mit dem Johannes Itten identisch ist, der zwischen 1919 und 1923 am *Bauhaus* in Weimar lehrte und später an einer Textilfachschule in Zürich tätig war. Itten war Mitglied und einer der prominentesten Anhänger einer religiösen Sekte, die sich *Mazdaznan* nannte. In seiner Zeit als *Bauhaus*-Lehrer in Weimar warb er um neue Mitglieder für seine Bewegung. Obwohl Itten nichts präzise benennt, kann man hinter den Phrasen vom »blutsgebundenen Wesenskern dieses Volkes« und der »arteigenen Stoffkultur« nur die stille, aber unmissverständliche Aufforderung an die Nationalsozialisten verstehen, diejenigen zu finden, die nicht der »arischen Art« entsprachen. Was lag da näher, als die jüdischen Mode- und Textilschaffenden auszugrenzen, ihnen die Schuld an der »Schmach und Schande [...] des deutschen Geschmacks« zu geben.

Die Beschwörung einer Mode mit »arischer Wesensart« im Nationalsozialismus hatte niemals das Ziel, eine eigene Moderichtung zu beschreiben, sie diente allein der Verschärfung des Antisemitismus und letztlich der Vertreibung der Juden aus diesem Wirtschaftszweig. Die Losungen der Nazipropaganda, d. h. der übergestülpte deutsche Wesenskult im Bereich der Mode, erzeugten ästhetisch kaum Resonanz. Damen wie Herren, die nach guter und aktueller Kleidung suchten – dazu gehörten übrigens auch die Gattinnen der NSDAP-Führer –, interessierten sich wenig dafür, von wem die Ware hergestellt wurde. Darüber hinaus war bekannt, dass besonders die jüdischen Geschäfte und Konfektionsfirmen die neuesten Kollektionen und internationalen Modetrends in verschiedenen Preislagen zu bieten hatten. Also kaufte man dort. Erst durch eine langjährige gezielte Agitation der NS-Presse wurde schließlich aus dem gern besuchten Modegeschäft am Hausvogteiplatz der »jüdische Kleiderhändler«, den man zuerst mied und der irgendwann nicht mehr existierte.

»JUDENFREIE WIRTSCHAFT«

Als Adolf Hitler im November 1933 die »nationalsozialistische Revolution« für beendet erklärte, lasteten bereits fast neun Monate Angst und Schrecken auf der jüdischen Bevölkerung. Bereits in dieser kurzen Zeitspanne sowie in den Jahren danach gab es eine Vielzahl von Gesetzen und Erlassen, die der »Maßnahmestaat« Hitlers hervorbrachte, um aus politischer Zweckmäßigkeit eine systematische Einkreisung der Juden im Wirtschaftsleben vorzunehmen – eine CHRONOLOGIE DES UNRECHTS.

Im Einzelnen waren das die *Verordnung zum Schutz von Volk und Staat* vom 28. FEBRUAR 1933, unterzeichnet von Hitler und Hindenburg, die elementare Grundrechte außer Kraft setzte: das Recht auf freie Meinungsäußerung, die Pressefreiheit, die Versammlungsfreiheit, das Briefgeheimnis. Der Staat durfte nun »Beschlagnahmungen sowie Beschränkungen des Eigentums auch außerhalb der sonst hierfür bestehenden gesetzlichen Grenzen« (§ 1) durchführen.

Am 14. MÄRZ 1933 wurde das Gesetz über den *Widerruf von Einbürgerungen und die Aberkennung der deutschen Staatsbürgerschaft* erlassen. Dieses Gesetz richtete sich besonders gegen die nach dem Krieg eingewanderten Juden aus dem Osten, die im Kleinhandel und Gewerbe tätig waren.

Im MÄRZ und APRIL 1933 wurden die Wirtschaftsverbände und Organisationen auf das nationalsozialistische Programm ausgerichtet und umgebildet; Juden verloren ihre Ämter und Funktionen.

Der allgemeine Boykott gegen jüdische Geschäfte im APRIL 1933 war mit individuellem Terror gegen Besitzer und Kunden verbunden. Auch in den folgenden Monaten gab es gewalttätige Aktionen besonders von der SA. Die Folge waren z. B. Einfuhrstopps für deutsche Waren in die USA; viele jüdische Bürger entschlossen sich zur Emigration.

Am 24. JANUAR 1934 hatte das *Gesetz zur Ordnung der nationalen Arbeit* zur Folge, dass in der Deutschen Arbeitsfront (DAF) mit ihrem Leiter Dr. Ley Unternehmer, Arbeiter sowie Angestellte im nationalsozialistischen Sinne zusammengefasst wurden; jüdische Arbeitnehmer blieben ausgeschlossen, während es für jüdische Unternehmer Ausnahmen gab.

Die allgemeine Unsicherheit in der jüdischen Bevölkerung nahm zu; die Propaganda gegen jüdische Unternehmen wurde verschärft und führte zu vereinzelten Blitzaktionen vonseiten der NSDAP-Betriebszellen gegen jüdische Angestellte und Unternehmer. Immer wieder schmierten SA-Leute und andere bereitwillige Parteihelfer in nächtlichen Aktionen Davidsterne auf die Schaufenster der Modefirmen. Tagsüber standen SA-Uniformierte vor den Geschäften mit Flugblättern, die davor warnten, »beim Juden« zu kaufen.

In der Folge kam es zu sogenannten »freiwilligen Arisierungen« ab JUNI 1933. Geschäftsleute und Firmenbesitzer jüdischen Glaubens emigrierten oder bereiteten ihre Flucht vor. Begleitet wurden die immer schroffer werdenden Verfolgungen per Gesetz durch offenen Terror. Der Berlin-Korrespondent der Zeitung *Dagens Nyheter* schrieb am 30. JULI 1935:

In der Nacht zum Dienstag spielte sich ein aufsehenerregendes Drama am Kurfürstendamm ab, dessen Motiv und Verlauf nicht ganz klargelegt sind, da die Polizei den Vorgang mit größtem Schweigen umgibt. In einem der bekanntesten Cafés in der Nähe der Gedächtniskirche [vermutlich das Romanische Café] saß nachts spät der Direktor einer der größten Berliner Konfektionsfirmen, als eine Person unter dem Ruf »Judenschwein« vier Revolverschüsse gegen ihn abfeuerte. Der Direktor wurde von ein paar Schüssen getroffen, aber ob seine Verletzungen lebensgefährlicher Natur sind, hat nicht festgestellt werden können, die Polizei verweigert dazu jede Auskunft.[45]

Auf Grundlage der am 15. SEPTEMBER 1935 erlassenen *Nürnberger Gesetze* wurden die Juden noch weiter diskriminiert und entrechtet. Die NS-Rassenideologie legte fest, wer »Halbjude« oder »Vierteljude« war. Jüdische Beamte wurden aus dem Staatsdienst entlassen. Zentraler Punkt dieser Gesetze aber ist die Aberkennung der deutschen Staatsbürgerschaft von Juden (*Reichsbürgergesetz* vom 14. NOVEMBER 1935).

Am 1. April 1933 vor dem Wertheim-Warenhaus in Berlin: Filmleute warten auf Publikum, welches das Warenhaus betreten will

Die Wochenzeitung *Der Stürmer*, herausgegeben von Julius Streicher, wollte eine »judenfreie Wirtschaft«. Das machte sich auch in der Modekonfektion bemerkbar: Ab 1936 stieg erneut die Zahl der Geschäftsaufgaben in diesem Wirtschaftszweig. Im darauffolgenden Jahr trat Reichswirtschaftsminister Hjalmar Schacht zurück, Göring leitete von nun an das Ministerium. Er eröffnete eine Offensive zur Vertreibung der Juden aus der deutschen Wirtschaft. Die hohe Zahl der allein seit JANUAR 1938 erlassenen Verordnungen zur Entmündigung jüdischer Bürger erweckte bei der Bevölkerung den Eindruck, die Juden seien »vogelfrei«. In den folgenden Monaten schlug diese aggressiv-antijüdisch aufgeladene Stimmung im Kontext von organisierten Übergriffen von NS-Gruppen auf jüdisches Eigentum auch bei unorganisierten Bürgern in Plündermentalität und Raffgier um.

Der Berlin-Korrespondent der *Neuen Zürcher Zeitung* gab seinen folgenden Bericht am 20. JUNI 1938, also fast vier Monate vor dem Novemberpogrom, telefonisch der Redaktion seiner Zeitung nach Zürich durch:

> *Die Juden in Berlin haben eine von Ängsten und bedrückender Unsicherheit ausgefüllte Woche hinter sich. Die Zahl der von der Polizei aus den Wohnungen, von den Arbeitsplätzen und von der Straße weggeholten Personen wird auf 2000 geschätzt, und in den großen Provinzstädten, über die eine ähnliche Verhaftungswelle hinwegging, scheint die Zahl das Mehrfache zu betragen. Einer amtlichen Mitteilung zufolge sind in Berlin 143 Juden festgenommen worden [...]. In den Quartieren östlich vom Alexanderplatz spielten sich, wie Augenzeugen berichteten, in der Nacht vom Samstag auf den Sonntag wilde Szenen ab, die dem Vorspiel zu einem Pogrom verzweifelt ähnlich sehen. Überall setzten sich Malkolonnen mit Pinseln und dicken Farbtöpfen in Bewegung, um die Schaufenster und Türen der jüdischen Geschäfte zu verschmieren und oft auch mit beschimpfenden Texten zu versehen. In der Großen Frankfurter Straße und in der Frankfurter Allee wurden bei zahlreichen Läden die Schaufenster zertrümmert und einige davon ausgeplündert. Wenn die Inhaber der Geschäfte sich zeigten, wurden sie verprügelt und auf verschiedene Arten misshandelt. In dem Gedränge und Durcheinander, das an solchen Brennpunkten der Kampagne entstand, streckten sich beutegierige Hände nach den Stoffballen und anderen verlockenden Gegenständen aus und verschwanden mit ihrem Raub in der Dunkelheit. Heute zeigen Bretterwände, die vor den beschädigten Läden stehen, die Stellen an [...].*
>
> *An der Tauentzienstraße, am Kurfürstendamm und an anderen belebten Straßen von Berlin W sind die Fenster und Türen der jüdischen Kaufhäuser und Cafés mit meterhohen Inschriften, David-Sternen und Teufelsfratzen mit Hörnern und krummen Nasen in roter Mennigfarbe bedeckt. Während der Ausführung der Malereien war die Polizei von den Straßen wie weggeblasen, so daß die fliegenden Kolonnen ungestört ihre Arbeit verrichten konnten [...].*

Schlag auf Schlag sind seit wenigen Monaten Maßnahmen gegen die Juden aufeinander gefolgt. Den Steuererhöhungen für jüdische Familienväter und der Degradierung der jüdischen Kulturgemeinden zu Privatvereinen schloss sich die Verordnung über die Deklaration der jüdischen Privatvermögen an, die die Gefahr konfiskatorischer Eingriffe in die Nähe rückt. Dazu kommen die Razzien in den Cafés, die polizeilichen Sistierungen in den Wohnungen, das Programm Staatssekretärs Dr. Stuckarts, wonach die neugeborenen jüdischen Kinder staatenlos werden und die Verantwortung über die Kennzeichnung der jüdischen Geschäfte, die sich bald als Nötigung zum Verkauf auswirken wird [...].[46]

Am 22. APRIL 1938 wurde mit der *Verordnung gegen die Unterstützung der Tarnung jüdischer Gewerbebetriebe* jegliche Zusammenarbeit zwischen Juden und Ariern unterbunden.

Ab dem 26. APRIL 1938 zwang man die jüdischen Bürger mit der *Verordnung über die Anmeldung des Vermögens,* ihren Besitz und ihr Eigentum anzumelden. Die *Arisierung* nahm jetzt den von Göring gewünschten planmäßigen Verlauf. Eine einheitliche Struktur für die Vermögensberechnung jüdischer Betriebe wurde entwickelt. Dies bedeutete einen Verkaufsverlust von ca. 40 Prozent. Die Genehmigungen zur *Arisierung* mussten bei den Industrie- und Handelskammern, den Gauleitern oder Gauwirtschaftsberatern bzw. den Handwerkskammern eingeholt werden.

Mit dem 20. JUNI 1938 wurden die Juden vom Besuch der Börsen ausgeschlossen. Vierzehn Tage zuvor wurden unter anderem jüdische Vertreter mit Berufsverbot belegt. Seit dem 5. OKTOBER 1938 waren die Reisepässe von Juden mit einem »J« gekennzeichnet.

9. UND 10. NOVEMBER 1938: Das staatlich organisierte Pogrom führte zu Plünderungen und Brandstiftungen bei jüdischen Firmen, Geschäften und deren Privateigentum. Jüdische Bürger wurden verhaftet, geschlagen und ermordet, Synagogen in Brand gesetzt. Die plündernden Horden von Uniformierten wie auch in ziviler Kleidung auftretenden Männern ähnelten vielleicht dem Auftritt von rechtsradikalen Hooligans heute. Gleich mehrmals in diesen Tagen »besuchten« sie unter anderem den Hausvogteiplatz und die von ihm wegführende Mohrenstraße. Gewaltsam erzwangen sie Zutritt zu den Modefirmen, zerschlugen Mobiliar, warfen Nähmaschinen, Stoffe, Zubehör und Buchhaltungsunterlagen aus den Fenstern. Auf der Straße standen die Helfer und zündeten alles an.

Reichsminister und Reichsbankpräsident
Dr. Hjalmar Schacht spricht am 28. März 1936 auf
einer Kundgebung der Reichsbank auf dem Haus-

Drei Augenzeugenberichte, von denen zwei bereits in einem kurzen Auszug auf S. 21f. wiedergegeben wurden, sollen verdeutlichen, was in diesen Tagen passierte:

RUTH HAMBURGER,
England

Ich war ja gerade einmal 18 Jahre, als ich meine Schneiderinnenlehre beendet hatte, das war 1937, da bekam ich ein Angebot von der Firma Wolfsohn am Hausvogteiplatz. Ich wohnte noch bei meinen Eltern in Moabit, war aber natürlich sehr stolz, von so einer renommierten Firma ein Stellenangebot zu bekommen. In der Firma wurden nur die letzten Arbeiten an Damenmänteln gemacht, damit die für den Export verpackt werden konnten. Wir arbeiteten mit 14 anderen Schneidern und Angestellten zusammen. In der Werkstatt merkte man schon sehr stark den Einfluß einer NSDAP-Betriebszelle. Ich hatte mir bis dahin nur wenig Gedanken darüber gemacht, dass ich jüdisch war, bekam das aber immer wieder von Kollegen zu hören. Ein sehr guter, von Ludwig Lesser am Hausvogteiplatz eingestellter Schneider, Herr Landauer, war orthodox-jüdisch, er trug auch immer eine Kopfbedeckung. Der wurde von den Nazi-Leuten sehr gehänselt. Im Frühjahr 1936 ging das Gerücht um, dass der Kollege mit Familie nach England auswandern wollte. Von da an wurde sein Leben unerträglich in der Werkstatt. Einmal hatte man seine Mittagsbrote, die in der kleinen Küche im Regal lagen, mit Schinken belegt. Landauer merkte das natürlich sofort und warf das Päckchen in die Mülltonne. Eine Woche später kam er nicht mehr zur Arbeit.
Am Morgen des 10. November hatte ich schon von den Unruhen in der Nacht erfahren, wusste aber nicht mehr darüber. Gegen 11 Uhr kamen gleich mehrere junge Männer in die Werkstatt, die Hakenkreuzbinden am Oberarm trugen. Sie gingen direkt durch unsere Werkstatt und pöbelten alle an, die sich ihnen in den Weg stellten. [...] Außerdem nahmen sie noch nicht fertige Mäntel mit. Als wir aus dem Fenster schauten, sahen wir, wie einige der Nazis aus anderen Gebäuden auf dem Hausvogteiplatz ein Feuer mit Bekleidung anzündeten. Viel gebrannt hat es aber nicht. Trotzdem standen wir schockiert. Mir wurde an dem Tag klar: ich kann nicht länger in Berlin bleiben. Herr Wolfsohn, unser Chef, wurde geschlagen. Sein Fahrer brachte ihn ins Krankenhaus. Drei Monate später war ich schon in Brighton.

IDA BEHRENS, *Israel:*
ehemals Buchhalterin bei der Berliner Firma Wachowski, Blusenherstellung in der Krausenstraße

Eigentlich war das Geschäftshaus von Wachowski nur ein großes Büro. Die Blusen wurden in den Außenbezirken von Heimarbeitern hergestellt. Unsere Kunden waren in Holland, Frankreich und vor allem den skandinavischen Ländern. Wir machten ja keine wirklich hochmodische Ware, sondern eher etwas für den Alltag.

Unser Chef, Herr Wachowski, war homosexuell und hatte gleich mehrere Verhältnisse mit Männern, die in der Expedition [gemeint ist die Versandabteilung] arbeiteten. Das mussten die Leute, die am 10. November in unser Büro kamen, gewusst haben. Einer von denen stellte sich direkt vor Herrn Wachowski hin und schlug ihn mit der Faust ins Gesicht. Unser Chef fiel sofort auf den Boden. Dann warfen die Helfer fast die gesamte Korrespondenz, die in den Aktenschränken war, aus dem Fenster. Da war alles dabei, die Lohnbuchhaltungsunterlagen, die Kundenkarteien und vor allem die Papiere der Banken, die wir in den letzten Jahren abgeheftet hatten. Andere Unterlagen stopften sie in ihre mitgebrachten Tragetaschen und schleppten alles vor das Gebäude. Wir standen nur da und konnten nichts sagen. Das alles dauerte etwa eine halbe Stunde. Die schrien uns dauern an. »Judenschweine, Dreckspack«, riefen die. Herr Wachowski wurde gleich mitgenommen. Als wir ihm aus dem Fenster hinterherschauten, sahen wir, wie man im Hof des Geschäftshauses ein Feuer mit unseren Akten machte.

ANONYME ZEITZEUGIN,
New York City

Mein Vater gehörte mit seinem Unternehmen zu den wichtigsten und renommiertesten Firmen rund um den Hausvogteiplatz. Er war ein großartiger Designer von sehr modischer Damenbekleidung. Unsere Geschäftsräume in der Mohrenstraße 19 dienten auch als Vorführräume für die Modenschauen.

Ich war am 10. November im Büro meines Vaters und sah wie ein elegant gekleideter Herr, der sich als Rechtsanwalt vorstellte, Einlass zum Büro meines Vaters verlangte. Mit ihm kamen etwa zehn andere Männer, die vorm Büro warteten. Der Rechtsanwalt sagte mit ruhiger Stimme zu meinem Vater, dass er sofort die Geschäftsräume zu verlassen hätte. »Jetzt gehört die Firma mir«, sagte er. Als mein Vater zum Telefon griff, legte der Anwalt seine Hand darauf und verbot jegliches Telefonat. Es wurde fast kaum geredet. Mein Vater schwieg und ich hatte nur Angst. Der Anwalt zog einige Papiere aus seiner Aktentasche und legte sie auf den Schreibtisch. »Unterzeichnen Sie hier und verhindern Sie damit, dass wir ihren Betrieb genauer inspizieren.« Mein Vater unterzeichnete zögerlich. Der Rechtsanwalt nahm die Papiere an sich, drehte sich um und verließ mit seinen Helfern unsere Firma. Das war alles, was passierte. Mein Vater sagte mir nur noch: »Komm, wir haben hier nichts mehr zu suchen.«

Im Dezember 1938 verließen wir mit dem Zug Berlin in Richtung London. Hier hatte mein Vater schon 1934 eine Filiale aufgebaut. Wir sind nie wieder nach Berlin zurückgekommen. Im Februar 1939 nahmen wir ein Schiff von Southampton nach New York. Mein Vater starb 1948, er hat nur selten über das, was passierte, gesprochen. Er war, seit er Berlin verließ, wie im Schock. Aber meine Mutter und ich haben überlebt.

Am 12. NOVEMBER 1938, mit der *Verordnung zur Ausschaltung der Juden aus dem deutschen Wirtschaftsleben,* untersagte Göring prinzipiell die Beteiligung von Juden in allen Wirtschaftsbereichen. Ausnahmen wurden temporär nur dort gemacht, wo jüdische Unternehmen zur »Sicherstellung des Bedarfs« noch benötigt wurden.

Seit dem 6. DEZEMBER 1938 durften Juden u. a. die Wilhelmstraße von der Leipziger Straße bis Unter den Linden, den Wilhelmplatz, die Voßstraße bis zur Wilhelmstraße nicht mehr betreten. Hier waren, neben denen am Hausvogteiplatz, besonders viele Konfektions- und Modegeschäfte.

Mit GLEICHEM DATUM wurde die im November 1938 eingeleitete Zwangsarisierung mit der *Verordnung über den Einsatz des jüdischen*

Vermögens forciert. Die sogenannten Treuhänder wurden mit dieser Verordnung zu allen »gerichtlichen und außergerichtlichen Geschäften und Rechtshandlungen ermächtigt«. Gleichzeitig verloren die Juden jegliche Rechte, die sie z. B. noch über Grundstücke hatten. Man verbot ihnen auch den Erwerb bzw. die Veräußerung von Kunstgegenständen und Schmuck.

Die tägliche Entrechtung, die Demütigung, die Angst, die deutsche Juden erleben mussten, lässt sich anhand der dargestellten Chronologie, die nur die wichtigsten Ereignisse nennt, nur ansatzweise nachvollziehen und erahnen. Das NS-Regime vollzog mit den genannten Gesetzen die mit dem Jahr 1933 begonnene Vertreibung der Juden aus allen Zweigen der deutschen Wirtschaft – und bereitete damit auch den letzten Schritt vor, der in den Vernichtungslagern vollzogen wurde: die Ermordung von Millionen unschuldiger Menschen.

DIE »ARISIERUNG« DER KONFEKTION – UND DIE ROLLE DER ADEFA

Doch wie ging die systematische Enteignung tausender Firmen in der Modebranche vonstatten? Wie konnte das funktionieren, wenn doch die Geschäfte im Grunde von der Bevölkerung so sehr geschätzt wurden? Per se war die Mode unpolitisch und die Modemacher waren es erst recht. Umso wichtiger ist es aber zu verstehen, wie neben den antijüdischen Gesetzen und dem schieren Terror gegen Juden eine Industrie mit über 90 000 Beschäftigten und etwa 2 400 Firmen in Berlin enteignet werden konnte. Eine zentrale Rolle spielte dabei in der Konfektion die landesweit agierende *Arbeitsgemeinschaft deutsch-Arischer Fabrikanten*, kurz *ADEFA*. Obwohl die ADEFA in ihrer Bestimmung nicht allein mit der Bekleidungsindustrie zu tun hatte, war sie jedoch systematisch auf diese fokussiert.

Mit starker Unterstützung des Propaganda- und Reichswirtschaftsministeriums wurde die ADEFA als eingetragener Verein im Mai 1933 in Berlin von nationalsozialistischen Bekleidungsherstellern gegründet, die vorher bereits privat organsiert waren. Zu den Gründungsmitgliedern gehörte unter anderem das NSDAP-Mitglied und der spätere Leiter der *Deutschen Bekleidungsindustrie* und IHK-Chef Herbert Tengelmann. Die ADEFA hatte ihren Sitz in der Kielganstraße 4, im Haus der staatlichen *Wirtschaftsgruppe Bekleidungsindustrie*. Ihr Ziel war es, die Modeindustrie in allen Bereichen von Juden zu »säubern«. Im Zusammenspiel aus massivem Druck, Wirtschaftssanktionen, Boykotten, illegalen und erpresserischen Aufkäufen von Unternehmen, Zwangsliquidationen und systematischer Ausgrenzung schien das auch zu gelingen. Der Aufgabenbereich der ADEFA wurde im Wesentlichen vom Reichswirtschaftsministerium bestimmt, dem die Mitglieder berichten mussten. Das Gros der Bekleidungsindustrie trat nur zögerlich der ADEFA bei, da es in der Modeszene eher wenige überzeugte Nazis gab. Ab 1936 wurde jedoch die Mitgliedschaft aller Textilverarbeiter zur Pflicht. Später wurde eigens ein ADEFA-Etikett erstellt, das die Bekleidungsproduzenten in ihre Waren einnähen mussten.

Originales ADEFA-Label in einem Kleidungsstück aus den späten 1930er Jahren

Mit schroffer Rhetorik verbreitete neben dem Leiter der ADEFA, Gottfried Dierig, der geschäftsführende Direktor Otto Jung seine plumpe Nazi-Propaganda:

> *An das Märchen, daß der Jude vom Hausvogteiplatz allein es versteht, Kleidung herzustellen, glaubt heute niemand mehr [...]. Die »jüdische Konfektion« hatte es in dem letzten Jahrzehnt durch gerissene Geschäftstricks, durch eine rücksichtslose kapitalistische Ausbeutung ihrer Opfer, durch das bekannte jüdische Anreißertum [erreicht,] dem deutschen Volk an Kleidung nicht zu liefern, was geschmackvoll war und dem deutschen Wesen zu Gesicht stand, sondern was fremder Modewahn und jüdische ›Frechheit‹ erfunden haben [...].*[47]

Anfangs verschreckte Otto Jung mit solchen Aussagen auch die nichtjüdischen Konfektionäre. Nicht zuletzt hatten auch viele der homosexuellen Modedesigner enge private Verbindungen untereinander. Hinzu kam, dass Jung als ADEFA-Sprecher kaum ernstgenommen wurde. Er galt bei den Nationalsozialisten als »Experte in Sachen Textil und Mode«. Zeitzeugen bezeichneten ihn aber als grob und kulturell nicht besonders gebildet, also als das Gegenteil von den sehr sensiblen Konfektionären, die sich als Künstler betrachteten.

Die Karriere Otto Jungs zeigte früh in die Richtung seines späteren Wirkens. Als Freiwilliger des Ersten Weltkrieges und Absolvent der Handelshochschule München trat er 1919 dem sogenannten *Freicorps* bei, das zumeist aus enttäuschten Weltkriegsveteranen bestand, und war stellvertretender Leiter einer Studentenkompanie. 1921 wurde er Dozent der Handelshochschule München und ein Jahr darauf kaufmännischer Leiter einer Hut-Exportgesellschaft. Ab 1924 avancierte er dort zum ersten Prokuristen und trat schon 1925 der NSDAP bei. In seinem Lebenslauf, den er 1941 schrieb, vermerkte er als besonderes Qualifikationsmerkmal, dass er 1926 »wegen Judenhetze« aus seiner Stellung gekündigt wurde.

Zwischen 1927 und 1933 führte er ein eigenes Werbeatelier und schrieb für diverse nationalsozialistische Publikationen. Nach 1933 nahm die Aktivität Otto Jungs außerordentlich karrierebewusste Züge an. Seine publizistische Tätigkeit, unter anderem beim *Völkischen Beobachter*, bei der

Textil-Zeitung, der *National-Zeitung Augsburg*, der Zeitschrift *Uniformmarkt* und bei weiteren 14 NSDAP-nahen Medien, erweiterte er um zahlreiche Vortragsreisen im In- und Ausland, Rundfunksendungen und eine Lektorentätigkeit im *Amt Rosenberg der NSDAP, Abtlg. Wirtschaftspolitik und DAF*. Die *DAF*, die *Deutsche Arbeitsfront*, war zuerst ein Mitglieds- und Auftragsakquisitions-Unternehmen der Nationalsozialisten, später aber auch in die Organisation von Zwangsarbeit involviert. Da Jung selbst weniger Expertise in der Modewelt, dafür aber mehr die »richtige Gesinnung« vorzuweisen hatte, installierten ihn seine Vorgesetzen in Aufsichtsräten sowie relevanten und exportstarken Modefirmen.

Otto Jung bekleidete zahlreiche Funktionen in der Privatwirtschaft. So war er Vorsitzender des Aufsichtsrates der *Gödecke und Co., Chemische Fabrik GmbH* in Berlin, der Zentraltextilgesellschaft in Berlin und Aufsichtsratsmitglied der *Emil Köster AG* in Berlin, die 1939 das Warenhausunternehmen *Nathan Israel* konfiszierte. Später wurde er außerdem Gauwirtschaftsberater für den Gau Schwaben und Stellvertretender Fachamtsleiter im Amt Bekleidung und Leder der DAF.

Jung machte aus seinen Überzeugungen keinen Hehl und sorgte dafür, dass die ADEFA auf klaren antijüdischem Kurs gebracht wurde. Er wusste aber auch, dass er für sein Ziel der »Entjudung der Bekleidungsindustrie« vor allem in Berlin Mitstreiter und Helfer benötigte, die aus der Branche kamen. Das spielt insofern eine wichtige Rolle, als er in seinen Reden

15167

Wickfeldt-Kleider

INHABER HANS WEHLITZ · BERLIN C 2 · HAUSVOGTEIPLATZ 11a

ADEFA

Nr. Kr. K. den 29. Sept. 1938

Fernsprecher: 16 71 37
Telegramm-Adresse: Berlin 16 71 37

Rechnung für Fa. Heinrich Leist, Freilassing / Obb.

G.W. Ich sandte Ihnen auf Ihre Rechnung und Gefahr per Post – Expreß

1 Kld. 7035 17.75

RM 17.75

Bezahlt am 25. 11. 1938

Rest Ihres w. Auftrages.

Zur gefl. Beachtung!

Neues Postscheck-Konto:

„Wickfeldt-Kleider"

Berlin 7731

... nach Empfang der Ware anerkannt. – Erfüllungsort und Gerichtsstand Berlin
...bedingungen des Verbandes der Deutschen Damen-Oberbekleidungs-Industrie E. V.
...mmerz- und Privatbank, Depositenkasse BC, Dresdener Straße 1
Dresdner Bank, Depositenkasse 65, Berlin C 2, Wallstraße 5–8 · Sponholz & Co., Komm.-Ges., Berlin C 2, Jerusalemer Straße 25

Rechnung über ein Kleid von 1938 mit dem ADEFA-Siegel: von Hans Wehlitz, neuer Inhaber eines Modegeschäfts am Hausvogteiplatz

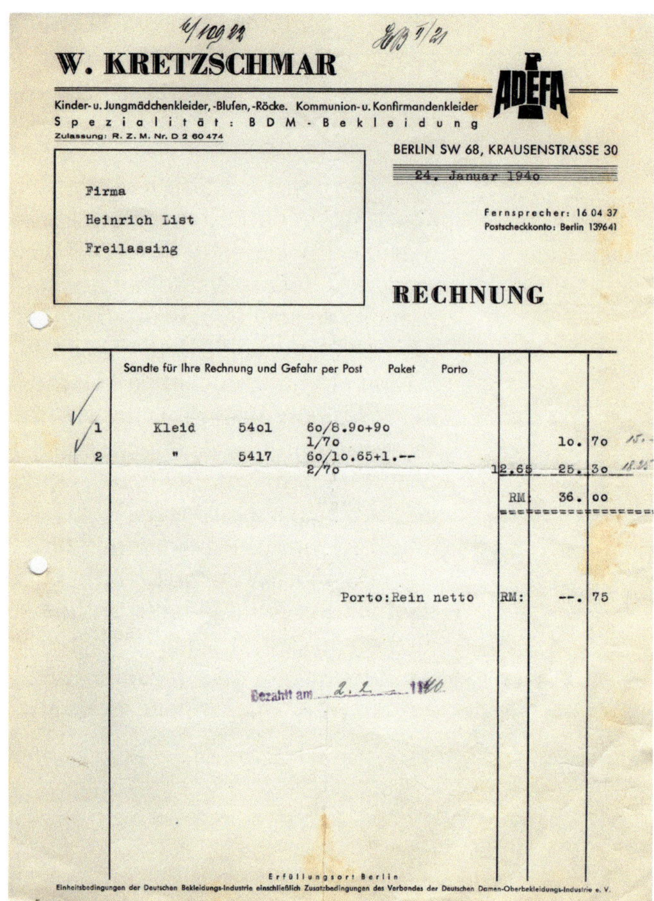

W. KRETZSCHMAR

ADEFA

Kinder- u. Jungmädchenkleider, -Blufen, -Röcke. Kommunion- u. Konfirmandenkleider
Spezialität: BDM-Bekleidung
Zulassung: R. Z. M. Nr. D 2 60 474

BERLIN SW 68, KRAUSENSTRASSE 30

24. Januar 194o

Firma
Heinrich List
Freilassing

Fernsprecher: 16 04 37
Postscheckkonto: Berlin 139641

RECHNUNG

Sandte für Ihre Rechnung und Gefahr per Post Paket Porto

1	Kleid	54o1	6o/8.9o+9o 1/7o			1o.7o
2	"	5417	6o/1o.65+1.-- 2/7o		12.65	25.3o
					RM	36.oo
			Porto:Rein netto		RM:	--.75

Bezahlt am 2.2.1940

Erfüllungsort Berlin

Einheitsbedingungen der Deutschen Bekleidungs-Industrie einschließlich Zusatzbedingungen des Verbandes der Deutschen Damen-Oberbekleidungs-Industrie e. V.

Auch das Bekleidungsgeschäft von W. Kretz-schmar in der Krausenstraße weist zwei Besonderheiten auf: die »Spezialität: BDM-Bekleidung« und das obligatorische ADEFA-Siegel.

immer wieder darauf verwies, dass »der Deutsche« dafür zu sorgen hat, dass sich »der Jude überhaupt nicht mehr wohlfühlen kann«[48]. Er war sich allerdings bewusst, dass es durch die lange Geschichte der Konfektion in Berlin vielfältige persönliche Kontakte zwischen jüdischen und nichtjüdischen Modemachern gab. Diese zu brechen, gelang ihm in den ersten drei Jahren seines Wirkens als ADEFA-Chef nur selten.

Er rekrutierte NSDAP-Mitglieder für die ADEFA, die die Modeindustrie, deren kreatives Potenzial und deren Macher gut kannten: Dr. Erwin Heller und Paul Kretzschmer. Aber fast niemand, der in diesen ersten drei Jahren professionell im Geschäft mit der Mode arbeitete, wollte die mannigfachen Verbindungen zwischen jüdischen und nichtjüdischen Firmen, die über Jahre hin zur Selbstverständlichkeit geworden waren, mit seiner Mitgliedschaft in der ADEFA gefährden. Denn die Bedingung, die die ADEFA ihren Mitgliedern stellte, war der rigorose Abbruch aller Geschäftsbeziehungen mit Juden in der Bekleidungsindustrie und im Handwerk. Ein Unternehmen, ob nun Groß- oder Einzelhandel, das sich der ADEFA anschloss, klammerte sich damit automatisch aus dem Geschäftsleben der Konfektionsherstellung aus. So belobigte die ADEFA auch Mitglieder, »welche bereit waren, die Schwierigkeiten und Nachteile auf sich zu nehmen, die ihr Bekenntnis zur deutschen Volksgemeinschaft zur Folge haben mußte«[49]. Innerhalb der Branche der Damenkonfektion wurden die Mitgliedsfirmen der ADEFA oftmals belächelt und nicht ernstgenommen, obwohl schon 1934 ein Fragebogen von Otto Jung an alle Bekleidungsfirmen im Reich verschickt worden war, der die »arische« Herkunft der Geschäftsführer klären sollte. Programmatisches Ziel der ADEFA-Mitglieder war es, »die Verjudung ihres Wirtschaftszweiges auszumerzen«. Darüber hinaus wollte die ADEFA eine Organisation sein, *»die dem Schutz und dem Wohlwollen der Dienststellen der NSDAP empfohlen ist und bei allen maßgebenden Stellen weitgehendes Verständnis für ihre Bestrebungen findet. Die ADEFA stellt aber nicht nur einen wirtschaftlichen, sondern auch kulturellen Faktor von erheblicher Bedeutung dar, denn die Schaffung einer artgemäßen deutschen Kleidkultur ist abhängig von der Ausschaltung des jüdischen Einflusses und damit des jüdischen Geschmacks aus der deutschen Bekleidungsindustrie«.*[50]

Mit dem sogenannten *Vierjahresplan* der Nationalsozialisten von 1936 begann Otto Jung im Parteiauftrag der bislang nicht gerade erfolgreichen ADEFA, eine klarere Organisationsstruktur und damit auch eine festere Einbindung in das Wirtschaftsprogramm des NS-Staates zu geben. Acht ADEFA-Sonderausschüsse sollten das erreichen. Nun mussten sogar für Modenschauen erst die Genehmigungen bei der ADEFA eingeholt werden. Sukzessive und auf Betreiben des Wirtschaftsministeriums wurde die ADEFA zu einem aktiven Instrument der NSDAP, um die jüdische Berliner Konfektion zu berauben und letztlich zu zerstören.

Auf den Grundlagen der *Nürnberger Gesetze* von 1935, die für die Juden die Aberkennung des Wahlrechts, die Entziehung aller bürgerlichen Ehrenrechte, das Verbot der Eheschließung sowie des Geschlechtsverkehrs zwischen Juden und sogenannten »Mischlingen 1. Grades« und »Ariern« festlegten, hatte auch die ADEFA jetzt eine Handhabe, gegen die in Berlin und im Reich noch bestehenden jüdischen Konfektionshäuser direkter vorzugehen. Mit der Verordnung über die *Anmeldung des Vermögens von Juden* vom 26.4.1938 mussten jüdische Bürger nun ihr Vermögen registrieren – die ADEFA hatte jetzt freie Hand. So meldete die Industrie- und Handelskammer Berlin in ihren Mitteilungen, die »jetzt eingeleitete gesetzliche Regelung der Judenfrage wird auch die Bekleidungsindustrie vor neue Aufgaben stellen«.

Am 1. Juli 1938, vierzehn Tage nach der *3. Verordnung zum Reichsbürgergesetz,* in der es heißt, »ein Gewerbebetrieb gilt dann als jüdisch, wenn der Inhaber Jude ist«, führte die ADEFA das bereits erwähnte Etikett ein, das Verbandszeichen für die Bekleidungsindustrie, auf dem zu lesen war: »ADEFA – das Zeichen für Ware aus arischer Hand«.

Die Nazi-Zeitung *Arbeit und Wehr* beklatschte dies in der ihr eigenen Art:

Um dem Einzelhandel seine Aufgabe, die deutschen Verbraucher mit Erzeugnissen aus arischer Hand zu versorgen, nach Möglichkeit zu erleichtern und gleichzeitig alle jüdischen Tarnungsversuche unmöglich zu machen, wurde das »Zeichen für Ware aus arischer Hand« geschaffen, mit dem alle Erzeugnisse der ADEFA-Mitglieder äußerlich gekennzeichnet sind. Dieses Anhängeetikett gibt dem Verbraucher die absolute Gewähr dafür, dass er nichtjüdische Ware kauft, denn es darf nur von Mitgliedern der ADEFA verwendet werden, also von deutschen Fabrikanten, die die ausdrückliche Verpflichtung auf sich genommen haben, jeden Geschäftsverkehr mit Juden, seien es Lieferanten, Vertreter oder Abnehmer, unter allen Umständen zu unterlassen. Die Erzeugnisse, die mit dem »Zeichen für Ware aus arischer Hand« gekennzeichnet sind, sind also vom Weber bzw. Wirker über den Bekleidungsfabrikanten bis zum Einzelhandel nur durch arische Hände gegangen, so dass der Verbraucher, der solche Kleidungsstücke kauft, gewiss sein kann, dass er deutschen Facharbeitern und Angestellten damit Brot und Arbeit verschafft, nicht aber, wie das früher noch aus Unwissenheit möglich war, sein Geld für den Profit des Konfektionsjuden hergibt. Es ist daher die Pflicht jeden deutschen Mannes und jeder deutschen Frau, die aktiv bei der Entjudung der deutschen Bekleidungswirtschaft mithelfen wollen, bei ihren Einkäufen auf das »Zeichen für Ware aus arischer Hand« zu achten und vom Einzelhändler nur Erzeugnisse mit diesem Zeichen zu fordern.[51]

Die Forschung geht davon aus, dass zu diesem Zeitpunkt ca. 35 Prozent der jüdischen Konfektionsfirmen entweder in den Bankrott oder zur »freiwilligen Aufgabe« gezwungen wurden. Doch waren die etablierten Betriebe der Konfektion durchaus robust und überstanden viele Angriffe auf ihre Geschäftstätigkeit. Nicht zuletzt war deren Exportgeschäft nach wie vor wichtig für den Fiskus, denn die Reichsmark war ab 1933 nicht mehr konvertibel. Die Nationalsozialisten waren, so ironisch es auch klingen mag, auf die Einkünfte der großen jüdischen Exportfirmen der Berliner Mode angewiesen. Tatsächlich hatte die NSDAP anfangs keine klare Vorstellung davon, wie sie an das Kapital und die Immobilien aus der Konfektion kommen konnte. Das galt auch für die daran beteiligten Banken, Katasterämter, Finanzämter, Insolvenzanwälte und Handelskammern, die versuchten, begleitet von brutaler Agitation und auch physischem Terror, die jüdischen Firmenbetreiber zur Aufgabe, zum Verkauf oder zur Überschreibung ihres Eigentums zu zwingen.

Dr. Christoph Kreutzmüller, Historiker an der Humboldt Universität in Berlin, analysierte und beschrieb die Dynamik der ADEFA in einem Rundfunk-Interview wie folgt:[52]

Es ist allen Zeitgenossen gewahr, dass die Textilindustrie und die Konfektion eigentlich der Kristallisationspunkt jüdischen Gewerbetreibens ist. Nun gerade am Hausvogteiplatz sind sehr erfolgreiche Firmen gewesen [...], der Ort entwickelte sich zu einem international renommierten Platz, an den man sich lange Zeit nicht richtig herantraut [...]. Denn diese namhaften Firmen am Hausvogteiplatz verfügten über ein wirklich großes Renommee und exportierten. Genau dieser Export war wichtig für die Devisenbilanz des notorisch eigentlich klammen Deutschen Reiches. Deutschland hatte ja keinen internationalen Kredit mehr.

Passanten und Besucher vor dem Eingang zu einer ADEFA-Modeausstellung, 1930er Jahre

Bieder und einfallslos: Modenschau im Hotel Kaiserhof in Berlin unter dem Motto »Was trägt die deutsche Frau?«, September 1933. Hier werden zwei Kleider aus Wolle gezeigt, das linke Kostüm Modell trägt den Namen »Liesel«

Und wenn man jetzt zu früh an die herangetreten wäre, dann hätte das tatsächlich dem Staat die Möglichkeit genommen, Devisen einzunehmen und mithin – und das ist sozusagen die Paradoxie, die Ironie der ganzen Geschichte – mithin die eigene Aufrüstung weiter zu finanzieren. Dafür brauchten sie Devisen und haben deshalb die jüdischen Firmen, die die Devisen erwirtschafteten, relativ lange in Ruhe gelassen [...]. Dafür aber schlugen die Bürokraten nach dem November 1938 mit aller Heftigkeit zu.

Es gab damals ja beides: Die Raffgier der Teilnehmer an den Enteignungen war ein ganz großer Faktor. [...] Der andere Faktor war, dass unter anderem wegen der Abbruchmaßnahmen, die Hand in Hand gingen mit der Planung, Berlin als Reichshauptstadt völlig neu aufzubauen, sehr viele nicht nur Wohn-, sondern auch Büroräume zerstört worden sind [...]. So schien sich dieses Areal am Hausvogteiplatz geradezu als ein Ersatzstandort anzubieten. Und das verstärkt sozusagen nochmal die Wucht, in diesen Hausvogteiplatz einzudringen.

Im Berliner Handelsregister waren 1933 gut 2400 Unternehmen eingetragen, die in dem Textil/Konfektionsbereich operierten und diese Zahl ist bis 1938 nur um ein Fünftel zurückgegangen [...]. Die Tätigkeit der ADEFA war nach 1936 systematisch darauf ausgerichtet, die jüdischen Konfektionsfirmen von den Zulieferbetrieben zu isolieren. Dies geschah nicht selten durch besonders günstige Lieferbedingungen und verbilligte Ware an nichtjüdische Firmen bzw. durch überteuerte Lieferungen an jüdische Betriebe oder die Sperrung der Zulieferwege.

Nur mit massivem Druck und Sanktionen seitens des Staatsapparates sowie wegen der daraus resultierenden Emigration zahlreicher jüdischer Geschäftsleute der Branche konnte die ADEFA die Verquickung von jüdischen und nichtjüdischen Firmen im Textilsektor zerstören. Gerade diese Auflösung der althergebrachten Strukturen bewirkte allerdings das genaue Gegenteil von dem, was die ADEFA beabsichtigte, nämlich keineswegs die Steigerung der Produktion im modischen Bekleidungszweig und die Wiederherstellung der alten führenden Position auf diesem Gebiet. Nicht selten weigerten sich auch »arische Firmen«, wie der Berliner Damenkonfektionsfabrikant Walter Girgner, der ADEFA beizutreten. Zeitzeugen berichten über Drohungen, die darauf von der ADEFA gegen diese Firma geäußert wurden [...].

So geschah einerseits eine von der ADEFA durchgeführte sukzessive Verdrängung der Juden aus der Berliner Konfektion auf Anweisung des *Reichswirtschaftsministers* Schacht, andererseits wollte letzterer auf keinen Fall einen abrupten Abbruch jeglicher Geschäftsbeziehungen zwischen Juden und Nichtjuden. Er sah darin eine taktische Maßnahme zur Aufrechterhaltung der Wirtschaft, insbesondere des weiterhin laufenden Exportgeschäfts. So dauerte es noch eine Weile, bis die Mode »arisch« wurde.

DIE MODE »ARISCHER WESENSART«: EIN REINFALL

Die von der ADEFA organisierten Modenschauen der »arischen Wesensart« in den Jahren 1934, 1936 und 1937 hatten weder für das Inland noch für den Export eine besondere Relevanz; von modischen Neuerungen ganz zu schweigen. Wie stark die Branche unter der Emigration der jüdischen Konfektionsbetriebe litt, ließ sich auch an dem beständig sinkenden Export ablesen. Schon im Juni 1933 registrierte die Industrie- und Handelskammer eine insgesamt rückläufige Tendenz im Export, die aber auch noch auf die Krisenauswirkungen zurückzuführen war. Drei Jahre später, am 21. Januar 1936, schrieb das *Wirtschaftsblatt der Berliner Industrie- und Handelskammer* fast resignativ, dass in der Bekleidungsindustrie »der früher blühende Außenhandel leider ganz zurückgegangen« war. Auch das Branchenblatt *Der Konfektionär* konstatierte im gleichen Jahr in seiner zum fünfzigsten Jubiläum herausgegebenen Sondernummer den allgemeinen Umsatzrückgang in der Sparte der Damen- und Mädchenkonfektion.

Die ADEFA veranstaltete nach den vorliegenden Archivmaterialien die letzte Modepräsentation vom 11. bis 18. Januar 1939. Diese »Gesamtschau des deutschen Modeschaffens« sollte die Leistungsfähigkeit der Berliner Bekleidungswirtschaft unter Beweis stellen. Doch mussten die Veranstalter feststellen, dass ihr erwünschtes Spektakel weit hinter den Erwartungen zurückblieb. Von den vorgesehenen 1 000 Modellen der Damen- und Herrenoberbekleidung konnten nur 600 gezeigt werden; von den angekündigten 5 000 Einzelhändlern kamen nur 3 500 nach Berlin. Bernward Köhler, dem Leiter der Kommission für Wirtschaftspolitik der Reichsleitung der NSDAP, blieb angesichts dieser Pleite nur noch, »das besondere Interesse, welches die Partei der Entwicklung der ADEFA und damit der gesamten deutschen Bekleidungsindustrie [...] entgegenbringt«, zu beschwören.[53]

Bereits einige Zeit vorher offenbarte die von der ADEFA am 30. und 31. August 1938 abgehaltene *Exportmodenschau* im *Hotel Kaiserhof Berlin*, dass sie ihrer von der NSDAP gestellten Aufgabe nicht nachkommen konnte, nämlich die Bekleidungskonfektion ohne die jüdischen Firmen zu stabilisieren. Diese Exportschau fand erstmals auch mit Wiener Konfektionsunternehmen statt, die nach der Okkupation Österreichs an das Deutsche Reich ebenfalls in den Verantwortungsbereich der ADEFA fielen. Mit dieser Modepräsentation sollten »alle von der jüdischen Emigration im Ausland verbreiteten böswilligen Gerüchte über einen angeblichen Leistungsrückgang in Berlin und Wien vor den Augen der ausländischen Einkäufer schnell und gründlich widerlegt«[54] werden. Die neuen Mode-Fachleute kamen jedoch nicht umhin, erneut ihre großen Probleme mit dem Exportgeschäft zuzugeben. »Seitdem die Autarkiebestrebungen in der Welt immer höhere Zollmauern errichtet haben, seitdem böswillige Verdächtigungen der deutschen Leistung und des deutschen Schaffens zu einer Vergiftung der öffentlichen Meinung geführt haben, sind die Schwierigkeiten des deutschen Exportes immer mehr gewachsen.«[55]

Zu diesem Zeitpunkt stützte sich der Export aus dem NS-Reich immer noch auf die von den jüdischen Konfektionsfirmen aufgebauten Absatzmärkte, hauptsächlich in Skandinavien, den Niederlanden und in England. Er nahm aber aufgrund der Umstellung auf die Kriegsproduktion ab September 1939 eine immer geringere Rolle ein.

Allerdings entstand im Ausland eine Konkurrenz, gegen die die ADEFA nicht ankam: Betriebe, die von jüdischen Emigranten aus der Berliner Konfektion im Ausland gegründet wurden. Besondere Erwähnung verdienen hier die schon vor 1938 nach England emigrierten Firmen, unter ihnen die Firma *Loewinberg & Dannenbaum*. Ebenfalls die von dem jüdischen Konfektionär Kurt Ehrenfreund 1934 in Amsterdam gegründete Firma *Bercofa*, die *Berliner Confektionsfabrik*. Sie belieferte schon bald das vormals in Berlin kaufende bekannte Schweizer Bekleidungsunternehmen *Feldpausch*. Auch die der ADEFA unterstellten Wiener Modefirmen konnten an der grundsätzlich desolaten Situation der Konfektion nach der Vertreibung der Juden nichts ändern: Die Wiener Firmen, die der ADEFA angeschlossen wurden, durften – wie in Deutschland auch – keine jüdischen Besitzer haben.

DER OFFENE RAUB

Zum Zeitpunkt ihrer Selbstauflösung gab die ADEFA im Jahr 1941 die Zahl ihrer Mitglieder mit 4000 an. Die Zahl kann geschönt sein, aber es bleiben folgende Fakten: Der Wirkungsbereich dieser Organisation erstreckte sich auf den gesamten Wirtschaftszweig der Bekleidungsindustrie in Deutschland. Parallel zu den Zentralisierungsbestrebungen, vor allem nach der Übernahme des Wirtschaftsministeriums durch Hermann Göring, konzentrierte sich die Tätigkeit der ADEFA ebenfalls immer mehr darauf, die Branche kriegsbereit zu machen. Hierfür musste die Berliner Konfektion vollständig aufgelöst werden. Besonders Otto Jung ging es darum, eine konsequente Industrialisierung in der Bekleidungsherstellung mit Fließband- und Massenproduktion durchzusetzen, die Konfektion stützte sich jedoch in der Mehrzahl immer noch auf kleinere Handwerksbetriebe und Zwischenmeisterwerkstätten. Indizien für Jungs Ansinnen lieferte er selbst in seinem im Herbst 1939 erschienenen Buch *So wird rationalisiert* sowie in dem Anfang 1941 von ihm geschriebenen Werk *Produktionstechnische Verfahren in der modernen Bekleidungsindustrie*. Alle Maßnahmen, die Jung mit der ADEFA bis einschließlich 1938 auf dieser Ebene ergriff, waren an die Verdrängung und Liquidierung von jüdischen Unternehmen in diesem Bereich gebunden. So gab die ADEFA noch vor der Einführung ihres Verbandsabzeichens (»ADEFA – Das Zeichen für Ware aus arischer Hand«) einen Bezugsquellennachweis für Firmen und Einzelhandel heraus, der die arischen Hersteller, Produzenten, Zwischenhändler und Zulieferer darüber informierte, wo sie den Kontakt zu jüdischen Firmen meiden konnten.

Feststellen ließ sich, dass die ADEFA ab 1938 ein ungeheures Tempo in der Beraubung der jüdischen Konfektionsfirmen an den Tag legte. Ein Mittel dazu waren die Kredite zum »Kampf um die Vorherrschaft in der Bekleidungsindustrie«, die von Mitgliedsfirmen der ADEFA zur Finanzierung dieses Raubzuges zur Verfügung gestellt wurden.

90 der kapitalkräftigsten von insgesamt 700 Mitgliedern der ADEFA haben eine Bürgschaft von zunächst 500 000 Reichsmark gezeichnet, die den mittleren und kleineren Mitgliedsfirmen der ADEFA zugutekommen soll, deren eigene Finanzierungsmöglichkeiten nicht so ausreichend sind, dass sie sich im Rahmen des Zurückweichens des jüdischen Einflusses in der Bekleidungsindustrie an der Aufnahme der Umsätze der bisherigen jüdischen Fabrikationsbetriebe beteiligen könnten. Es handelt sich darum, durch diese Bürgschaft die mittleren und kleineren Betriebe in ihrer Leistungsfähigkeit so zu stärken, dass sie in der Lage sind, an sie herantretende Auftragsangebote anzunehmen, die sie sonst aus eben finanziellen Gründen im Augenblick nicht hereinnehmen könnten. Die kräftigsten Firmen der ADEFA sind daher darauf gekommen, die Finanzierung der gesamten Aufträge am deutschen Markt, und zwar gerade für die kleineren Unternehmen, aus eigener Kraft heraus vorzunehmen, indem sie generell eine Solidarbürgschaft leisten. Diese Maßnahme wird es zuwege bringen, dass der gesamte Umsatz der deutschen Bekleidungsindustrie vollendet in arische Hände übergehen kann [...].

Die neue wichtige Aktion der ADEFA spielt sich in der Weise ab, dass die ADEFA für ein an sie herantretendes Mitglied in gewisser Höhe die Bürgschaft übernimmt, aufgrund deren das Mitglied dann von einer Großbank, mit der man letztlich in Verhandlung gestanden hat und mit der ein entsprechendes Abkommen zustande gekommen ist, Kredit erhält. Diese Kredithergabe aufgrund der ADEFA-Bürgschaft erfolgt zusätzlich, hat also mit der sonstigen Finanzierung der betreffenden ADEFA-Firma nichts zu tun. Ein Finanzausschuß der ADEFA überprüft jeweils die Leistungsfähigkeit und das kaufmännische Gebaren der Firma [...]. Der besondere Zweck der Aktion ist, worauf noch einmal hingewiesen werden muß, der, daß keine Stockung in der Fabrikation eintritt.[56]

Der kriminelle Einfallsreichtum der ADEFA konnte kaum deutlicher beschrieben werden. Es zeigt sich aber auch, dass die Kreditgeber der »Solidarbürgschaft« vollständig mit dem nationalsozialistischen System konform gingen. In anderen Worten: Hohe Staatssubventionen finanzierten die Konfiskation der Bekleidungsindustrie. Dennoch waren die Probleme und die Angst der ADEFA vor den unaufhaltsamen und immer deutlicher zutage tretenden Produktionsrückgängen nicht zu übersehen.

Die neuen Geschäftsführer von Betrieben, die durch die ADEFA in »arische Hand« gekommen waren, und von jüdischen Unternehmen, die ohne ADEFA-Hilfe »arisiert« wurden, stießen auf nicht wenige Hürden: Die alten Firmennamen waren gelöscht und mussten durch neue ersetzt werden, ohne die vormaligen Besitzer zu nennen. Doch niemand kannte diese neuen Namen – weder in der Branche noch im Kundenstamm. Aber vor allem das Betriebsklima litt unter dem Verlust der Personen, die bisher in einer Firma für den geschäftlichen und modischen Erfolg gesorgt hatten. Denn anders als in anderen Industriezweigen spielte die Autorität des Geschäftsführers und die des Konfektionärs in der Konfektion eine besonders wichtige Rolle. Ihre Persönlichkeiten waren es, die bislang über das Geschick entschieden, mit dem Mode gemacht wurde.

F. V. Grünfeld
Inh. Max Kühl
Leipziger Straße 19 – 22
Kurfürstendamm 227
Fernspr. 12 00 30

Heubach F NO55 Greifswalder Str 209 T. 53 10 02
Keydel W & Cie Kom Ges Wilmersdf Werstr 33a T. 87 36 70
König Anna Steglitz Schloßstr 96 T. Nr 72 48 37
Kosbab M Schönebg Grunewaldstr 72 T. 71 05 31
Krause Margarete C2 Präsidentenstr 8 T. 41 74 01

Max Kühl
vorm. F. V. Grünfeld
Leipziger Straße 19 – 22
Kurfürstendamm 227
Fernspr. 12 00 30

Der für jeden sichtbare Raub: Auszug aus dem Berliner Branchenbuch von 1940, in dem der neue Inhaber der »arisierten« Firma F. V. Grünfeld immer noch mit dem alten Firmennamen wirbt

Wollte nun ein »arisierter Betrieb« an einer der ADEFA-Modenschauen teilnehmen, so musste dieser zuvor der Deutschen Arbeitsfront (DAF) beigetreten sein. Da die DAF aber keine jüdischen Arbeitnehmer unter ihren Mitgliedern duldete, durfte beim Antragsteller kein einziger Jude arbeiten, was sich bei einem frisch »arisierten« Konfektionsbetrieb durchaus schwierig gestaltete. Immerhin musste er somit auf einen Großteil seiner Belegschaft verzichten. Dem kam der arische Unternehmer im Zweifel schon allein aus Gesinnungsgründen auch ohne Wettbewerbsanträge nach, doch fehlten ihm anschließend die Fachkräfte. In letzter Konsequenz wurden auf diese Weise auch die jüdischen Angestellten wie vorher bereits der Großteil der jüdischen Unternehmer aus dem Wirtschaftsleben verbannt – eine Entwicklung, die sich geradezu als Eigentor entpuppte: Denn je mehr jüdische Fachleute aus der Branche verdrängt wurden, desto dilettantischer erschien das, was die neuen Bosse in den Betrieben der Berliner Damenkonfektion zustande brachten. Und die ADEFA heizte diese Schieflage mit ihrer Politik weiter an: Durch die Zentralisierung der Bekleidungswirtschaft hatte die Kleidung eine zunehmend schlechtere Qualität. Dies war nicht zuletzt auch eine Frage der Rohstoffe, die von den nationalsozialistischen Wirtschaftsführern stark beeinflusst wurde. Da sich Deutschland von Rohstoffimporten unabhängig machen wollte, setzte man in der Textilbranche immer stärker auf synthetisch produzierte Fasern. Doch es gab noch einen entscheidenderen Grund, warum die Bevölkerung immer mehr auf elegante Bekleidungsmode verzichten musste: Hitler wollte Krieg. Die Wirtschaft stand bereits im Zeichen der Kriegsproduktion.

Bis es allerdings soweit war, schaute die ADEFA auf den Scherbenhaufen, den sie selbst zu verantworten hatte: Denn wer eine Mitgliedschaft in der ADEFA wollte, benötigte in erster Linie eine stramme nationalsozialistische Gesinnung und nicht so sehr eine berufliche Eignung. Der damit einhergehende Dilettantismus im Einklang mit der Raffgier der neuen Eigentümer jüdischer Betriebe förderte auch die finanziellen Probleme, die nach den »Übernahmen« deutlich wurden. Selbst offizielle Stellen wie die Industrie- und Handelskammer beklagten sich über das geschäftliche Abenteurer- und Spekulantentum der neu eingesetzten Firmeninhaber. Gleichzeitig öffnete die blühende Unprofessionalität, die obendrein noch staatlich gefördert wurde, Tür und Tor für noch radikalere Neid- und Hassausbrüche gegenüber den vorherigen Besitzern.

Auch die alteingesessenen nichtjüdischen Konfektionäre und Geschäftsleute profitierten von den Enteignungen: Sie standen nun ohne die jüdischen Betriebe fast ohne Konkurrenz da. Doch auch für diejenigen, die mit dem Anfertigen hochwertiger Modellkonfektion für den Export beschäftigt waren, blieb nur ein relativ geringer Spielraum für kreative Arbeit.

Nach dem Novemberpogrom 1938, bei dem nicht nur die Kleiderständer der jüdischen Firmen auf dem Hausvogteiplatz angezündet wurden, spätestens aber in den darauffolgenden sechs Monaten konnte die ADEFA ihr Werk vollenden. Die letzten jüdischen Firmen der Berliner Konfektion gingen in die Hände der »arischen« Konfektionäre über oder wurden liquidiert.

Nun konnten sich die ADEFA-Führer Otto Jung, Dr. Erwin Heller und Paul Kretzschmer ihrer inzwischen dringenderen Aufgabe widmen: der Produktion von Uniformen.

PROFITEURE DES ELENDS

Noch fünfzig Jahre nach dem Ende des Nazistaates bezeichnete der Berliner Modedesigner Detlev Albers die Enteignung der Juden in der Modeindustrie als einen für viele »einmaligen Glücksumstand« (siehe S. 227ff.). Albers hatte sich in den Nachkriegsjahren Ruhm, Wohlstand und Respekt erarbeitet. Wie bereits erwähnt, lernte er im jüdischen Konfektionshaus der *Ludwig Lesser AG* am Hausvogteiplatz 11 sein Handwerk. 1938 erlebte er die Emigration der Familie Lesser (zunächst nach England) aus der Sicht eines jungen Angestellten. Bereits damals begriff er, welche unglaublich großen Berufschancen dieser Talentschwund, den die Vertreibung und Verfolgung der jüdischen Konfektionäre mit sich brachte, den »arischen« Berliner Konfektionsangestellten bot.

Die Überlegung von Albers wie auch vieler anderer Modegestalter ist einfach zu erklären: Durch die große Anzahl an Juden, die in so kurzer Zeit gezwungenermaßen aus der Fachwelt der Modebranche verschwanden, entstand ein Vakuum an dringend gesuchten Talenten. Viele dieser Talente hatten keine Hemmungen, sich in den Dienst der Nationalsozialisten und der ADEFA zu stellen. Hinzu kam, dass ihnen mit der Vergabe von zinslosen Krediten durch die ADEFA und die den Staat unterstützenden Banken noch unter die Arme gegriffen wurde. Auch spekulierte der ein oder andere junge männliche Designer auf eine Freistellung vom Kriegsdienst, indem er sich im Exportgeschäft unabkömmlich machen wollte. Durch die Ausschaltung der jüdischen Firmen aus dem Geschäftsleben rutschten viele schneller als gedacht in führende Positionen der enteigneten Betriebe.

Natürlich hofften die meisten schon in den Jahren 1939 und 1940, dass der Krieg auch einmal ein Ende nehmen würde und sie sich dann mit neuen Geschäftschancen im »tausendjährigen Reich« eine globale Position in der internationalen Mode erobern könnten. Die Anziehungskraft solcher Visionen erreichte auch jene, die dann nach 1945 eine bis heute fast unvergleichliche Karriere machten. Zu den »Glücksrittern« der ADEFA und des NS-Regimes gehörten ebenso die späteren Modekönige des Kurfürstendamms der 1950er und 1960er Jahre:

Gehringer & Glubb, Corves & Seger, Hilda Romatzki, Annemarie Heise, Schwichtenberg, Schröder-Eggeringhaus, Nina Carell, Suden & Lauer, Schulze Bibernell, Aribert Schwabe, Werner Brüggemann, Rolf Horn, Elise Topell, C.G. Strobach, Hans Bisegger, Lochte & Co., Erich John, Gerd Staebe, Annemarie Heise und *Werner Lauer*. Sie alle nahmen bereitwillig den »Glücksumstand« wahr und »übernahmen« als vormals Angestellte nun die jüdischen Betriebe, in denen sie einst ausgebildet wurden und die ihnen die ADEFA zu Schleuderpreisen verkaufte – die meisten waren noch nicht einmal NSDAP-Mitglieder. Auch »arische« Zeichner oder Stofflieferanten nutzen die »judenfreie« Branche, um sich jetzt konkurrenzlos zu etablieren.

Doch als Gratifikation für die gute Kooperation mit der ADEFA war das längst nicht alles: Als die ADEFA die Order zur Zerschlagung der »jüdischen Konfektion« erfüllt hatte, löste sie sich 1940 im Parteiauftrag selbst auf. Als letzten Akt etablierte sie aber die *Arbeitsgemeinschaft Berliner Modelle GmbH*. In ihr wurden alle relevanten Modeleute Berlins zusammengefasst, eine Parteimitgliedschaft war nicht mal erforderlich, aber durchaus gern gesehen. Zur erwähnten Belohnung für die gute Zusammenarbeit gab es zum Abschied zwei entscheidende Dinge, die eine Aussage über die moralische Integrität der Modeprofis zulassen, die diese Geschenke gern angenommen haben: Zum einen wurden die neuen »arischen« Inhaber mit Banken- und Staatskrediten bedient, zum anderen versprach die *Berliner Modelle GmbH* den jetzt agierenden Firmenchefs der Mode in Berlin unbegrenzten Zugang zu allen Materialien, die sie benötigten. Selbige kamen aus den Eroberungsfeldzügen der Wehrmacht nach den Niederlanden und Osteuropa sowie vor allem aus Frankreich: aus Paris. Millionen Meter von gestohlenen Stoffen aus der Haute Couture wurden ins Reich geschafft, und zwar nach Berlin, um hier von der *Berliner Modelle GmbH* zu exportierbarer Bekleidung verarbeitet zu werden. Weil aber ab spätestens 1942 für Luxusmode kein öffentlicher Bedarf bestand und die Arbeitskräfte fehlten, wurden die erbeuteten Stoffe in die Konzentrationslager gebracht. Und hier beginnt eine entsetzliche Geschichte der Berliner Mode im NS-Staat, die bis heute nur fragmentarisch aufgedeckt wurde.

DAS DUNKELSTE KAPITEL: »HAUTE COUTURE« IN AUSCHWITZ

Bekannt ist, dass in den Zwangsarbeitslagern in Sachsenhausen, Dachau, Buchenwald, Litzmannstadt, Lublin, Lemberg oder Stutthof Zwangsarbeitslager für Textilien bestanden. Erst jüngst wurde bekannt, dass es selbst im Vernichtungslager Auschwitz einen »Mode-Salon« gab, der ebenfalls Bekleidung für das deutsche Militär und die *Berliner Mode GmbH* herstellte.

Die britische Autorin Lucy Adlington schreibt in ihrem dokumentarischen Roman *The Red Ribbon*, gestützt auf Zeitzeugeninterviews, über die »Haute Couture«-Produktion in Auschwitz, dass etwa 23 Näherinnen in einer extra eingerichteten Werkstatt als Zwangsarbeiterinnen hochwertige Mode anfertigten. Die Rohstoffe dazu kamen aus dem Diebesgut der deutschen Soldaten, das sie während ihrer Eroberungsfeldzüge aus Kaufhäusern und von Modefirmen mitnahmen. Die größte Menge getragener Bekleidung kam aber von den Menschen, die vorher im Krematorium in Auschwitz-Birkenau ermordet worden waren. Die Näherinnen wurden gezwungen, aus diesen Materialien nach Modellentwürfen von Designern nicht nur aus Berlin, neue hochwertige Mode anzufertigen. Auschwitz-Birkenau hatte den Ruf unter den Gattinnen und Freundinnen der SS-Kommandanten und anderen Nazi-Führern, erstklassige Mode anzufertigen. Gleichzeitig bekam die Modewerkstatt in Auschwitz direkte Aufträge von Berliner Modefirmen. Es hat tausende von ähnlichen Schneiderwerkstätten in fast allen Konzentrationslagern mit Zwangsarbeiterinnen gegeben.

Deutsche Firmen vom Hausvogteiplatz mit vormals jüdischen Eigentümern bestellten also in Konzentrationslagern ihre Modell-Kollektionen, die dort von Zwangsarbeitern auf den Nähmaschinen genäht wurden, die einst den jüdischen Firmen gehörten. Die gezeichneten Figurinen, also die Modeentwürfe für diese Bekleidung, lieferten auch die Mitglieder und Firmen der *Berliner Modelle GmbH*.

Da es sich hier um eine mit deutscher Gründlichkeit organisierte Logistik der Bekleidungsproduktion handelte, wurde alles bis ins Detail bedacht: Konsequenterweise wurden Verträge mit der *Allianz-* und *Victoria-Versicherung* abgeschlossen, um die Nähwerkstätten und Rohstoffe in den Zwangsarbeitslagern abzusichern. Beide Versicherungsunternehmen hatten sich schon führend an der Konfiskation der Immobilien am Hausvogteiplatz beteiligt. In einem Schreiben vom 10. November 1944 an das *SS-Wirtschafts-Verwaltungshauptamt* in Berlin betonten die *Allianz-* und *Victoria-Versicherung* die Notwendigkeit einer Feuerversicherung im KZ Stutthof, weil dort in einem der Lager Bekleidungsstoffe im Wert von 500 000 Reichsmark deponiert wären. So nahmen die Dinge ihren bürokratischen Lauf – selbst in der Endphase der NS-Regimes. Verwaltungstechnisch waren für die strittige Versicherungssumme der Stoffballen aus den geplünderten Couture-Häusern in Prag und Paris die *DAW (Deutsche Ausrüstungswerke)* zuständig. Diese schlugen aber vor, die Stoffe an andere Konzentrationslager zu schicken, damit die dann die geforderte Versicherungssumme von einer Millon Reichsmark dafür bezahlten. Die hohe Summe ermittelte sich aus dem Wert der zukünftig aus den teuren Rohstoffen gefertigten Kleidungsstücke, der Gebäudeversicherung und den Transporten. Dass es nicht mehr zu einem Versicherungsabschluss kam, wissen wir heute.

Nichts, aber auch gar nichts sollte dem Zufall überlassen werden. Das ging von der Enteignung der jüdischen Firmenbesitzer, bei der sich die *Victoria*-Versicherung an führender Stelle in Berlin betätigte, bis hin zu Lieferanforderungen für Kleiderbügel oder die »termingerechte Lieferung der Bekleidung« aus den Zwangsarbeitslagern. Die Berliner Modesalons und die *Berliner Modelle GmbH* stellten sich dem NS-System zur Verfügung und profitierten davon. Manche mit weniger, andere mit mehr Begeisterung, wie der nachfolgende Geschäftsbrief zeigt.

Es ist der Brief eines Mitarbeiters aus dem Hause *Charlotte Röhl – Jugendliche Kleider*, einem Berliner Unternehmen am Hausvogteiplatz 11a. An dieser Adresse hatten sich besonders viele jüdische Konfektionsunternehmer angesiedelt, bevor sie von den Nationalsozialisten, der ADEFA und

Nähmaschinen im Arbeits- und Konzentrationslager Auschwitz-Birkenau, Aufnahme kurz nach der Befreiung des Lagers 1945

13

Charlotte Röhl

JUGENDLICHE KLEIDER LORÖ

BERLIN SW 19 · HAUSVOGTEIPL. 11 A

Bankkonten: Deutsche Bank u. Diskonto-Gesellschaft Dep.-K. F 2, Hausvogteipl. 11
Commerz- und Privatbank, Dep.-Kasse A, Berlin SW 19, Hausvogteiplatz 10
Postscheck-Konto: Berlin Nr. 180 248

Berlin, den 21.November 1941
Telefon: 16 75 63

Einschreiben!
An die
Gettoverwaltung Litzmannstadt
Ortsgr.3,Textilabtlg.
z.Hd.d.Herrn Straube
Litzmannstadt,
Moltke Str.157

Sehr geehrter Herr S t r a u b e !

Teile Ihnen mit,dass ich wieder gut in Berlin angekommen bin Ueber die Lieferung der 80 Kleider bin ich sehr erfreut, denn dieselben sind wirklich tadellos gearbeitet und sitzen gut. Wohingegen ich bei der ersten Lieferung einige Aenderungen vornehmen lassen musste. Ich gebe mich der angenehmen Hoffnung hin, dass Sie wie versprochen laufend für mich arbeiten werden und auch schnell liefern.
Heute gehen 2 Koffer an Sie ab und zwar:
Sch 3, leer und H.R.7 mit Inhalt 57 Kleiderbügeln.
Die Schlüssel hierfür erhalten Sie anbei.Wollen Sie bitte die Koffer zur Rücksendung der fertigen Kleider benutzen und mir die Schlüssel dann wieder zurücksenden.
Ihrer baldigen Lieferung sehe ich entgegen.

Heil Hitler!

[Unterschrift]

Anlage: 2 Schlüssel!

»Wirklich tadellos gearbeitet ...« Brief eines Mitarbeiters des Bekleidungsgeschäfts Charlotte Röhl am Hausvogteiplatz nach dem Besuch der »Textilabteilung« des »Gettos Litzmannstadt«, 1941

den mit Nazis kollaborierenden Profiteuren gedemütigt, vertrieben und ausgeraubt wurden. Leider wissen wir nicht, wessen Firma *Charlotte Röhl* für ihre jugendlichen Kleider von der ADEFA oder mit Unterstützung von anderen Nazihelfern »übernommen« hat, doch an eben dieser Adresse kreierte unter anderem vorher die Firma *Briese & Loepert* ihre Mäntel und Kostüme. An gleicher Adresse gab es noch namhaftere Unternehmen, aber auch Loeperts Firma hatte ein gutes Renommee. Herr Loepert wurde in einem nicht näher benannten Konzentrationslager ermordet.

Das Schreiben vom 21. November 1941 geht an die »Gettoverwaltung Litzmannstadt« (Łódź). Der Absender ist nach seiner Rückkehr von einer Stippvisite nach Polen zu einem Herrn Straube von der Textilabteilung der Ghettoverwaltung in Łódź offenbar gut gestimmt und über die Qualität der eben erhaltenen Lieferung von 80 Kleidern begeistert. Dass die Kleidungsstücke von Zwangsarbeitern im Ghetto gefertigt wurden, stört ihn offenbar keinesfalls. Vielmehr sei er »sehr erfreut, denn dieselben sind wirklich tadellos gearbeitet und sitzen gut«. Anders als die vorangegangene mangelhafte Lieferung, über die das Modehaus *Charlotte Röhl* offenbar nicht sehr angetan gewesen war, da seine Firma »einige Änderungen vornehmen lassen musste«. Der Schreiber aus dem Modehaus *Charlotte Röhl* gibt sich schließlich »der angenehmen Hoffnung hin, dass Sie wie versprochen laufend für mich arbeiten werden und auch schnell liefern«. Erschreckend ist die geschmeidige Kaltblütigkeit, mit der der Röhl-Mitarbeiter über die Tatsache hinweggeht, dass die Kleidung nur durch Zwangsarbeit jüdischer Fachkräfte entsteht, die neben ihrer Arbeit für das Modehaus *Charlotte Röhl* unter Hunger und Krankheiten leiden und letztlich auf die Deportation in ein Vernichtungslager warten. Dass dem Schreiber dieser Zeilen der Austausch von 2 Schlüsseln, 2 Koffern mit Inhalt und 57 Kleiderbügeln bedeutender ist als das Leben verzweifelter Menschen, die er und seine Firma ausbeuten und erniedrigen, ist nicht in Worte zu fassen.

»MODEZENTRUM« ŁÓDŹ : VOM »MANCHESTER DES OSTENS« ZUM ZWANGSARBEITSLAGER

Anfang des 19. Jahrhunderts war Łódź das Zentrum der Stoff- und Textilproduktion in den Grenzen des heutigen Polens. Nicht selten wurde es auch aufgrund der großen Anzahl industrieller Textilbetriebe als das »Manchester des Ostens« bezeichnet. Mit der Besetzung Polens durch die Wehrmacht ab 1939 wurde Łódź in Litzmannstadt umbenannt. Im ebenfalls 1939 errichteten Ghetto schufteten tausende von Zwangsarbeitern in 17 Produktionsstätten für Bekleidung.

Die logistische Voraussetzung dafür waren die massenhaft konfiszierten Nähmaschinen aus jüdischem Besitz, zum Beispiel aus den Berliner Werkstätten jüdischer Schneidereien, der Modefirmen des Hausvogteiplatzes und der Zuliefererbetriebe. In die sogenannte *Textilabteilung Litzmannstadt* kamen auch die von Juden bzw. aus den deutschen Eroberungsfeldzügen nach den Niederlanden, Belgien oder Frankreich geraubten Stoffe und das Zubehör, ebenfalls die Bekleidung der Juden und Kriegsgefangenen, die mit Zügen in die Ghettos verschleppt wurden.

90 Prozent der Aufträge zur Bekleidungsherstellung erhielt die Ghettoverwaltung von deutschen staatlichen Stellen, oft mit spezifischen Wünschen z. B. für die Uniformherstellung. Die restlichen Aufträge kamen von privaten Unternehmen und Modefirmen, die Alltagsmode herstellten, aber auch luxuriöse Bekleidung für die Frauen der NSDAP-Elite. Die Firma Neckermann gehörte übrigens zu den größeren Auftraggebern. Der Historiker Lucjan Dobroszycki geht davon aus, dass es allein im Ghetto Litzmannstadt 7000 Zwangsarbeiter in der Bekleidungsherstellung gab. Für Josef Neckermann übernahmen die Ghetto-Produktionsstätten die Rolle der ehemaligen Zwischenmeisterbetriebe aus Berlin. Auch andere deutsche Bekleidungsfirmen wie Spiesshofer & Braun oder die Mehler AG verlegten ihre Produktion ins Ghetto.

Die Anzahl der dort produzierten Bekleidungsstücke wuchs zwischen 1941 und Anfang 1944 um fast 1000 Prozent. Kranke Arbeiterinnen und Arbeiter, die aufgrund der extrem schlechten Arbeitsbedingungen bei der geforderten Produktionsgeschwindigkeit nicht mithalten konnten, wurden in Konzentrationslager deportiert. Dennoch gelang es der Ghettoverwaltung in seltenen Fällen, Arbeiter vor der Deportation in die Todeslager in ihren Werkstätten zu verstecken. Die Wahrscheinlichkeit, dass eine große Zahl von Berliner Zwangsarbeitern im Ghetto für die Modefirmen produzierten, in denen sie einst tätig waren oder die ihnen vielleicht sogar gehörten, ist groß.

Wie wurde im Ghetto Bekleidung produziert? Obwohl es wenige Recherchen zu dieser Frage gibt, lassen sich dennoch folgende Aussagen treffen:

1 — Die Entwürfe lieferten Gestalter aus Berlin, die zuvor in jüdischen Mode- und Konfektionsfirmen gearbeitet und diese zum Teil sogar von den Vorbesitzern im Zuge der »Arisierung« übernommen haben.

2 — Nach Angaben der Ghettoleitung in Litzmannstadt wurden allein 1942 1,3 Millionen Damenbekleidungsstücke gefertigt und nach Deutschland zum Verkauf geliefert. Für die Zeit von 1941 bis zum Sommer 1944 ergibt das eine Anzahl von 3,9 Millionen Damenkonfektionsartikeln.

3 — Dazu mussten im Ghetto etwa 4200 Nähmaschinen im Schichtdienst bedient werden. Es gab eine Extrawerkstatt mit ca. 160 Schnitttechnikern für den Zuschnitt der Bekleidung in den verschiedenen Größen.

4 — Daneben wurden von einem sog. »Zubehörlager« Futterstoffe, Garne und alle anderen Nähutensilien geliefert, um den Nachschub und damit die Produktion sicherzustellen.

5 — In einem Saal wurde von Zwangsarbeitern die fertige Kleidung auf Qualität überprüft, gebügelt und dann in einen Versandraum gebracht.

6 — Extra veranstaltete Mode- und Bekleidungsmessen (siehe Fotos aus Łódź) dienten der Großkundengewinnung.

Łódź wurde zu *der* Bekleidungsfabrik der Nazis. Ungefähr 13000 bis 14000 Zwangsarbeiter erwirtschafteten einen jährlichen Gesamtprofit in Höhe von 2,2 Millionen Reichsmark.

Folgende Firmen, die fast alle nach 1945 weiter Mode produzierten, profitierten von der Zwangsarbeit in Litzmannstadt: Asmann & Co., Hugo Boss, Adolf Heine, Knape & Sohn, Mehler AG, J. Neckermann, Spiesshofer & Braun (nach dem Krieg als Fa. Triumph bekannt geworden).

Diese und folgende Seite: Seltene Farbfotografien aus einer Ausstellung in Lódź, die sowohl Produktionsstückzahlen als auch die im Ghetto geschneiderten Kleidungsstücke und Uniformen zeigen

Die **SCHNEIDEREI** erzeugte:

FÜR DIE WEHRMACHT:

Tuchmäntel u. Übermäntel	648.878
Kraftradmäntel	32.786
Feldblusen	817.436
Hosen	1.387.876
Windhosen	71.200
Drillichblusen	643.888
Tarnjacken	236.947
Tarnhosen	236.947
Kragenbinden	887.100
Schlafsäcke	325.000
Arb. Schutzanzüge f. Luftwaffe	150.000
Verschiedene Bekleid. St.	1.787.500

bis zum 1. VII. 43
INSGESAMT **6.913.355**

FÜR DIE ZIVIL-BEVÖLKERUNG 782.108

DAMEN-KONFEKTION
erzeugt 1.357.368 Stück

Weder die Firmen, die zwischen 1950 und 1970 in Berlin erfolgreich waren, noch Unternehmer, Angestellte oder die Branchenverbände haben sich bis zum heutigen Tag über dieses dunkle Kapitel geäußert. Die jüdischen Konfektionäre vom Hausvogteiplatz und aus der Umgebung haben sie sicherlich namentlich oder sogar persönlich gekannt, sie haben vorher bei ihnen ihr Handwerk gelernt oder als Angestellte ihr Können verfeinert – bis sie vielleicht eine Chance sahen, endlich auch ein Stück vom Kuchen abzubekommen. Die Schicksale dieser Zwangsarbeiter haben sie beiseitegeschoben wie eine lästige Erinnerung. Für sie hieß es nach dem Krieg einfach: »Neues Spiel, neues Glück!« Über diese anscheinend kollektive Amnesie und das Schweigen einer ganzen Branche wird noch zu reden sein.

DIE INDUSTRIE- UND HANDELSKAMMER BERLIN UND DIE »ARISIERUNG«

Ähnlich wie die ADEFA ließ die Industrie- und Handelskammer (IHK) Berlin von Anbeginn des Nationalsozialismus keinen Zweifel daran aufkommen, dass sie bereit war, den Weisungen der Partei Hitlers opportunistisch zu folgen, zum Teil sogar in vorauseilendem Gehorsam.

Nur vier Tage nach Verabschiedung des *Ermächtigungsgesetzes* 1933, mit dem die gesetzgebende Gewalt im Grunde auf Adolf Hitler überging und die nationalsozialistische Diktatur ihren Anfang nahm, scheute sich die IHK Berlin nicht, ihren bislang geschätzten Vizepräsidenten vor die Tür zu setzen. Heinrich Grünfeld, Inhaber des *Leinenhauses Grünfeld*, eines sehr bekannten und geschätzten Hauses in der Leipziger Straße, wurde in einem Schreiben vom 27. März 1933 mit vergiftet-freundlichen Worten abgespeist.

Das Präsidium richtet an Sie die dringende Bitte, von Ihrer Seite dazu beizutragen, daß die Neubildung der Kammer ermöglicht wird [...]. Durch Ihr Wirken haben Sie bewiesen, daß Sie persönliche Wünsche den Rücksichten auf das Allgemeinwohl stets unterzuordnen bereit sind. [...] Dadurch, daß Sie der Bitte entsprechen, schließen Sie sich dem Beschluß der Mehrheit auf Niederlegung der Mitgliedschaft an.[57]

Jüdische Geschäftsleute und Industrielle, die seit vielen Jahren Berlin in wirtschaftlicher und auch kultureller Hinsicht erfolgreich gemacht hatten, wurden aus den Branchenverbänden gefeuert. Im November 1933 wurden von der IHK Berlin die den einzelnen Branchen zugeordneten Fachausschüsse neu gebildet. Für den Bereich *Textil und Bekleidung* bedeutete dies eine »Säuberung« in den Reihen der IHK, zahlreiche jüdische Mitglieder wurden rausgeworfen oder ihrer Posten enthoben. Es ging der IHK darum, die Führung der Fachausschüsse in die Hände von NSDAP-Mitgliedern und loyalen NS-Gefolgsleuten zu legen bzw. sie Leuten anzuvertrauen, die der Partei loyal gegenüberstanden. Die Ämter wurden mit Herbert Tengelmann von der *Firma Leineweber* als Vorsitzenden und mit Rudolph Hertzog vom *Warenhaus R. Hertzog* für die Wäschefabrikation besetzt.

Es ist davon auszugehen, dass es enge Absprachen zwischen den Parteimitgliedern Tengelmann, Rudolph Hertzog und Otto Jung gab, die 1933 zur Gründung der ADEFA führten.

Über die Rolle von Rudolph Hertzog soll nicht spekuliert werden, doch ist aus seiner Position zu erkennen, dass er von den einzelnen Schritten der IHK und der ADEFA zur Isolierung der jüdischen Geschäftsleute zumindest wusste, wenn nicht sogar diesen zustimmte. Hertzog war unter den Berliner Warenhausbesitzern und Großverkäufern von Damenkonfektion im gehobenen Genre am stärksten der Konkurrenz der großen jüdischen Bekleidungshäuser ausgesetzt. So konnte ihm die Verdrängung der jüdischen Konkurrenten nur recht sein, sie wirkte sich zu seinem finanziellen Vorteil aus. Das Warenhaus Hertzog wurde nach dem Krieg zum VEB-Textilhaus in Ostberlin umfunktioniert.

Die Zentralfigur in der Durchsetzung und Umsetzung der »Entjudung der Bekleidungsindustrie« war, neben Gottfried Dierig und Otto Jung, vor allem Herbert Tengelmann. Ähnlich wie Otto Jung hatte Herbert Tengelmann zahlreiche Ämter zur Enteignung der jüdischen Firmen in Berlin. Im Mai 1933 trat er der NSDAP bei und war nach eigenen Angaben förderndes Mitglied der SS. Eine weitreichende Verbindung zur Bekleidungsindustrie hatte er als Vorsitzender des Aufsichtsrates in der *Arbeitsgemeinschaft für Webwaren und Bekleidung* in Breslau und in der von ihm gegründeten *Interessengemeinschaft Deutscher Bekleidungsfachgeschäfte Berlin*. Der Aufsichtsratsvorsitz bei der neuen *ABC Waren-Kredit-AG Berlin* leistete bei der Kreditvergabe an die Profiteure der Enteignung gute Dienste. Seine weitere Mitgliedschaft im Aufsichtsrat der *Treuverkehr Deutsche Treuhand AG* und der *Wirtschaftsprüfungsgesellschaft Berlin* wurde durch eine weitere Mitgliedschaft im *Beirat der Deutschen Bank Berlin* ergänzt.

Neben seiner Funktion in den beiden wichtigen Fachausschüssen der IHK Berlin war er auch Vizepräsident der IHK Berlin, Präsident der Einzelhandelsabteilung, Präsident des Deutschen Modeinstitutes und Ehrenamtlicher Richter beim Obersten Ehren- und Disziplinarhof der Deutschen Arbeitsfront. Als Fabrikant und Hauptinhaber der *Fa. Bernward Leineweber KG* in Herford verfügte er über fundierte Branchenkenntnisse, die sich – wegen seiner stramm nationalsozialistischen Gesinnung – für viele Juden verhängnisvoll auswirkten. Tengelmanns Absicht lag besonders in der Förderung des Einzelhandels – und letztlich der Förderung seiner eigenen Firma. 1938 schrieb er in den Mitteilungen der IHK Berlin zum bevorstehenden »Anschluss« Österreichs:

> *Der Einzelhandel sagt Ja!*
> *Schmückt Eure Schaufenster und ruft die Volksgenossen auf, dem Führer ihre Stimme zu geben!*
> *Heil Hitler*
> *Herbert Tengelmann*[58]

Wie sehr Tengelmann im politischen Geschäft von eigenen profitorientierten Ambitionen geleitet wurde, wird an der Tatsache deutlich, dass er schon kurz nach der Besetzung Österreichs eine Blusenfabrik in Wien seiner eigenen Firma *Leineweber* einverleibte, selbiges initiierte er auch in Breslau.

Zu welchen Konditionen Tengelmann seinem Unternehmen diese Betriebe angegliedert hat, unter welchen Bedingungen die früheren Firmeneigentümer ihre Betriebe aufgeben mussten – darüber schweigt sich die Betriebschronik auch zum 125-jährigen Jubiläum 1962 noch aus, vielmehr schwärmt sie über die »Blütezeit«, die das Unternehmen ab den 1930er Jahren erfahren hat. Statt selbstkritischer Worte finden sich auf der Website von BRAX, so der heutige Markenname der Firma *Leineweber GmbH & Co. KG,* über die Zeit des Nationalsozialismus vor allem positive Worte, bzw. dem Leser wird der Eindruck vermittelt, dass auch dieses Unternehmen in gewisser Weise ein Opfer des Nazi-Regimes wurde: »Der Leineweber Mantel ›Der gute Kamerad‹ gehört zum Kernprodukt. Herrenanzüge und Damenpelzmäntel sorgen für wachsenden Absatz. 1937 eröffnet Herbert Tengelmann auf 4.000 m² erstmals eine Abteilung für Damenmode. Mit Beginn des Zweiten Weltkriegs wird auch Leineweber aufgefordert, sich an der Uniformherstellung zu beteiligen.«[59] Ob das Unternehmen tatsächlich Uniformen herstellen »musste«, nachdem es dazu aufgefordert war, ist zu bezweifeln. So eingebunden, wie es der Firmenchef Tengelmann in die Machenschaften des NS-Regimes war, wird er persönlich für einen solchen Beschluss mitverantwortlich gewesen sein.

Den Zeitgenossen war sicherlich noch in der Nachkriegszeit der lockere Werbeslogan des Hauses Leineweber seit den 1920er Jahren im Ohr: »Das Haus, das jeden anzieht«. Denn berühmt blieb das Haus fast ohne Unterbrechungen. Schon drei Jahre nach Kriegsende, so ist heute auf der Website des Unternehmens zu lesen, »sind die Folgen des Zweiten Weltkriegs für Leineweber weitestgehend überwunden. Der Wiederaufbau ist gelungen, der Aufschwung beginnt: In Berlin und Bielefeld öffnen die ersten neuen Filialen. 1950 bringt Leineweber die Hosenmarke BRAX auf den Markt [...].« So überzeugt die Firma von ihrem Erfolg berichtet, so sicher ist auch, dass Herbert Tengelmann bessere Karten bei all seinen Unternehmungen hatte als die von ihm bekämpfte jüdische Konkurrenz. Er war bekennender Nationalsozialist, der in all seinen Positionen zur Auslöschung der jüdischen Bekleidungsunternehmen und ihrer Mitarbeiter einen erheblichen Beitrag geleistet hat. Dass die neue Generation im Hause *Leineweber* keine persönliche Schuld trägt, ist selbstredend. Sich aber klar gegenüber der Vergangenheit des Unternehmens zu positionieren, ist längst überfällig.

Nicht zuletzt ging Herbert Tengelmann in seinem Hass gegen alles »Fremdländische« sogar gegen eine Bezeichnung vor, die über ein Jahrhundert einem bedeutenden Berufszweig seinen Namen gegeben hat – die *Konfektion*. So schrieb er:

Bezeichnung: Konfektion
In weiten Kreisen ist bedauerlicherweise noch immer die unschöne Bezeichnung »Konfektion« in Gebrauch. Dieses durchaus überflüssige Fremdwort hat weder einen genau abgegrenzten Begriff, noch ist immer

zu ersehen, ob eine Ware oder ein Wirtschaftszweig gemeint ist. Im Übrigen hat es einen wenig angenehmen Beigeschmack. Es sollte daher künftig allgemein an Stelle des Fremdwortes Konfektion nur noch die Bezeichnung »Kleidung oder Bekleidung« bzw. »Bekleidungsindustrie« angewandt werden.[60]

Die IHK Berlin teilte daraufhin mit, dass die Bezeichnung *Konfektion* nur noch bis zum 31. Oktober 1936 benutzt werden dürfte.

Schon im Dezember 1933 hatte das Präsidium der IHK Berlin beschlossen, kollektiv der *Deutschen Arbeitsfront* (DAF) beizutreten. Tengelmann verband die DAF und die IHK in Personalunion. Somit unterlag es auch seiner Aufsicht, die Anzahl der jüdischen Unternehmer in der DAF zu kontrollieren bzw. in der IHK den Ausschluss der Juden zu betreiben. Besonders in den zwei Jahren nach 1936, in der Zeit des verschärften Drucks auf die Juden im deutschen Wirtschaftsleben, leistete die Industrie- und Handelskammer Berlin den Nationalsozialisten willige Zuträgerdienste. So erließ die IHK Berlin für einen Ausbildungszweig in der Konfektion, den Beruf des Buchhalters, 1936 eine neue Zulassungs- und Prüfungsordnung. Danach konnte sich nur noch der Bewerber zur Prüfung melden, der »seine arische Abstammung nachweisende Urkunden«[61] vorlegte. Die Buchhaltungslehrlinge vom Hausvogteiplatz stammten nun nicht mehr länger aus jüdischen Familien.

Neben der ADEFA und der IHK gab es weitere Organisationen, die allerdings weniger Einfluss hatten, da innerhalb der Branche alle wichtigen Entscheidungen von der *Wirtschaftsgruppe Bekleidungsindustrie* oder der ADEFA getroffen wurden. Dennoch: Hans Winkelmann, 1936 noch Leiter der *Fachgruppe Damenoberbekleidung* (DOB) und Vorsitzender des DOB-Verbandes, wird es mitbekommen haben, dass das Bild von Valentin Manheimer in den Räumen des DOB-Verbandes abgehängt wurde. Da er zudem selbst Firmenbesitzer mit einem Unternehmen in der Jerusalemer Straße 32/35 und Mitglied des Beirates der Industrie- und Handelskammer Berlin war, dürften ihm die Enteignungen seiner Berufskollegen nicht unbekannt gewesen sein.

Die Mitglieder des sogenannten *Kampfbundes des gewerblichen Mittelstandes* »qualifizierten« sich als Denunzianten von bislang unentdeckt gebliebenen jüdischen Arbeitskräften in den Konfektionsbetrieben. Dieser *Kampfbund* schrieb Listen mit den Namen solcher Mitarbeiter und reichte sie an die *Deutsche Arbeitsfront* weiter. Mitglieder der Betriebszellen der NSDAP in Modefirmen mit jüdischen Besitzern reichten gestohlene Bilanzunterlagen und Abrechnungen an die Nazis weiter. Kundenlisten dienten dazu, die weiterhin in jüdischen Firmen kaufenden Kunden aufzusuchen und sie zu bedrängen. Ähnlich agierten auch die *Modezentrale Frankfurt* und der *Innungsverband des Damenschneiderhandwerks.* Mit deren Mitgliederlisten wurden jüdische Schneider denunziert und von weiterer Gewerbetätigkeit ausgeschlossen.

Eine NSDAP-Funktionärin hält eine Rede im Rahmen einer ADEFA-Modenschau, 1930er Jahre

ADEFA
179
189

Nazi-Schick statt Mode: Unter dem ADEFA-Logo präsentieren Models die Kollektion für das nächste Jahr auf einer ADEFA-Modenschau, 1930er Jahre

MODENSCHAUEN UNTERM HAKENKREUZ

Dass es im Kampf gegen die Juden selbst auf die Wortwahl ankam – ganz so, wie Tengelmann sich gegen den Begriff der »Konfektion« stark machte –, zeigte ebenfalls der *Werberat der deutschen Wirtschaft* mit voller Inbrunst.

Mit dem *Reichskulturkammergesetz* vom 22.9.1933 wurden sechs Kammern geschaffen, die den Einfluss des Nationalsozialismus auf die Bereiche Kunst, Kultur, Presse usw. sicherstellen sollten. Graphiker, Gebrauchsgraphiker und Gebrauchswerber wurden der *Reichskammer für bildendeKünste* zugeordnet. Damit unterstanden auch die Modegraphiker und Modezeichner dieser Kammer. Als fachspezifische Unterabteilung für den Bereich der Werbung wurde der *Werberat der deutschen Wirtschaft* gebildet. Dieser von staatlicher Seite her administrativ vorgenommenen Einordnung ging die Auflösung des in der Weimarer Zeit gegründeten Amtes des *Reichskunstwartes* voraus, dessen Leiter Edwin Redslob war. Redslob bekleidete dieses Amt seit 1920 und hatte in den liberalen Zeiten der Weimarer Republik dafür gesorgt, dass sich viele neue gestalterische Ideen in Deutschland verbreiten konnten. Die engen Kontakte, die Redslob als Vertreter des *Deutschen Werkbundes* zum *Bauhaus* hatte, hatten sich auch unmittelbar auf die modischen Richtungen in der Kleidung ausgewirkt.

Nun wurden vom Werberat, der dem *Propagandaministerium* unterstand, ganz andere Ziele verfolgt.

> *Der Reichsminister für Volksaufklärung und Propaganda ist zuständig für alle Aufgaben der geistigen Entwicklung der Nation, der Werbung, für Staat, Kultur und Wissenschaft, der Unterrichtung der in- und ausländischen Öffentlichkeit [...].*

In diesem Zusammenhang wurde der *Werberat* unter anderem damit beauftragt, die Modepräsentationen zu kontrollieren, da es sich hier um Werbeveranstaltungen handelte. Waren die Modenschauen der guten Konfektionshäuser in den 1920er Jahren noch gesellschaftliche Ereignisse, auf denen die neuen Modelle und eleganten Modeschöpfungen gezeigt wurden und die damit eine enorme Bedeutung für Bestellungen und Verkauf hatten, so unterwarf der *Werberat* diese Schauen nun dem antisemitischen Programm der Nazis.

Der Präsident des Werberates, Reichard, erließ am 18.4.1936 eine Verfügung, dass Modenschauen zuerst beim Werberat angemeldet werden mussten.

> *Der Veranstalter einer Modenschau bedarf der Genehmigung zur Wirtschaftswerbung im einzelnen Falle. Die Genehmigung ist 2 Monate vor Beginn der Modenschau bei dem Werberat der deutschen Wirtschaft zu beantragen [...].*[62]

Selbst dann wurde die Modenschau aber nur gestattet,

[wenn] die Veranstaltung nicht durch die zeitliche und örtliche Lage andere Modenschauen in ihrer Wirksamkeit wesentlich beeinträchtigt, wenn sie nicht im Gegensatz zu den Belangen des Volkes, insbesondere den volkswirtschaftlichen, steht, und wenn ihre Durchführung geldlich sichergestellt ist [...].[63]

Was die Nichtbefolgung dieser Punkte bewirkte, blieb ungewiss. Damit stand der willkürlichen Ablehnung von Modenschauen jüdischer Geschäftsleute nichts mehr im Wege. Ein zentrales Werbemittel der Konfektionshäuser zum Verkauf der neuen Kollektionen wurde mithilfe des Werberates in die Hände der Nazis gelegt. Dem *Werberat* reichte dieses Vorgehen aber nicht aus, er wollte auch die verbliebenen Erinnerungen an frühere jüdische Unternehmen auslöschen.

Im Zusammenhang mit der fortschreitenden Entjudung des wirtschaftlichen Lebens taucht die Frage auf, ob entjudete Betriebe die Zeit, in der das Unternehmen in jüdischem Besitz war, werblich auswerten dürfen. Die Übernahme jüdischer Betriebe durch arische Geschäftsleute ist nicht einem normalen Geschäftsübergang und Inhaberwechsel gleichzusetzen. Das in arische Hände übergegangene Unternehmen soll sich vielmehr loslösen von den Bindungen und dem Geschäftsgebaren des vordem jüdischen Gewerbebetriebs. Das entjudete Unternehmen soll daher, wie der Werberat der deutschen Wirtschaft jetzt in einer Verlautbarung feststellt, auch nicht mit Gesichtspunkten werben, die auf den früher jüdischen Betrieb zurückgehen.[64]

Diese Anordnung wurde 14 Tage nach dem *Novemberpogrom* 1938 erlassen.Somit stellte sich auch der *Werberat* in eine Reihe mit den Organisationen, die die Entrechtung und Enteignung der jüdischen Modeschaffenden vollzogen.

»ARTFREMD«: DIE NS-PROPAGANDA GEGEN »DEN KONFEKTIONSJUDEN«

Immer wieder beschäftigten sich die verschiedenen Naziblätter mit der Berliner Konfektion. Eine offizielle Stellungnahme der obersten Nationalsozialisten zur Mode ist nicht bekannt. Dieses Feld überließ man den Organisationen, wie bereits ausgeführt. Und den Ideologen, die sich auf ihre Weise dem Thema Mode näherten.

Der Angriff gegen die jüdischen Angestellten und Besitzer der Konfektionshäuser lief in der Presse fast stets nach gleichem Schema ab: Der Modefeind sitzt in Paris. Da für die Nazis der große Einfluss der Pariser Mode auf die Berliner Konfektion ein kaum zu überwindendes Hindernis in ihrer Agitation für das »deutsche Volkstum« war, dienten Lügen und Verdrehungen dazu, die Juden in der Bekleidungsbranche zu diskreditieren. Die »reichen Konfektionsjuden«, so wurde behauptet, trieben mit ihren großen Geschäften den Mittelstand und Einzelhandel in den Ruin.

Der Einfluss der internationalen Mode auf die Bekleidung der deutschen Frau sei »geistiges Kokain« und diene der »Verdummung«. Die jüdischen Modehäuser seien für die »Vergiftung« des Deutschtums verantwortlich zu machen. Nach diesem Schema produzierte die NS-Presse ständig neue Artikel, die die Stimmung gegen die Juden weiter anheizen sollten.

So berichtet das SS-Blatt *Das Schwarze Korps*:

> *Bahnhof Zoo. – Sonderzug nach Paris. Welch ein Gedränge! Jeder kennt jeden. Man ist unter sich. Die Branche trifft sich zur Fahrt nach Paris: der Konfektionszug. Er fährt zweimal im Jahr, zum Herbst und zum Frühjahr [...]. In Paris wird man sehen, welche Stoffe, Kleider, Mäntel und Hüte man für das deutsche Volk zu machen hat. Es winken neue Geschäfte! Das Publikum ist dressiert auf den ausländischen Geschmack und wenn man einer anspruchsvollen Kundin deutsche Modelle zeigt, wird sie französische wünschen [...]. Der nationalsozialistische Staat hat alle Kultur- und Wirtschaftsgebiete neu organisiert, um sie dem Gesamtwohl des deutschen Volkes dienstbar zu machen. Die wohlverstandenen Privatinteressen sollen nur in Übereinstimmung mit dem Wohl der Allgemeinheit gewahrt werden. Darin liegt die wirtschaftliche Moral der Volksgemeinschaft. Selbstverständlich kann auch die Mode dieser Zielsetzung nicht entzogen werden, und es wäre folgerichtig, wenn auch sie noch in besonderer Weise in den Dienst für Staat und Volk einbezogen würde [...]. So ist auch die Mode keine ›rein private oder rein wirtschaftliche‹ Angelegenheit der Unternehmer mehr. Sie gehört zur Kultur eines Volkes. Ihre originalen Schöpfungen sind künstlerische Leistungen. Ihre Qualität nützt oder schadet dem Ansehen der Nation. Es liegt daher im eigensten Interesse des Staates, dass die Mode in Deutschland soweit wie irgend möglich als Kampfmittel nicht nur für unsere wirtschaftlichen, sondern auch für unsere kulturellen Interessen eingesetzt wird [...], daß eine Führung der Mode zum Wohl der Allgemeinheit möglich und nötig ist: durch die positive Zusammenarbeit der drei beteiligten Gruppen: der verantwortlichen Behörden mit den modeschaffenden Künstlern und mit der Modewirtschaft in Handwerk und Industrie [...].*[65]

Bevorzugt widmete sich *Das Schwarze Korps* mit seitenlangen Artikeln angeblichen amourösen Abenteuern. Im Mittelpunkt stand zumeist eine kurze Story, der zufolge sich ein »Konfektionsjude« einem Mannequin genähert haben soll. Es folgte die Stigmatisierung.

> *Es geht nicht an, daß jüdische Konfektionäre diese Mädchen mit ihrem Privatleben zu verquicken versuchen, indem sie ihnen als ›Lohn für Fleiß und Tüchtigkeit‹ in Aussicht stellen, sie wegen Unabkömmlichkeit dem Arbeitsdienst zu entziehen.*[66]

Verbunden wurde dies mit der Aufforderung zur Denunziation. Tatsächlich wurden solche Geschichten immer wieder aufgetischt, millionenfach verbreitet und dazu benutzt, sich eine moralische Legitimation zu verschaffen, um gegen »die Juden« vorzugehen. So wird in dem o. g. Artikel auch ein Urteil lobend erwähnt, nach dem ein »jüdischer Arbeitgeber« wegen sexueller Kontakte zu einem »jungen Mädchen« zu zweieinhalb Jahren Zuchthaus verurteilt wurde.

In regelmäßig veröffentlichten Kommentaren griff das Blatt auch die noch erscheinenden Modezeitschriften wie *Elegante Welt* oder *Die Dame* an. Diese Periodika waren es, die sich noch mit großer Ausführlichkeit der Modeberichterstattung aus Paris widmeten. Selbst 1938 schrieb *Die Dame* noch ihre heute fast poetisch anmutenden Modeberichte und war somit den Redakteuren des SS-Blattes besonders verhasst. Dies hing wohl auch mit der Geschichte des Journals zusammen.

DIE DAME. MODEZEITSCHRIFTEN IM VISIER DER NAZIS

1912 kaufte der Zeitungsverleger Leopold Ullstein die *Illustrierte Frauenzeitung* und wandelte sie in das Journal *Die Dame* um, das ab März 1912 in regelmäßiger Folge erschien. Neben dem *Bazar* – 1855 gegründet – war *Die Dame* die älteste Modenzeitung in Deutschland. Ein in guter technischer und inhaltlicher Aufmachung herausgebrachtes Blatt, das sich mit anderen europäischen Frauenzeitschriften messen konnte.

Redaktionell hatten diese zwei wichtigsten Modeblätter und die ebenfalls in Berlin hergestellte *Modenwelt* ihre Vorbilder in Paris. Themen waren die internationalen Modeberichte, die Modellschauen in Berlin und Gesellschaftsklatsch. Theater, Film, Musik und Literatur fanden ausreichende Berücksichtigung, die »wichtigen Unwichtigkeiten« wurden thematisiert. In den 1920er Jahren wandelte sich das Blatt unter der Chefredaktion von Kurt Korff zu einem Berliner Modejournal mit internationalem Ansehen.

Die Dame reflektierte die kulturellen Impulse aus der zur Weltmetropole gewordenen Stadt Berlin. Korff gewann viele neue Autoren wie Bertolt Brecht, Robert Walser, Max Brod, Joachim Ringelnatz, Peter Altenberg, Vicki Baum, Stefan Zweig, Arthur Schnitzler, Carl Zuckmayer, Alfred Polgar und viele andere, die im intellektuellen und künstlerischen Leben Berlins und Deutschlands etwas galten. 1926 erreichte das Journal eine Auflage von 55 000 Exemplaren und war auch im modischen Bereich tonangebend. Nicht zuletzt waren daran auch die hervorragenden Fotografen und Zeichner mit ihren Bildberichten beteiligt. Das legendäre Foto der *Mme. d'Ora* mit Josephine Baker wurde ebenfalls in der *Dame* gedruckt.

Einschneidende Veränderungen kennzeichneten sehr bald nach Hitlers Machtantritt die redaktionelle Arbeit des Journals, wie überhaupt der ganzen Presse. Am 1.4.1933 emigrierte Kurt Korff nach England, weil er ahnte, wohin die NS-Diktatur steuerte und er sich als Jude nicht mehr sicher fühlte. Emanuel Reindl, ebenfalls jüdisch, übernahm die Redaktion trotz der ihm entgegenschlagenden Feindschaft. Zunächst wehrte sich das Haus Ullstein erfolgreich gegen den *Reichsverband der deutschen Presse*, der die Entlassung aller jüdischen Redakteure forderte. Kurt Szafranski, Leiter der Bildredaktion, führte das Journal *Die Dame* unter erschwerten

Bedingungen recht erfolgreich weiter, ohne einen opportunistischen Kurs gegenüber den Nazis einzuschlagen. Das machte ihn angreifbar. Die deutsche *Kultur-Wacht* schrieb 1933:

> *Wie sehen nun die Illustrierungen aus, die der Jude Szafranski im Haus Ullstein leitet? Die Hausphotographen des Hauses Ullstein heißen: Salomon, Munkasci, Balassa, d'Ora (Horovitz), Yva, Binder und Marcus. Es ist kein einziger Arier darunter. Die »Dame« vom 2. April enthält von deutschen Photographen zwei Bilder, 21 von Juden und acht zweifelhafte [...], die ›Dame‹ vom 1. Juli zeigt fünf Bilder von Ariern, 25 von Juden [...]. Dabei treten diese Hausjuden mit ganzen Serien in einem Heft auf [...].*[67]

Selbst nach der Aufhebung der Pressefreiheit im November 1933 und der »Übergabe« des Hauses Ullstein an die *Deutsche Bank und Diskontogesellschaft* im Juni 1934 ebbten die Angriffe auf die Arbeit der Redaktion nicht ab. Trotzdem scheuten die Nazis davor zurück, diese dem Anschein nach unpolitische Zeitschrift vom Markt zu nehmen. Die Redaktion bemühte sich weiterhin, regelmäßige Modeberichte aus Paris zu bringen.

Nach der Emigration Szafranskis 1937 führte *Das Schwarze Korps* seine Hetzkampagnen fort, besonders gegen die Pariser Korrespondentin Helen Hessel. Dass sie die Frau des jüdischen Schriftstellers Franz Hessel war, mag ein zusätzlicher Grund gewesen sein.

> *Die Frontberichterstatterin der »Dame« schreibt von Paris. Jawohl, sie schreibt aus Paris, unterzeichnet mit dem schönen Namen Helen. Bei Gott, da kam es uns doch in die Beine, zu pfeifen: Ich hab' das Fräulein Helen schreiben gesehen, es ist kaum zu verstehen! [...] Und genauso wie unsere durch und durch pflaumenblau, Honiggelb, Erikarot und Rehbraun aufgereizte Phantasie sich Fräulein Helen vorstellte, genau so ist sie bildlich neben ihrem erschütternden Modeschmus erschienen. Wir können es uns nicht vorbehalten, diesen letzten Schrei westlich genormter Weiblichkeit hier unseren Lesern wiederzugeben.*
>
> *Die personifizierte Bleichsucht hinterm Gänsekiel [...]. Wenn Fräulein Helen sich nicht jenseits der Reichsgrenzen unserem Zugriff entziehen könnte, wir würden sie zwingen, ihre Berichte mit Gänsekielen bei Petroleumlicht niederzuschreiben, wir würden ihrer Schriftleitung die Aufgabe geben, täglich mindestens zwanzig solcher Gänsebriefe gleichfalls bei Petroleumlicht in Reinschrift zu übertragen.*
>
> *Zwischen den Bildern modisch verrenkter Mannequins wispert es im Modetext der ›Dame‹ leise und zart, ganz neckisch und pflaumig, von Romanze [...]. Wir haben hier im ›Schwarzen Korps‹ schon gegen manche Front gestanden und haben hinter die Verlogenheit manchen Bekenntnisses geleuchtet, wir werden auch dieses Bekenntnis zu Scharm und Romantik hier rücksichtslos entlarven, damit auch diese Bekenntnisfront der Modenarren als das erkannt wird, was sie tatsächlich ist: ARTFREMD TROTZ ALLER ARISIERUNG!*[68]

Es ist schon erstaunlich, mit welch harmlosen Texten Helen Hessel die Schreiber des *Schwarzen Korps* damals völlig aus der Fassung brachte. Die Mode-Berichterstattungen in der *Dame,* die nicht mit der Diktatur konform gingen, hatten angesichts der gleichgeschalteten Presse während der Nazizeit für die Leserschaft eine enorme Bedeutung. Dazu kam, dass dieses Magazin selbst in Kriegszeiten noch immer Tipps gab, wie aus den wenigen zur Verfügung stehenden Mitteln noch etwas Schönes genäht werden konnte. Sicher waren es die vom Alltag ablenkenden kleinen Geschichten und die praktischen Ratschläge, die diese Zeitschrift so beliebt machten, nicht nur unter den Frauen. Im März 1943 stellte *Die Dame* aufgrund der kriegsbedingten Notwirtschaft ihr Erscheinen ein. Allerdings nicht, ohne in einem Abschiedsartikel an die Leserschaft zu betonen, »daß es uns nicht leichtfällt, gerade jetzt den Kontakt mit unserer Leserschaft zu unterbrechen«.

Im Wesentlichen konzentrierte sich die Darstellung und auch Produktion von modischer Kleidung nach 1938 auf den Export. Der redaktionelle Teil der Modeblätter oder Modebeilagen wie in der *Berliner Illustrierten Zeitung* stellte nach Kriegsanfang 1939 sogenannte »Spartips« in den Vordergrund. Aus getragener Kleidung sollte etwas Neues, »Flottes« hergestellt werden. Propagandistisch wirksam lichtete man handarbeitende Frauen des Diplomatischen Korps ab, die sich in der italienischen Botschaft trafen, um Strümpfe für deutsche Frontkämpfer zu stricken. Das Journal *Die Dame* bekam eine Auslandsbeilage, in der um Exportkunden der geschwächten Berliner Konfektion geworben wurde.

Traditionell hatten die Modezeitschriften für die Konfektion eine große Bedeutung. Darin konnten die Konfektionsfirmen ihre neuen Modelle präsentieren, um so einen größeren Kreis von Interessierten zu erreichen. Aber auch die Anzeigenwerbung war für diese Firmen wichtig, wenngleich nicht in dem heute gekannten Ausmaß. Diese Möglichkeit bestand nach 1936 nicht mehr. Um jedoch weiterhin Kontakt zur Kundschaft zu halten, griffen daher einige der noch von Juden geführten Konfektionsfirmen auf Werbebriefe und Postwurfsendungen zurück. Im Juni 1938 wurde auch diese Möglichkeit unterbunden.

Ein weiterer Schritt auf der publizistischen Ebene zur Isolierung der jüdischen Modeschaffenden und Gewerbetreibenden im Textilsektor war die »Arisierung« der Fachzeitschriften. Hier sind besonders die *Textil-Zeitung* und *Der Konfektionär* zu nennen. Die beiden Zeitungen waren neben den informellen Gesprächen, die in der Branche geführt wurden, die wichtigsten Informationsquellen der Bekleidungsbranche. Alles, was in der Welt an wirtschaftlichen Veränderungen geschah und etwas mit der Textil- und Bekleidungswirtschaft zu tun hatte, wurde von den Auslandskorrespondenten zusammengetragen. Termine für Modenschauen, Trendberichte, Firmengründungen und Konkurse, Rohstoffpreise, Zollgrenzen und vieles mehr dokumentierten einen regen Wirtschaftszweig.

Der Konfektionär wurde 1886 quasi als Begleitumstand der aufblühenden Modeproduktion in Deutschland von Leopold Schottlaender gegründet, der bis die Zeitschrift bis zu seinem Tod 1919 leitete. Sein Nachfolger war Erich Greiffenhagen bis zu seiner Emigration 1933, denn zu diesem

Von den Nazis als »artfremd« gebrandmarkt: *Die Dame*, die sich in den 1920er Jahren (hier Titelbild von 1927) als mondäne Zeitschrift für Kultur, Mode und Gesellschaft etabliert. Sogar George Grosz, Bertolt Brecht oder Hannah Höch arbeiten mit dem freigeistigen, feministischen Magazin zusammen. 1937 enteignet und »arisiert«, muss sie 1943 ihr Erscheinen einstellen.

Zeitpunkt wurde *Der Konfektionär* von den NSDAP-Redakteuren »arisiert«. Greiffenhagen flüchtete zuerst nach Paris, dann mit Frau und Tochter in die Vereinigten Staaten. Nun trug das Blatt den Untertitel: *Deutsche Textilkultur in Kleid und Heim*. Zehn Jahre später wurde die Zeitschrift eingestellt. Aus der *Textil-Zeitung* wurde 1936 die *Neue Textil-Zeitung*, was gleichzeitig die fortschreitende Enteignung jüdischer Firmen dokumentierte. Von nun an musste sogar ein Reißverschluss als deutscher Reißverschluss bezeichnet werden.

Besonders aktiv in der Verfolgung, Erpressung und Denunzierung von Juden in der Bekleidungsindustrie war *Der Stürmer* von Julius Streicher. Hier ließen sich propagandistisch und voller Aggression vor allem diejenigen aus, die dem NS-Staat ergeben dienten. Wem der Zugang zur Presse fehlte, veröffentlichte seinen Hass auf die »jüdische Mode« auch gern im Eigenverlag. So erschien 1935 von Harald Riecken das Pamphlet *Die Männertracht im neuen Deutschland*:

Körperlich wohlgeformte Menschen, rassisch hochwertige Völker und Zeiten wollen auch durch die Kleidung berechtigten Körperstolz sprechen lassen. Minderwertigkeitssucht sucht durch die Kleidung körperliche Mängel zu verbergen, Rassenunterschiede zu verwischen. Sie schiebt die Kleidung in den Vordergrund, drängt den Körper in die Rolle des wesenlosen Kleiderständers. So legt jeder Mensch, jedes Volk, jeder Zeitabschnitt durch seine Kleidung Zeugnis ab von seiner Kraft oder Schwäche, seinem Wert oder Unwert [...]. Dein Körper verweichlicht, verliert Frische und Widerstandsfähigkeit, wird krank, weil Deine Kleidung ihn zu sehr von Luft und Licht absperrt [...]. Deine Gedankenlosigkeit wird gestraft an Deinen Nachkommen. Und für sie kämpft Deutschland jetzt [...]. Juden beherrschen den Kleidermarkt. Die Mehrzahl aller Kleiderfabriken der ganzen Welt ist in jüdischen Händen. Ein erschreckendes Beispiel dafür bot die Berliner Großkonfektion der ersten Nachkriegsjahre [...] Fast alle Modezeitschriften mit ihrem faden, widerlichen, grenzenlos undeutschen Gewäsch unterstanden Juden oder atmeten jüdischen Geist [...]. Ist es da verwunderlich, daß Juden diese ihre Jagdgründe zu ihrem Nutzen und im Interesse ihrer Rasse verwalteten? Konnte dabei ein anderer als jüdischer Stil herauskommen? [...] Also soll sich das deutsche Volk durch seine Modefabrikanten nicht beirren lassen, sondern seinen Willen zur Abkehr vom volksfeindlichen Modegeist aller nicht mehr zeitgemäßen Modeerzeugnisse bekunden. Gar bald wird sich dann eine Umstellung zu gesunder Volksbekleidungswirtschaft vollziehen. Über allen Wirtschaftsinteressen aber steht der Volksgesundheitsdienst als Mittel des rassischen Aufstiegs. [69]

Zwischen dem »Blutstrom und dem inneren geistigen blutgebundenen Wesenskern dieses Volkes«, den der Bauhaus-Lehrer Johannes Itten beschwor, und den rassistischen Einlassungen Harald Rieckens lagen keine entscheidenden Unterschiede. Riecken formulierte lediglich – schon vor Itten – den Antisemitismus noch konsequenter, von dem beide beseelt waren.

Gerda Greiffenhagen, Tochter des Verlagsdirektors und Chefredakteurs von *Der Konfektionär*, auf einem Kostümball der Reimann-Schule für Modegestaltung, Berlin 1931

In diesem Zusammenhang muss in Erinnerung gerufen werden, dass parallel zur Verfolgung der jüdischen Modeschaffenden auch die Modepresse in ihrer ursprünglichen Qualität, wie sie sich in den 1920er Jahren entwickelt hatte, von den Nationalsozialisten zerstört wurde. Marietta Riederer arbeitete damals für die *Frankfurter Zeitung* in Paris und berichtete über ihre Zeit dort als Modezeichnerin und Journalistin:[70]

»Bevor ich nach Berlin zur Reimann-Schule ging, lernte ich zuerst in den Münchner Lehrwerkstätten und an der Akademie. Da man aber über die Reimann-Schule Großes sagte und ich hier ein Stipendium bekam, ging ich nach Berlin. Die Lehrer waren hier sehr gut, obwohl ich darüber erstaunt war, daß hier wohl eine Ausbildung für höhere Töchter stattfand, die sich die Zeit vertreiben wollten. Wir zeichneten so ziemlich alles, von Hühnern über Drapierungen bis zum Akt. Sehr schön fand ich das alles nicht. Habe dann aber doch bei einem Wettbewerb für das große Faschingsfest der Schule mitgemacht und groteskerweise einen Preis mit der unerhörten Summe von 450 Mark gewonnen. Das war damals eine umwerfende Summe. Da faßte ich den Entschluß: jetzt gehst du nach Paris. Das war so 1928.

Über München hatte ich noch sehr gute Beziehungen zur ›Frankfurter Zeitung‹. Mit mehreren Begleitbriefen an Helen Hessel und Herrn Sieburg, beide arbeiteten für das Blatt in Paris, ging ich zu meinen Eltern und sagte ihnen, daß ich nach Paris reisen würde. Daß die das erlaubt haben, war eigentlich ganz unwirklich.

Für mich ging in Paris der Himmel auf, als mich Frau Hessel zum ersten Mal mit zu den Pariser Couture-Schauen mitnahm. Sie riet mir auch, extra kupfergestochene teure Visitenkarten mit meinem Namen, der Zeitung, meinem Hotel, der Telefonnummer natürlich auch, drucken zu lassen. Mit diesen Kärtchen flogen mir bei allen Modenschauen die Türen auf, denn die ›Frankfurter Zeitung‹ war die beste Zeitung Deutschlands, viel besser als ›Die Dame‹ oder andere. Frau Hessel schrieb die Artikel und ich zeichnete dazu. Inzwischen bekam ich von der Redaktion auch meinen Journalistenausweis und habe viele Tage in meinem kleinen Hotelzimmer gesessen und gezeichnet. Paris war halt das Kulturzentrum der Mode, die Deutschen hatten nicht so ein Fingerspitzengefühl für die Mode. Die Modeschaffenden bekamen hier alles, was sie brauchten, es gab ganze Stadtviertel, wo man Mode und was dazugehört einkaufen konnte.

Die Machtübernahme der Nationalsozialisten bekam ich über die Hessels und die Redakteure um Benno Reifenberg mit. Die erzählten, daß alles unerhört brenzlig wurde. Bald kamen dann auch die ersten Schwierigkeiten mit den Geldüberweisungen. Das wurde alles sehr ungemütlich. Leute, die aus Berlin weggingen, erzählten uns, was los war. Obwohl wir 1934 schon manchmal gehungert haben, weil wir kaum noch Geld hatten, waren wir froh, in Paris zu sein. Und wenn wir Glück hatten, kam manchmal jemand aus Deutschland und lud uns zum Essen ein.

Ich bin dann aber doch noch 1934 nach München zurückgekehrt und fing als Lehrkraft in der Meisterschule für Mode, im Fach Zeichnen, an zu arbeiten. Hin und wieder bin ich noch nach Paris gefahren und wurde, wie andere auch, dann vom ›Schwarzen Korps‹, der Zeitung der SS, angegriffen. Die schrieben, wir seien zu stark geschminkt, und ärgerten sich darüber, daß wir die Schauen der Haute Couture ansahen. Die Leiterin der Meisterschule nahm uns vor diesen Angriffen in Schutz. Deshalb beobachteten die Nazis auch sehr genau, was an der Schule passierte. Manchmal wurden wir sogar in der Straßenbahn wegen unserer Schminke angepöbelt, oder weil wir auf der Straße rauchten. Ich hatte in der Zeit auch so einen kleinen Anhänger mit einem winzigen afrikanischen Kopf darauf, das war eine Krawattennadel aus der Biedermeierzeit, auch deswegen wurde ich von NS-Männern angesprochen: »Einen Neger hat sie auch noch«, sagten die dann.

Ich habe mir große Mühe gegeben, nicht für Nazi-Blätter zu arbeiten, das habe ich abgelehnt. In München fing ich schon an, für ›Die Dame‹ zu arbeiten. Doch die Zeichnungen wurden langsam von den Modefotos verdrängt. Dem Publikum und den Lesern gefiel das besser. Die Frauen sahen sich auf dem Fotodokument besser wiedergegeben. Das war auch der Grund, warum ich mit dem Schreiben anfing. Nebenbei habe ich aber noch weiter gezeichnet, z. B. Trachten, denn die waren ja volkstümlich.
In München wurden alle Lodenarten mit viel Schmuck ausprobiert. Nach Berlin kam ich durch ein uraltes Berliner Blatt, ›Die Modenwelt‹, das sollte verjüngt werden, und ich fing hier als Moderedakteurin an.

Noch bei den Olympischen Spielen 1936 in Berlin hofften wir aber alle, das Ganze könnte mit Hitler nicht so schlimm werden. Wenn man eine so schöne Olympiade veranstalten konnte, so meinten wir, könne doch alles noch gar nicht so kaputt sein, obwohl es in den Verlagen schon ganz furchtbar war. Man wurde bespitzelt, hatte Angst, etwas zu sagen. Es war nicht klar, mit wem man offen reden konnte, wo man lieber flüstern sollte. Da gab es auch eine Begebenheit: Ich wurde in der Redaktion mit dem Spitznamen Schnauze getauft. Wenn dann plötzlich jemand kam, der störte, rief irgendjemand ›Schnauze!‹ und jeder wußte Bescheid: jetzt halte deinen Mund.

Es wurden ja auch Leute von den Nazis in die Redaktionen gesetzt, die alles beobachten sollten, in der ›Modenwelt‹ war auch einer. Früher gehörte die Zeitung zum Ullstein-Verlag, die Nazis haben den Verlag 1934 in den ›Deutschen Verlag‹ geändert. Von diesem Aufpasser wurde mir auch einmal gesagt, daß auf einer Zeichnung von mir die Handtaschen aussähen wie Vogelkäfige. Da fiel es mir schon sehr schwer, das zurückzuziehen. Die Modelle sollten auch immer die angeblich blauen Augen des Führers haben. Das war alles schon sehr furchtbar. Doch ist eine umfassende Kontrolle nicht immer gelungen. So arbeitete auch der Sebastian Haffner bei uns in der Redaktion, er redigierte die Artikel. Als er nach England ging, waren wir sehr betroffen, das muß so 1939 gewesen sein. Nach dem Krieg besuchte er mich eines Tages in München. Er stand mit einer englischen Soldatenuniform vor meiner Tür. Das war eine riesige Überraschung. Einige Zeit später, bei ›Constanze‹, einem neuen Modemagazin in Westdeutschland, arbeitete, hörte ich ihn im Radio sprechen. Seine Stimme erkannte ich, aber der Name Sebastian Haffner war mir fremd. Ich kannte ihn nur unter dem Namen Raimund Pretzel, seinem Decknamen aus der Zeit der Arbeit bei der ›Modenwelt‹. Unter diesem Namen schrieb er damals auch für ›Die Dame‹ Kurzgeschichten. Selbst nach dem Krieg stand er noch unter diesem Namen im Münchner Telefonbuch…«

Marietta Riederer bezog sich damit auf den vor allem durch seine historischen Sachbücher berühmt gewordenen Sebastian Haffner (1907–1999), der tatsächlich als Raimund Pretzel geboren wurde. Der studierte Jurist hatte wie kaum ein anderer eine Ahnung davon, was Hitler für Deutschland und die ganze Welt bedeutete. Als seine spätere Frau als Halbjüdin eingestuft wurde, verließ er mit ihr Deutschland und ging nach London, wo er unter seinem Pseudonym *Haffner* 1940 in seinem ersten Buch *Germany: Jekyll & Hyde* den Briten die Deutschen und Hitler erklärt. Nach seiner Rückkehr nach Deutschland behielt er sein Pseudonym bei, verfasste weitere historische Bücher, publizierte für die Zeitschrift *Stern* und wurde in den Medien ein gern gesehener Gast.

Doch zurück zum Hausvogteiplatz ins Jahr 1939, an dem inzwischen kaum ein Jude mehr zu finden war. Die Nationalsozialisten und ihre willigen Helfer hatten ganze Arbeit geleistet. Auch an diesem vormals so jüdischen Platz hatten sie die »Übermacht der Juden« an das »deutsche Volk« zurückgegeben. Doch war die Konfektion tatsächlich in solch einem Ausmaß in jüdischer Hand, wie die Partei, ihre Verbände und Kammern der Öffentlichkeit weismachten?

Vor dem Wintergarten-Varieté in Berlin, Straßenbild 1920er Jahre. Viele Konfektionäre arbeiten hier nebenbei als Kostümgestalter für die Revuen, u.a. mit Josephine Baker

Mannequins bummeln über den Kaiserdamm, Berlin 1925

FOL.

Postscheck-Konto
Berlin Nr. 3563.

GIRO-CONTO BEI DER REICHSBANK

BERLIN, DEN 14. Juni 191 3.

HERRMANN · GERSON

HOFLIEFERANT SR. MAJ. DES KAISERS UND KÖNIGS
JHRER MAJ. DER KAISERIN UND KÖNIGIN

TELEGRAMMADRESSE FÜR DAS HAUS WERDERSCHER MARKT 5-6 (MODEWAREN, CONFEKTION, PUTZ, SEIDE) „MODEGERSON" TELEPHON AMT ZENTRUM № 11780-11787

TELEGRAMMADRESSE FÜR DAS HAUS WERDER STRASSE 9-12 (MÖBEL, TEPPICHE, GARDINEN, EINRICHTUNGEN) „FURNITURE" TELEPHON AMT ZENTRUM № 11680-11684

PARIS — BERLIN W. 56 WERDERSCHER MARKT 5-6 — LONDON

RECHNUNG FÜR Frau Gräfin Anna Reventlow
Hochgeboren Uetersen

Sie empfangen anbei in — Kiste / Packet D № 2485

28954	-,75	Crêpe de chine	7,50	5,60
		Färben		2,50
		Pr.		50
				8,60

Herrmann Gerson, einer der erfolgreichsten Berliner Konfektionäre, war bis zur Abdankung des deutschen Kaisers auch Hoflieferant. Hier lieferte das Modehaus Gerson einen »Crêpe de Chine« an Gräfin Reventlow, Rechnung von 1913

WIE JÜDISCH WAR DIE KONFEKTION?

IGNORANZ UND BOSHEIT

Ganz unberechtigt werden Modeschaffende, vor allem die Designer, immer wieder als wenig intellektuell dargestellt. Das war schon im 19. Jahrhundert der Fall. Es wird ihnen nachgesagt, sie kennen, anders als zum Beispiel Regisseure, Maler, Schriftsteller oder Schauspieler, kaum den Unterschied zwischen schönem Schein und Realität. Vor lauter Eitelkeit und Selbstbespiegelung würden Modegestalter nur an sich, an Geld und an eben nichts anderes denken. Das ist ein absurdes Vorurteil, ohne Frage. Gleichzeitig zieht sich durch die Geschichte der Modeschöpfer und Modeproduzenten nach 1945 ein roter Faden von bösartiger Ignoranz.

Als im Oktober 1962 in Berlin der *Interessensverband der Damenoberbekleidung* das 125-jährige Jubiläum der Berliner Konfektion feierte, wurde die Zeit des Nationalsozialismus und der Enteignungen jüdischer Modefirmen durch eben die hier Feiernden als Randepisode dargestellt. Das ist und bleibt erstaunlich. Der Modegestalter Detlev Albers, ein erfolgreicher Star der Szene, brachte den Zeitgeist mit seiner Bemerkung, die Enteignungen der Juden in der Modeindustrie seien für viele ein »einmaliger Glücksumstand« (siehe Seite 227ff.) gewesen, unverhohlen auf den Punkt. Und er hatte damit Recht, denn ohne die Konfiskation jüdischer Modefirmen wäre vielen der Aufstieg in der Nachkriegszeit kaum gelungen. Die jüdischen Modefirmen als Konkurrenz gab es nicht mehr, die Eigentümer waren emigriert oder wurden ermordet.

Bei späteren Veranstaltungen, so auch beim 150-jährigen Jubiläum der *Berliner Modeindustrie*, kam es nicht einmal mehr zur Nennung der jüdischen Firmen, die die Grundlagen der Entwicklung für eine Mode in Berlin seit 1836 schufen. Diese Verleugnung der eigenen Geschichte und damit der jüdischen Beteiligung am Erfolg hat auch viel mit einem strukturellen Antisemitismus in der Modebranche zu tun. Das Vorurteil, »die Juden beherrschen die Berliner Konfektion«, diente aber auch dazu, die eigene Raffgier zu befriedigen.

Mit solch einer getrübten Geschichtsauffassung ist dann auch erklärlich, dass der *Berliner Modeverband* in den Jahren nach 1945 die alten Losungen der Nationalsozialisten erneut aufgriff. Dazu gehörte die Legende von der angeblichen »jüdischen Konfektion«, die den »arischen Mittelstand« ruiniert hätte. So gehörte es zu den kolportierten Standards alter Modeschöpfer im westlichen Berlin, von einer Dominanz der Juden zu schwadronieren: »[...] fast 80 Prozent der Berliner Konfektion waren im jüdischem Besitz.«[71] Nun, es waren nicht 80 Prozent, sondern ca. 49 Prozent. Aufgrund des relativ hohen prozentualen Anteils von Juden in der Konfektion – gemessen am Bevölkerungsverhältnis zwischen Juden und Nichtjuden –, wurde wie zuvor bei den Nazis behauptet, die gesamte Konfektion sei in jüdischem Besitz gewesen. Doch solche Ansichten machten längst nicht nur im Bereich der Konfektion die Runde. Sebastian Haffner liefert hierfür in seiner *Geschichte der Deutschen* eine treffende Begründung:

> *Indem die Nazis irgendjemand – ein Land, ein Volk, eine Menschengruppe – öffentlich mit dem Tode bedrohten, brachten sie es zustande, dass nicht ihre, sondern seine Lebensberechtigung plötzlich allgemein diskutiert – d.h. in Frage gestellt wurde. Jeder fühlte sich auf einmal bemüßigt und berechtigt, sich eine Meinung über die Juden zu bilden und sie zum besten zu geben. Man machte feine Unterscheidungen zwischen »anständigen« Juden und anderen; wenn die einen, gleichsam zur Rechtfertigung der Juden – Rechtfertigung wofür? Wogegen? – ihre wissenschaftlichen, künstlerischen, medizinischen Leistungen anführten, warfen die anderen ihnen gerade dies vor: Sie hätten Wissenschaft, Kunst, Medizin »überfremdet« [...]. Man liebte überhaupt, die »Judenfrage« mit Prozentrechnung zu entscheiden. Man untersuchte, ob der prozentuale Anteil der Juden an der Mitgliederzahl der Kommunistischen Partei nicht zu hoch, und der an der Gefallenenzahl des Weltkrieges nicht etwa zu niedrig sei. [...] Nun ist es wohl heute keinem mehr zweifelhaft, daß in Wahrheit der nazistische Antisemitismus so gut wie nichts mit den Juden, ihren Verdiensten und Fehlern, zu tun hat.«*[72]

Es soll an dieser Stelle nicht darüber spekuliert werden, wie tief antijüdische Ressentiments in der Bekleidungsbranche noch heute sitzen. Doch das Gerede von der quantitativen »Überlegenheit der Juden« in diesem Wirtschaftszweig bis 1933 diente so manchem ambitionierten Modeschöpfer als Legitimation für die Vertreibung der Juden aus der Bekleidungsindustrie.

Die wenigen deutschen Modefirmen heute, die scheinbar alle einem geschichtslosen Raum entstiegen sind, halten sich bei der Erforschung ihrer eigenen Geschichte zurück. Prominente Ausnahmen bilden da Firmen wie *C&A*, *Hugo Boss* und *Loden Frey*, die öffentlich ihre Unternehmensgeschichte aufgearbeitet und sich dazu positioniert haben. Doch dafür mussten viele Jahrzehnte ins Land gehen, wie am Beispiel von *C&A* deutlich wird. Erst 2016 hat sich das Unternehmen mit den Verbrechen auseinandergesetzt, an denen es während der Zeit des *Nationalsozialismus* beteiligt war. Das niederländische Unternehmen der Familie Brenninkmeyer mit deutschen Wurzeln in Mettingen ließ im Dritten Reich nichts unversucht, um aus der brutalen Offensive gegen Juden Profit zu schlagen. Brenninkmeyers exzellente Kontakte nach ganz oben zeigt ein Brief aus dem Jahre 1937 an Hermann Göring, in dem der Mythos der jüdischen Vormachtstellung in der Mode thematisiert wird:

Wir waren eines der Unternehmen, die vor dem Kriege in die Vormachtstellung eindrangen, die der jüdische Textileinzelhandel besaß, und haben uns gegen die Kapitalmacht der gesamten jüdischen Konkurrenz durchsetzen müssen und durchgesetzt. Es ist seit der Gründung niemals ein Nichtarier bei uns beschäftigt gewesen. [...] Die Familien Brenninkmeyer sind rein arisch und nachweisbar seit dem Anfang des Jahrhunderts in Mettingen in Westfalen ansässig.[73]

Die Brenninkmeyers in Deutschland spendeten außerdem Millionen Reichsmark an die sogenannte Winterhilfe der nationalsozialistischen *Volkswohlfahrt*, mit der vor allem Geld für den Krieg gesammelt wurde, und schenkten Hermann Göring zum Geburtstag regelmäßig kostbare Gemälde, unter anderem das *Abendmahl Christi* von Lucas Cranach dem Älteren.

Wie erst seit Kurzem bekannt ist, waren acht der Berliner *C&A*-Filialen ursprünglich in jüdischem Besitz. Doch auch außerhalb Berlins hat der Textilriese dunkle Spuren hinterlassen. In kleineren Städten setzten die Nazis ohnehin schon weit früher als in Berlin ihre Ziele durch. Eines der berühmtesten Beispiele für den eiskalten Umgang mit jüdischen Unternehmern in kleineren Städten ist das Schicksal der jüdischen Schneider Chaim und Fanny Bialystock vom Herrenausstatter *Adler* aus Bremen: Wieder war es das Unternehmen *C&A*, das hier zugriff, aber den geforderten Kaufpreis um ein Viertel kürzte. Fanny Bialystock gab aufgrund des Drucks nach, bat aber, bis zu ihrer Ausreise noch unentgeltlich in ihrer Wohnung verbleiben zu können. Sie durfte zwar bleiben, musste aber dafür Miete zahlen. Als in der Pogromnacht 1938 die Scheiben und Türen ihres ehemaligen Unternehmens zertrümmert wurden, hielt *C&A* einen Teil des Kaufpreises zurück, den Schaden sollte die Jüdin selbst bezahlen.

Auch im Ghetto Łódź war *C&A* an der Ausbeutung der Zwangsarbeiter stark beteiligt: Das Unternehmen produzierte dort 1944 satte 22 Prozent seines Gesamtumsatzes. Als die Rote Armee das Ghetto 1945 befreite, lebten von den 70 000 Lagerbewohnern nur noch 1 000. Im Ghetto Łódź ließ auch eine andere Marke ihre Waren anfertigen: *Hugo Boss*. Das Unternehmen mit seinem nationalsozialistischen Firmenchef Hugo Ferdinand Boss ließ dort unter anderem Uniformen für Hitlers Armee herstellen. Boss erhielt als guter Parteikollege bereits in den 1930er Jahren Aufträge über Uniformen für die SA, SS, Wehrmacht und HJ. Erst 70 Jahre später, im Juni 2000, hat die *Hugo Boss AG* ihre Verflechtungen in der Nazizeit durch selbst finanzierte Studien öffentlich gemacht und ist der *Stiftungsinitiative der Deutschen Wirtschaft* zur Entschädigung der Zwangsarbeiter beigetreten.

Ein durchaus langer Weg hin zu einer längst überfälligen Debatte. Die findet im Übrigen bis heute nicht in den Ausbildungsstätten für Modedesign statt; eine Auseinandersetzung mit der Geschichte der jüdischen Opfer aus der Branche fehlt. Egal, ob junge und talentierte Modedesigner, die *Fashion-Week*-Veranstaltungen mit Unterstützung des Bundeswirtschaftsministeriums oder das *Fashion Council Germany* (FCG) – kaum jemand weiß oder möchte wissen, wer die Mitbegründer der deutschen Mode waren und was zwischen 1933 und 1945 geschah. Um zu verstehen, welche Rolle die jüdischen Modemacher in einer kreativen und historisch gewachsenen Symbiose mit den Schneidern spielten, gehen wir erneut in die 1920er Jahre zurück.

DIE TRADITION DER JÜDISCHEN SCHNEIDER

1925 lebten in Berlin 4,1 Millionen Einwohner, davon waren 173 000 Juden. In der gesamten Bekleidungsindustrie Preußens waren im gleichen Jahr 953 351 Personen beschäftigt, die Juden stellten darin einen Anteil von knapp vier Prozent. Speziell in der Konfektion sahen die Zahlen wie bereits erwähnt anders aus – hier waren knapp die Hälfte der Mode- und Konfektionsfirmen in jüdischem Besitz.[74]

Doch egal ob jüdische oder christliche Firma: Sie konnte nur dann effektiv arbeiten und erfolgreich sein, wenn sie gute geschäftliche Beziehungen zu Zulieferbetrieben oder Stoffwebereien unterhielt. Ob es hierbei eine Rolle spielte, ob diese Betriebe von einem Christen oder einem Juden geführt wurden, ist zu bezweifeln. Es entstanden enge Geschäftsverbindungen, ähnlich wie in Paris bei der *Haute Couture,* zwischen allen Beteiligten. Ein weiteres Indiz für die in den 1920er Jahren bestehende Verbindung zwischen Juden und Nichtjuden in der Berliner Konfektion ist z. B. die Tatsache, dass in größeren Konfektionsfirmen oft der kaufmännische Direktor jüdischen, der leitende Konfektionär aber christlichen Glaubens war. Für die meisten war das unbedeutend, man arbeitete gemeinsam in freundschaftlicher Verbundenheit. Dazu kam, dass die Kinder der jüdischen Unternehmer nicht immer der Branche ihrer Väter zugeneigt waren; so nahm nicht selten ein junger, christlicher Konfektionär im Betrieb die Rolle des Nachfolgers oder gar Teilhabers wahr.

In Berlin, der Wiege der Modeindustrie, gab es bis 1930 ca. 43 Prozent jüdische Firmen in der sogenannten *Damenkonfektion,* im Großhandel derselben Branche waren es ca. 72 Prozent, wobei sich die Zahl der Konfektionsbetriebe durch die Wirtschaftskrise und auch die strukturelle Produktionskrise in der Branche bereits Ende der Zwanzigerjahre drastisch verringerte.[75] Die meisten dieser Firmen residierten am bzw. in der Nähe des Hausvogteiplatzes. Über viele Jahre hatten diese immer erfolgreicheren Firmen hier Immobilien und Grundstücke erworben. Wie bereits beschrieben, folgten die modernen jüdischen Großhandelsfirmen für Frauenbekleidung einem eher traditionellen Muster aus der Vergangenheit: Da Juden noch im 18. und 19. Jahrhundert in nur wenigen Berufen arbeiten durften, konzentrierten sie sich vor allem auf den für sie zugänglichen Handel wie beispielsweise in der Textilbranche. Doch selbst nach 1930 hielten jüdische Konfektionäre immer noch an – gemessen am technischen Fortschritt der Zeit – veralteten Produktionsmethoden fest. Das wird vor allem in ihrem zentralen und umsatzstärksten Bereich deutlich: in der Damenmäntelkonfektion.

Erinnern wir uns: Die Damenmäntelkonfektion wurde zuerst von jüdischen Firmengründern im vergangenen Jahrhundert aufgenommen. So renommierte Betriebe wie *H. Gerson, Valentin Manheimer, David Levin* oder die *Fa. Gebr. Manheimer* begannen ihre Erfolgsgeschichte mit der Damenmäntelkonfektion; als Exportartikel war die Berliner Konfektion ebenfalls gefragt. In den 1920er Jahren gab es so bekannte Mantelkonfektionäre wie *Hansen Bang, Norbert Jutschenka, Cohen & Kempe, Loewinberg & Dannenbaum, Ludwig Lesser GmbH, Basch & Kestel, Seeler & Cohn.* Diese Firmen, von denen hier nur ein Bruchteil genannt ist, wurden alle nach 1933 mit Kreditsperren und offener Feindschaft bis hin zum Boykottaufruf zur Aufgabe ihrer Geschäfte gezwungen.

DER LETZTE SCHÖNE TAG
KOSTÜM VON V. MANHEIMER
ZEICHNUNG VON JEANNE MAMMEN

TAFEL 8

Kunst, Kultur, Mode, Gesellschaft in den 1920er Jahren: Hier ein Bild von Jeanne Mammen mit einem Kostüm aus dem Haus Manheimer. Die Karriere der einzigartigen Künstlerin der Moderne endet mit der Machtergreifung der Nazis, später gerät sie in Vergessenheit.

Fragt man nun aber nach einem speziellen Konzept der von Juden geführten Unternehmen, so ist die Antwort einfach: Es gab keines. So wenig wie es einen jüdischen oder christlichen Mantel gab. Der Erfolg jüdischer Geschäftstätigkeit beruhte auf Fleiß, Erfahrung und Verbindungen, die für alle offen standen. Allein die langjährige Branchenerfahrung brachte den einen oder anderen Vorteil und damit auch den Erfolg.

Das in der Vergangenheit verwurzelte ökonomische Denken brachte aber auch Probleme mit sich: Denn die eigentlich in den 1920er Jahren notwendig gewordene Umwälzung der Produktionsweise in der Konfektion blieb aus. Im Rückblick auf die Entwicklung der Berliner Konfektion seit 1900 kritisierte der Sozial- und Wirtschaftswissenschaftler Dr. Alfred Marcus 1931 die insgesamt regressive Tendenz der Branche.

> *Diese praktischen Erfolge [die Produktionssteigerungen der jüdischen Unternehmen der Konfektion in Berlin um 1900] wurden aber nur in geringem Umfange begleitet von einer entsprechenden wirtschaftstheoretischen Schulung [...]. Der wirtschaftliche Gesichtskreis dieser ganzen Kategorie von Berliner jüdischen Kaufleuten blieb, abgesehen von einigen Ausnahmen, bei aller praktischen Tätigkeit außerordentlich eng [...]. Man hat [...] noch heute bei Vertretern der allmählich aussterbenden Generation, die im ersten Jahrzehnt unseres Jahrhunderts auf der Höhe ihres Schaffens standen, den Eindruck, daß die gegenwärtigen Verhältnisse für sie ganz unwirklich sind, obwohl diese Leute einmal sehr real zu denken vermochten. Hieraus resultieren unendlich viele Fehldispositionen, die dazu beigetragen haben, die »Blüte« der Konfektion wieder zu vernichten. Selbstverständlich sind hieran auch [...] die allgemeinen Verhältnisse schuld.*[76]

In erster Linie stand diese Kritik von Marcus unter dem Eindruck der weltweiten Wirtschaftskrise, die auch die Berliner Konfektion mit zahlreichen Firmenzusammenbrüchen erfasste, wie z. B. die Firma *Valentin Manheimer*, die 1931 in größter finanzieller Not verkauft werden musste. Seine Sorge galt aber auch der zukünftigen wirtschaftlichen Existenzbasis der Branche und hatte insofern ihre Berechtigung.

Die Modeherstellung im Berlin der 1920er Jahre war nur in geringem Maße durchrationalisiert. Wie bereits ausgeführt, konnte über kommende modische Richtungen nur spekuliert werden; es galt intuitiv zu erfassen, was vom heimischen Publikum gekauft werden wird, und man musste ein hohes Risiko eingehen, was die Höhe der bestellten Waren anging. All diese Unsicherheiten bestimmten wesentlich das Geschäftsgebaren und den wirtschaftlichen Stand eines Konfektionsunternehmens. Eine reine fabrikartige Kleiderfertigung, wie sie z. B. in Breslau im Stapelgenre betrieben wurde, kam für die in Berlin im gehobenen Genre arbeitenden jüdischen Konfektionäre nicht in Frage.

Nur in begrenztem Umfang gingen rationalisierte Fertigungsmethoden in die Konfektion ein, die zumeist durch neu entwickelte Nähmaschinen möglich wurden. Doch noch immer standen billige Arbeitskräfte in unbegrenzter Zahl zur Verfügung. In den Zwischenmeisterbetrieben und

Heimwerkstätten waren viele jüdische Berliner als Schneider oder Näherinnen mit der manuellen Kleiderherstellung beschäftigt. Sie kamen in der Regel aus Posen oder den östlichen preußischen Provinzen nach Berlin und eröffneten hier kleine Schneidereien.

Einer von ihnen war der in Galizien geborene Isidor Ehrenfreund. Da das Schneiderhandwerk in Galizien zunftfrei war, lernte er mit 13 Jahren seinen Beruf, legte in seiner Geburtsstadt die Gesellen- und Meisterprüfung ab und wanderte nach Berlin aus, um hier zunächst eine Damenmaßschneiderei und später einen Zwischenmeisterbetrieb zu gründen. Der von Ehrenfreund gegangene Weg war für viele der in den 1920er Jahren in Berlin arbeitenden jüdischen Schneider typisch und prägte diesen Berufszweig in der Stadt – und damit auch die Konfektion. In Konkurrenz zu den bekannten und alteingesessenen nichtjüdischen Unternehmen dieser Berufssparte hatten die von Juden gegründeten Schneiderwerkstätten und Zwischenmeisterbetriebe keine besonders starke wirtschaftliche Position.

Leopold Seligmann (5.v.r. am Tisch) mit Mitarbeitern und Mannequins in seiner Firma, 1930

DIE ★ DAME

Heft 23 — Erstes Augustheft 1928 — 55. Jahrgang

Abendmantel für Kurortfeste: Nilgrünfarbener Satinkrepp mit Zobel. Origineller Aermel, mit einer Pelzmanschette, die frei herabfällt. Hierzu: das Kleid auf der nächsten Seite. Modell: Beer.

Phot. d'Ora, Paris

Die Dame, Titelblatt von 1928

Große Konfektionsunternehmen wie die Firma *Herrmann Gerson*, deren Geschäftsführer Hermann Freudenberg war, überließen die Anfertigung ihrer Arbeiten den Betrieben, die sich durch ein hohes Niveau ihrer Schneiderei auszeichneten. Dabei spielten Herkunft oder Religionszugehörigkeit keine Rolle. Die später von den Nationalsozialisten aufgestellte Behauptung, die jüdischen Firmen begünstigten sich ausschließlich untereinander, war eine Zweckbehauptung zur Mobilisierung alter antijüdischer Ressentiments.

Welche Schlussfolgerungen lassen sich abschließend aus den Erkenntnissen über die Konfektion und die jüdische Beteiligung formulieren?
1 – Die Behauptung der Nazis, die gesamte Konfektion in Berlin hätte sich komplett in »jüdischen Händen« befunden oder wäre »verjudet«, ist unrichtig. Die Tatsache, dass ca. die Hälfte der Firmen in der Konfektionsindustrie jüdischen Inhabern gehörte, wurde von ihnen zur Wiederbelebung alter antisemitischer Ressentiments verwendet. Zudem wussten sie, dass die Konfektion für die wirtschaftliche Existenz nicht nur der Berliner Juden größte Bedeutung hatte. 2 – Die starke jüdische Beteiligung in diesem Wirtschaftszweig lässt sich auf die traditionelle Branchenerfahrung zurückführen. Ihren wirtschaftlichen Höhepunkt hatte die Berliner Bekleidungsindustrie jedoch schon überschritten. Unternehmen, die stark am herkömmlichen Produktionsverfahren festhielten, ging es zunehmend weniger gut.

Ein unzweifelhaftes Verdienst der in der Konfektion tätigen Juden war, dass sie - auch in den 1920er Jahren - ihr historisch unter vielen Widrigkeiten entstandenes Wissen, ihr Gespür und ihre Kenntnis für Textilien und Kleidung erfolgreich miteinander verbinden konnten. Diese Eigenschaften führten sie zu der oft beneideten, international anerkannten Spitzenposition im Berliner Modeschaffen.
3 – In Wirklichkeit spielte die Höhe der prozentualen Beteiligung der Juden in der Konfektion keine Rolle. Ob nun 5, 50 oder 95 Prozent: Der Antisemitismus hatte mit dem »Konfektionsjuden« ein brauchbares Angriffsziel gefunden. Die Stigmatisierung, Übertreibung und Bösartigkeit der Propaganda bestimmten allerdings auch die Intensität der Angriffe und die Geschwindigkeit, mit der die kommenden Raubzüge auf das jüdische Eigentum vorbereitet wurden.

Die Ziele waren klar: Die Vertreibung und Vernichtung der jüdischen Bevölkerung, die Enteignung der Immobilien am Berliner Hausvogteiplatz und anderswo und letztlich die Nutzung des Know-how und der Ausstattung der Werkstätten jüdischer Vorbesitzer für den Aufbau von Textilwerkstätten zur Zwangsarbeit in den jüdischen Ghettos und den Konzentrationslagern, z. B. in Auschwitz und Theresienstadt.

"THE GARMENT WORKER" BY JUDITH WELLER
1984

Mitten im Alltag der Millionenmetropole: ein Denkmal für die nach New York emigrierten jüdischen Schneider in der sogenannten »Fashion Avenue« in Manhattan, New York (Seventh Avenue). Auch viele Berliner Konfektionäre finden hier eine neue Heimat.

»DAS VERMÖGEN DER AUSGEBÜRGERTEN FÄLLT ANS REICH.«

NEUN SCHICKSALE

FIRMA GEBRÜDER WACHTEL (GEWA)

»Geld gibt es nicht,
es besteht Fluchtgefahr ...«

Die Firma *Gebrüder Wachtel (GEWA)* führte vier kleine Geschäfte für die Herrenausstattung, u. a. wurden auch Hüte in eigener Anfertigung verkauft. Inhaber waren die Brüder Simon und Nathan Wachtel. Die vier Geschäfte in der Invalidenstraße 134, der Frankfurter Allee 53, der Bergstraße 151 (Neukölln) und der Friedrichstraße 170 gehörten zu jenen Betrieben, die am Rande der großen Konfektion ihr Auskommen hatten.

Nathan Wachtel, am 30.4.1895 in Tarnow (damals Galizien) geboren, kam 1912 mit seinem Bruder nach Berlin, um hier eine selbstständige Existenz aufzubauen. Nathan Wachtel hatte das Hutmacherhandwerk erlernt und somit einen guten Zugang zu diesem Zweig. Zwischen 1920 und 1933 liefen die Geschäfte gut, das geschätzte Warenlager wuchs auf 260 000 Reichsmark und das Inventar auf 70 000 Reichsmark an. Der geschätzte Umsatz der Fa. GEWA lag bei 460 000 Reichsmark. Nathan Wachtel schrieb in einem Bericht zum »Wiedergutmachungsverfahren« von 1951:

Durch das Herannahen des Hitlerregimes und das dadurch erschwerte Leben [...] fassten wir den Entschluß, im Oktober 1933 die Geschäfte zu verkaufen. Wir hatten nur Bedenken, bei einem etwaigen Verkauf kein Geld zu bekommen, da immer wieder Leute auftraten, die meinten, für 5 000 Reichsmark ein jüdisches Geschäft erwerben zu können. Daraufhin sagte uns ein Stadtrat Rosenthal, er kenne Käufer Direktor Behrends, von dem er sicher weiß, daß er größere Summen zur Verfügung hätte und auch zahlen würde. Herr Behrends kam dann auch zu uns, die Geschäfte besichtigen, die ihm auch gefielen, und wir verhandelten über den Kaufpreis. Wir forderten 100 000 Reichsmark für alle vier Geschäfte und haben mit 70 000 Reichsmark abgeschlossen, mit Inventar. Das Warenlager sollte aufgenommen und zum Einkaufspreis bezahlt werden, mit verschiedenen Abschreibungen. Herr Behrends sagte später, er wäre nur der Mittelsmann des Kaufes, Herr Schultz-Brummer der Käufer. Wir verlangten aber sicherheitshalber, daß Herr Behrends die Verpflichtung übernehmen sollte, persönlich zu zahlen. Er zahlte auch zum Schluß, nachdem alles ausgehändigt und die Ware übernommen wurde, einen Betrag von 40 000 Reichsmark durch Scheck. Der Bankvorsteher teilt uns mit, daß der Scheck bei der Dresdener Bank avisiert sei, das Konto gesperrt und so nichts abgehoben werden dürfte. Auf unsere Frage wovon wir denn nun leben sollten erhielten wir zur Antwort, »... es ist vorgesehen, Reichsmark 1 000,– für jede Familie pro Monat abzuheben«. Auf unsere weitere Frage, wer das veranlasst habe und warum das geschehen sei, antwortete der Bankvorsteher, daß bei uns »Fluchtverdacht vorliegt«. Den Entschluß, die Geschäfte zu verkaufen und ins Ausland zu gehen, hatten wir nur deswegen, weil unser Leben bedroht war.

Von einem Rechtsanwalt bekamen die Brüder Wachtel den Rat, mit einer neuen Geschäftseröffnung den Flucht-

Nathan Wachtel vor seinem Geschäft (oben) und im Verkaufsraum mit Mitarbeiterinnen (unten), vermutlich um 1930

verdacht von sich zu weisen und damit den Weg zu dem restlichen Geld freizubekommen.

Wir befolgten seinen Rat [...]. Mein Bruder erwarb 1934 einen Laden am Kurfürstendamm 38 und das Konto wurde geöffnet [...]. Mir wäre es möglich gewesen, schon damals auszuwandern, ich wollte aber meinen Bruder nicht allein lassen, und da habe ich, um meine Existenz zu sichern, auch ein Geschäft am Tauentzien Nr. 9 eröffnet. Diese beiden Geschäfte führten sportliche Damenkleidung und wurden von einem guten Kundenkreis besucht. Die Filmschauspielerinnen Magda Schneider und Lilian Harvey kauften hier ihre Garderobe für ihre Filmausstattungen [...]. Die Geschäfte führten wir bis 1938 und bei den dann immer stärker werdenden Bedrohungen und vor allem in der Kristallnacht, flüchteten wir illegal über die Grenze nach Belgien [...].

Zum Bericht von Nathan Wachtel muss ergänzt werden, dass das Geschäft im Novemberpogrom von den Nazis gestürmt und alle Scheiben zerschlagen wurden. Die Kosten dieses Schadens mussten die Brüder Wachtel selbst bezahlen, denn sie hielten sich noch bis Ende Dezember in Berlin auf, durften aber ihre Geschäfte nicht mehr betreten.

Nathan Wachtel emigrierte mit Ehefrau Lotte und Tochter Gitti nach Frankreich, ebenso Simon Wachtel mit Frau und Kind. Mit der deutschen Besatzung in Frankreich wurden die beiden Frauen und Simon Wachtel von der Gestapo verhaftet und deportiert.

Nach dem Krieg bemühte sich Nathan Wachtel von Frankreich aus, das Rückerstattungsverfahren einzuleiten. Mittels eines Anwalts wurden Forderungen an die Firma Schultz-Brummer in Berlin gestellt, die ihrerseits alle Forderungen und Geldansprüche von Nathan Wachtel zurückwies. Der 1933 abgeschlossene Kaufvertrag über 70 000 Reichsmark war ja nur zu einem Teil, mit 40 000 Reichsmark, erfüllt worden, der Restbetrag wurde nicht ausgezahlt. Bis auf das Geschäft in der Bergstraße wurden alle anderen Geschäftshäuser, die früher zur GEWA gehörten, durch den Krieg zerstört. Herr Behrends war laut Aktenlage und persönlicher Vermerke von Nathan Wachtel der Direktor des Berliner DEFAKA (*Deutsches Familienkaufhaus*), das offensichtlich mit der Firma Schultz-Brummer zusammenarbeitete. 1950 erinnerte sich die Firma Schultz-Brummer in einer Aktennotiz zu dem Rückerstattungsverfahren,

daß die »GEWA« durchaus gesund sei, Verbindlichkeiten besonderer Art nicht habe und nur darum von ihnen [den Brüdern Wachtel] zum Verkauf angeboten werde, weil die antisemitische Bewegung in Deutschland zunehme und die Existenz des Unternehmens mit der Zeit gefährden muß [...]. Der Umsatz halte sich auf der durchschnittlichen Höhe, überfällige Forderungen lägen nicht vor. Wenn sie (die Brüder Wachtel) trotzdem verkaufen wollten, so nur, um der politischen Lage Rechnung zu tragen und sich einer wirtschaftlichen Betätigung zuzuwenden, bei der sie nicht in unmittelbare Berührung mit dem Publikum treten müssen. Der Verkauf erfolge nicht aus wirtschaftlichen Gründen, sondern lediglich aus politischer Vorsicht, umso mehr, als bereits Schwierigkeiten aus Anzeigen [...] erwachsen seien.

Nathan Wachtel, der 1950 aus Frankreich nach Berlin zurückkam, eröffnete mit geliehenen Geldern ein bescheidenes Geschäft für den Kleider An- und Verkauf in der Oldenburger Straße 44. Die Firma Schultz-Brummer ließ durch ihren Anwalt die Bereitschaft auf Zahlung von 10 000 DM mitteilen; ein Vergleich vom 17.11.1953 bestätigte die Summe. Zermürbt von den notwendigen Vorbereitungen für das Rückerstattungsverfahren, es mussten viele Zeugenaussagen für die alten Geschäfte und deren Zustand gesucht werden, starb Nathan Wachtel 1964 in Berlin.

Die Firma Brummer, Inhaber war Gustav Seehafer KG, führte bis in die 1980er Jahre in der Tauentzienstraße 17 ein Bekleidungshaus.

FIRMA LEOPOLD LINDEMANN

BERLIN, HAUSVOGTEIPLATZ 2

»Ihr Vermögen ist eingezogen ...«

Die Firma *Leopold Lindemann* betrieb den Großhandel mit Stoffen für die Damenkonfektion im Geschäftshaus am Hausvogteiplatz 2. Das Ehepaar Leopold und Hedwig Lindemann entschied sich 1935 mit seinen drei Kindern zur Emigration nach England. Zuvor hatte Leopold Lindemann aber schon in Manchester eine Import- und Exportfirma für deutsche Mode gegründet. Nach seiner Emigration führte Leopold Lindemann über seinen Treuhänder Fritz Tillmann noch von England aus die Exportgeschäfte seiner Firma in Berlin weiter. Tillmann übernahm dabei in Berlin die kommissarische Geschäftsführung. 1936 kaufte er das Lindemannsche Unternehmen und leitete ein Schätzverfahren zum Ankauf des Grundstückes am Hausvogteiplatz 2 ein. Der Wert des Grundstücks wurde auf 495 000 Reichsmark taxiert; Tillmann trat angesichts dieser Summe vom Kauf zurück. Ein eingeleitetes Zwangsversteigerungsverfahren Ende 1939, das auch ein weiteres Grundstück von Leopold Lindemann in der Wiener Straße 106 betraf, wurde mit einem Schreiben des Finanzamtes Moabit-West an die Oberfinanzdirektion Berlin vom 25. Januar 1941 für beendet erklärt.

Betrifft: Anmeldung feindlichen Vermögens. [...] Das Vermögen des ausgebürgerten Juden Leopold Lindemann ist bereits durch die Bekanntmachung des Herrn Reichsministers des Inneren vom 2. November 1939 [...] als dem Reich verfallen erklärt worden. Es ist beabsichtigt, das Vermögen zugunsten des Reichs einzuziehen.

Der Ablauf der »Arisierung« dieses Unternehmens ist als typisch anzusehen. Die sogenannten Treuhänder, zumeist NSDAP-Mitglieder, nutzten die Abwesenheit der ehemaligen jüdischen Firmeninhaber, um sich selbst zu bereichern. Unterstützung fanden sie dabei durch die gesetzlichen Maßnahmen des NS-Staates, die forciert eine sukzessive Entrechtung jüdischer Bürger betrieben. Einige jüdische Firmenbesitzer bereiteten ihre Emigration mithilfe des *German-English-Plan* vor, den der Nachfahre und letzte Besitzer des großen Warenhauses *Nathan Israel*, Wilfrid Israel, entwickelt hatte. Vorher machten die Emigranten ihre Auslandskundschaft, die sie bislang von Berlin aus belieferten, auf die bevorstehende Verlegung des Firmensitzes aufmerksam.

Zwischen dem ersten Kontakt nach England und der eigentlichen Abwanderung vergingen oft zwei bis drei Jahre. Denn die englischen Behörden achteten darauf, dass nur solche Unternehmen und Personen einwanderten, die für die Entwicklung ihrer eigenen Wirtschaft von Bedeutung waren. Qualifizierte Arbeitskräfte der Bekleidungsindustrie hatten hier relativ gute Chancen. England gehörte zu den traditionellen Importeuren der Berliner Mode.

Eine größere Abwanderung von Berliner Konfektionsfirmen nach England wurde 1933/34 ganz offiziell durch den *Verband der Damenmäntelkonfektion* und seinen Vorsitzenden Dr. Koppel eingeleitet. Die Idee Dr. Koppels war, dass mit der Errichtung von Zweigstellen in England die

Exportquoten dieser wichtigen Firmen der Branche erhöht werden könnten. Wenngleich die Schaffung von Produktionsstätten nicht in London, sondern nur in Manchester und Liverpool vom britischen Wirtschaftsministerium erlaubt wurde, gelang es auf diesem Weg etwa 30 Unternehmen, darunter auch die im Folgenden aufgeführten, ironischerweise mithilfe der Nazis ein Standbein in England zu haben.

Für viele jüdische Unternehmer sollte das sehr wichtig werden: Ein positiver Nebeneffekt für die sich auf die Emigration vorbereitenden Firmen war, dass den legalen Lieferungen nach England auch große Mengen privaten Eigentums der Konfektionäre mitgegeben werden konnte. Gleichzeitig ermöglichte das Abkommen zahlreichen gefährdeten Angestellten die Ausreise nach London.

Zu diesen Betrieben gehörten: Fa. Blumenthal & Cohnreich, Fa. Cohnreich & Neiss, Fa. Ephraimsohn & Neumann, Fa. Graumann & Schreibmann, Fa. Jacobowski & H. Cohen, Fa. Hugo Jacoby & Leopold Joachim, Fa. Loewinberg & Dannenbaum, Fa. Leopold Lindemann, Fa. Piquet & Noher, Fa. Leopold Seligmann, Fa. Joe Strassner, Fa. Geschwister Helen und Otto Sauer, Fa. Treitel & Meyer. Mit Ausnahme des Stoffgroßhändlers Leopold Lindemann repräsentierten diese Firmen im mittleren und gehobenen Genre einen wesentlichen Anteil der angesehenen Damenkonfektion in Berlin.

Jene Unternehmen, die auf einen Treuhänder verzichteten und nichtjüdischen Angestellten die Betriebe verkauften, was tatsächlich »freundschaftliche Arisierung« genannt wurde, mussten sich auf eine lange Wartezeit einstellen, bis die Gelder im Ausland waren. So wie beispielsweise bei der Fa. Loewinberg & Dannenbaum, die von den Betriebsangehörigen Hans Corves und Hans Seger übernommen wurde. Verluste in nicht geringem Umfang waren auch bei dieser Methode beabsichtigt. Die Ausplünderung des Unternehmens Loewinberg & Dannenbaum wurde am 23. August 1938 für abgeschlossen erklärt. Der Firma gelang zusammen mit dem ebenfalls emigrierten Konfektionär Adolf Burger die Etablierung in London und war später unter dem Namen *Silhouette de* Luxe erfolgreich. Andere Konfektionsfirmen mussten ihre Neugründungen im Ausland aber bald wieder aufgeben.

ERIC ZOREK

ZWISCHENMEISTER IN BERLIN

»Auf einmal hatten wir keine Arbeit mehr, weil wir Juden waren.«

Neben der Bedeutung, die der *German-English-Plan* für die partielle Überführung von Eigentum und Geld hatte, gab er Angestellten wie Selbstständigen die Chance, Berlin zu verlassen. Einer von ihnen war der Zwischenmeister Eric Zorek, der einen Betrieb für Damenkonfektion in der Wichertstraße führte. Er arbeitete hauptsächlich für die mit ihm verwandten jüdischen Geschäftsführer der Damenkonfektionsfirma *Hecht & Noher*. Aus der Branche stammende NSDAP-Mitglieder drängten die Inhaber von *Hecht & Noher*, für ihren Zwischenmeister zuerst nur noch schlecht bezahlte Arbeiten anzunehmen, dann gab es gar nichts mehr zu tun. Eric Zorek, ebenfalls jüdischen Glaubens, deutete diese Zeichen rechtzeitig und begann Kontakte zu einer englischen Firma namens *Wertheim Models* aufzunehmen. Über Entwurfs- und Zuschneidekurse an der Reimann-Schule verschaffte er sich eine zusätzliche Qualifikation, die für die Emigration nach London notwendig war. 1935 verließ er Berlin und arbeitete fortan in London.

Zahlreiche bekannte Konfektionäre wie z.B. Henry Feibel oder auch Modezeichnerinnen wie Alice Edler, sie arbeitete für die *B.Z. am Mittag* und für die Firma *Loeb & Levy*, emigrierten ebenfalls nach England.

NORBERT JUTSCHENKA

BERLIN, MOHRENSTRASSE 19

»Das Vermögen des Juden Israel Jutschenka ist beschlagnahmt ...«

Die Modellfirma *Norbert Jutschenka* in der Mohrenstraße 19 gehörte zu jenen Firmen für Damenbekleidung, die in Berlin hochgeschätzt und angesehen waren. Von dieser Firma gingen entscheidende Modeimpulse aus. Sie schuf Trends, die in der Stadt und international Beachtung fanden. Heute würde *Jutschenka* in einem Atemzug mit den großen Namen der *Haute Couture* genannt werden, hätte er nicht flüchten müssen.

Norbert Jutschenka, 1890 in Krakau geboren, wurde vor seiner Flucht Opfer eines außergewöhnlich perfiden Enteignungsverfahrens. Die Berliner *Jüdische Rundschau* meldete die Enteignung der Firma Jutschenka am 30. September 1938. Wenngleich die näheren Umstände nicht alle bekannt sind, unter denen das Unternehmen von dem neuen Besitzer Bertram von Hobe »übernommen« wurde, so macht doch ein Teil der noch vorhandenen Unterlagen die Bedingungen des Prozedere deutlich:

Bertram von Hobe war überzeugter Nazi, der schon am 1. September 1930 der NSDAP beitrat. Des Weiteren war er führendes Mitglied der SA, Mitglied der DAF (Deutsche Arbeitsfront) und nach Aussage von Zeitzeugen für sein scharfes Auftreten in der Branche bekannt.

Norbert Jutschenka, der mit seiner Frau Lieselotte in der Hölderlinstraße 7 in Charlottenburg wohnte, emigrierte im Jahr der Geschäftsaufgabe zuerst nach Frankreich und setzte dann mit dem Schiff nach New York über. Es muss eine überstürzte Abreise gewesen sein, denn Jutschenka kam nicht mehr dazu, Bargeld und Umzugsgegenstände mitzunehmen. So beschlagnahmten die Gestapo und die Berliner Oberfinanzdirektion, mit der von Hobe einen regen Kontakt pflegte, die Vermögenswerte des »Juden Norbert Israel Jutschenka«.

Neben dem gesamten Mobiliar der Wohnung gelangten so auch Konten und Bargeld in die Hände der Gestapo. In einem Brief an den Oberfinanzpräsidenten Berlin listete die Gestapo auf:
– Steuerguthaben von 148 Reichsmark.
– Auswanderersperrkonto in Höhe von 33 000 Reichsmark.
– Barbetrag von 2 015 Reichsmark.

Die Firma von Bertram von Hobe, die an Jutschenka einen Betrag von 23 548 Reichsmark als »Restgeldkaufforderung« bezahlen sollte, verschob die Begleichung der Schulden wegen angeblicher Steuerschulden zunächst auf den 30. September 1943. Korrespondenz belegt aber, dass er zwei Jahre zuvor aufgrund einer Vereinbarung mit der Gestapo einen Scheck an die Finanzkasse für »verfallene Vermögenswerte des N. Jutschenka über Reichsmark 35 062,–« eingereicht hatte. Aus beiden Vorgängen ergibt sich, dass weder das gesperrte Vermögen noch irgendeine andere Summe an Jutschenka bezahlt wurde. Stattdessen wurden dessen Wohnung und Firma geplündert. Es ist wahrscheinlich, dass Norbert Jutschenka die ausstehende Summe niemals erhalten hat. Wie andere Firmenbesitzer vom Hausvogteiplatz musste er die Erfahrung machen, dass die »Arisierung« oder gar »freundschaftliche Arisierung« nichts anderes als ein Raubzug gegen die Juden war. Am 23. November 1943 wurde das Unternehmen bei einem Bombenangriff zerstört.

In New York eröffnete Jutschenka, nun unter dem Namen Norbert Jay ein neues Geschäft auf der 498 Seventh Avenue. Jeden Sonntag zeigte er hier in Modenschauen, was ein Berliner Konfektionär alles kann. Er starb 1953, seine Tochter lebt bis heute in New York.

HANSEN BANG

BERLIN, HAUSVOGTEIPLATZ 8–9

»Wir bezahlen Sie in Raten ...«

In vergleichbarer Weise verlief die Enteignung des Modellunternehmens von Hansen Bang am Hausvogteiplatz 8–9. Bang, der am 1. November 1936 nach New York emigrierte, verkaufte seine Firma weit unter dem eigentlichen Wert an Hermann Schwichtenberg für 57 349,55 Reichsmark. Das Geld sollte von Schwichtenberg in halbjährlichen Raten ab dem 1. Januar 1937 innerhalb von fünf Jahren, also bis einschließlich 1941, abbezahlt werden. So die Vereinbarung.

Doch schon im September 1938 schrieb Hermann Schwichtenberg an Hansen Bang in New York: Wegen angeblich schlechter Geschäftslage und aufgrund der von den zuständigen deutschen Stellen vertretenen Ansicht, dass jüdischen Geschäften kein imaginärer Firmenwert beizumessen sei, schlug er Hansen vor, auf den im Kaufpreis enthaltenen Firmenwert von 25 000 Reichsmark zu verzichten und ihm den Restbetrag von 32 349,55 Reichsmark bis Januar 1943 zu stunden. Hermann Schwichtenberg wusste, dass die Zeit für ihn arbeiten würde. Bang, der keine Handhabe gegen diese Dreistigkeit hatte, erklärte sich im September 1938 von New York aus einverstanden.

Dabei liefen die Geschäfte von Schwichtenberg gar nicht schlecht. Im Geschäftsjahr 1939 konnte er immerhin einen Gewinn von 97 356,75 Reichsmark und 1940 von 136 345,84 Reichsmark verbuchen. Tatsächlich bezahlte Schwichtenberg auch im April 1939 knapp 20 000 Reichsmark, nur nicht direkt an Hansen Bang, sondern auf das »Auswanderer-Sperrkonto des Juden Hansen Bang« ein. Zu diesem Zeitpunkt war jedoch schon klar, dass Bang dieses Geld nie bekommen würde, was der Oberverwaltungspräsident der Provinz Mark Brandenburg in einem Schreiben vom 22. September 1942 an den Oberfinanzpräsidenten in Berlin auch rückwirkend bestätigte.

Da Herr Bang sich im Ausland befindet, ist sein Vermögen dem Reich verfallen [...]. Dem Inhaber der Firma Hansen Bang, Hermann Schwichtenberg [...] Hausvogteiplatz 8–9, habe ich von dem [...] Schreiben (eine) Abschrift gegeben.

Norbert Jutschenka, jetzt Norbert Jay, in seinem neu gegründeten New Yorker Geschäft (oben) und mit seiner Frau auf Lieselotte auf dem Flughafen Berlin-Tempelhof, 1936

ALICE NEWMAN

MODEDESIGNERIN IN BERLIN VON 1924 BIS 1935

»Ich habe Josephine Baker und Maurice Chevalier gesehen ...«

Alice Newman, früher Lissy Edler, berichtete rückblickend auf ihre Zeit in Berlin:

»Am Ende des Ersten Weltkrieges war ich ganze 16 Jahre jung. An diese Zeit erinnere ich mich mit ambivalenten Gefühlen. Auf der einen Seite dieses Elend in Berlin, es gab nicht genug zu essen, und dann die Kriegsheimkehrer, wirklich schrecklich war das. Gleichzeitig gab es aber auch ein wahnsinniges Verlangen nach Unterhaltung. Uns wurde das ja jahrelang vorenthalten während des Krieges.

Wir jungen Menschen gingen, so wir Geld hatten, von Bar zu Bar und amüsierten uns. Da gab es dann auch diese Tanzparties und Tanztees, wie überhaupt das Tanzen unglaublich wichtig wurde. Besonders viel Spaß haben uns immer die Kabaretts gemacht. Die waren politisch zumeist sehr links und sehr engagiert. Ich erinnere mich an die Kabaretts von Rudolf Nelson mit Käthe Erlholz, der Diseuse, und Margo Lion, die war ein wirklicher Star damals. Blandine Ebinger trat oft in einem Kabarett in der Hardenbergstraße auf. Auch Kurt Bois und Gitta Alpar traf ich dort. Das fand alles zwischen Mitte und Ende der zwanziger Jahre statt. Wir waren uns damals aber schon bewusst, dass doch immer wieder Spitzel der Nazis, ich glaube SA, im Publikum saßen, die versuchten, dort die Stimmungen auszuloten oder Gäste zu notieren. Wir wußten das, nahmen es aber ansonsten auch nicht zu ernst.

[Es gab] harte, harte Auseinandersetzungen zwischen politisch rechts und links, mit bitteren Straßenkämpfen. [...] Die einen, wie auch ich, wir fühlten uns mehr zu Rosa Luxemburg und Karl Liebknecht hingezogen, und die anderen sprachen immer von Wolfgang Kapp [Gründer der rechtsradikalen Deutschen Vaterlandspartei. Im März 1920 putschte er mit Soldaten erfolglos gegen die Reichsregierung]. Viele der aktiv daran Beteiligten trugen Pistolen in ihren Jacken. Und es passierte nicht selten, dass wir abends auf dem Nachhauseweg in Kellern Schutz suchen mussten, weil auf der Straße heftig geschossen wurde. Ich stand jedenfalls in diesen Jahren der sozialistischen Bewegung sehr nahe. Wir besuchten diese oft finsteren Kaschemmen in der Nähe der Weidendammer Brücke, da gab es immer Tanz, und wir hatten enormen Spaß dort. Zu dieser Zeit war ich aber schon an der Charlottenburger Kunstgewerbeschule und lernte Zeichnen. Mein Professor war dort Dr. Bergen.

1920 wechselte ich dann an die Reimann-Schule und lernte hier, neben dem angewandten Modezeichnen, mich noch stärker künstlerisch auszudrücken. Einige dieser Arbeiten, die alle doch sehr durch den Expressionismus geprägt waren, habe ich später mit nach England nehmen können. Überhaupt war der Expressionismus für uns eine der zentralen Kunstströmungen, die unsere künstlerische Arbeit, Denken und Leben zentral beeinflusste.

Während meiner Ausbildung an der Kunstgewerbeschule lernte ich neben anderen Techniken auch das Zeichnen von Textilentwürfen und Tapetenmustern. Und als ich dann an der Reimann-Schule war, fragte mich eine Studentin eines Tages, ob

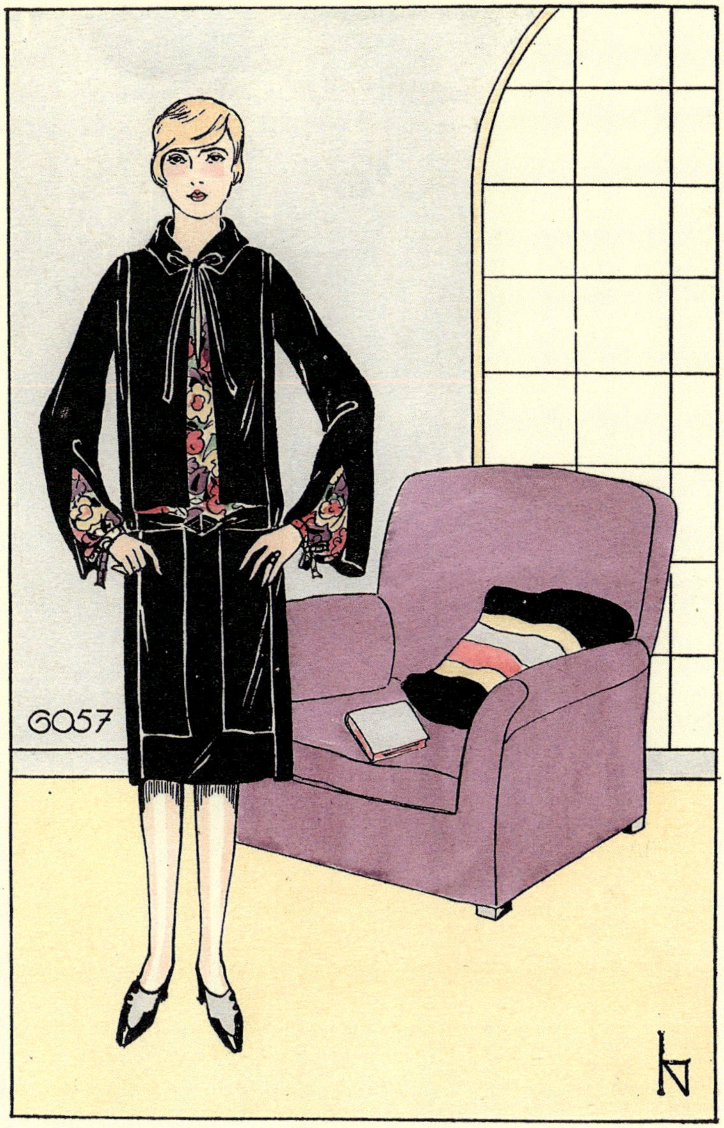

Hermann Löb & Levy

Berlin SW Krausenstr. 38/39

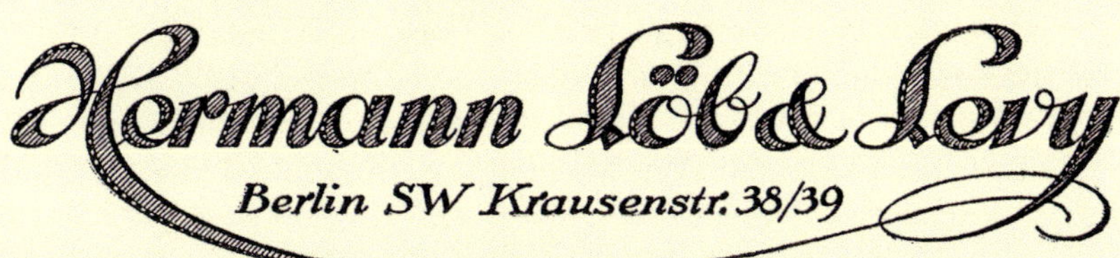

oben: Schuhentwürfe von Lissy Edler (Alice Newman) von 1927

S. 183: Modezeichnung von Lissy Edler (Alice Newman) für das Modehaus Löb & Levy vor ihrer Emigration nach London

ich die Anzeige in der Zeitung gesehen hätte, in der der Modesalon »Maison Guenther« nach Modellzeichnerinnen suchte. Ich rief also dort an und vereinbarte einen Termin zum Vorstellungsgespräch in der Charlottenstraße. Das war alles sehr, sehr vornehm und elegant dort. Der Konfektionär dort befragte mich nach meiner Ausbildung, und dann sollte ich ihm einige Skizzen von ausgelegten Stoffen machen, genauso wie ich mir vorstellte, wie die Materialien verarbeitet werden müssten. Der Mann war begeistert, bot mir direkt eine Stelle an und wollte mein Honorar wissen.

Für den Modesalon Guenther, mit dem Prokuristen Herrn Hahn und den Directricen Frau Booth und Frau Ohlsen, arbeitete ich dann bis 1924. Eine doch sehr lange Zeit, in der ich auch viel reiste, denn das gehörte zur Arbeit untrennbar dazu. Hauptsächlich fuhren wir nach Paris und manchmal auch nach Wien.

In Frankreich aber traf sich die Hautevolee der Modeschöpfer, des Films und der Modeindustrie. Während der Modenschauen saß ich mit meinem Chef in der Reihe und versuchte, mir alle möglichen Details und die Linien einzuprägen. Oft setzte der Veranstalter der Schauen uns auseinander, oder eine Person wurde zwischen uns placiert, damit wir uns nur nicht verständigen und abzeichnen konnten. Das geschah dann aber doch. Unmittelbar nach der Schau rannte ich ins nächste Café oder in die Toilette und begann mit den ersten Skizzen. Wir wohnten immer im Hotel de la Paix, da kamen auch andere Berliner Modeleute hin. Abends, wenn Zeit übrig blieb, trafen wir uns im Moulin Rouge. Dort habe ich auch erstmals Josephine Baker und Maurice Chevalier gesehen.

Zurück in Berlin, wurden die Zeichnungen und Skizzen dann ausgewertet und Berliner Mode daraus gemacht. Ich nutzte die vielen Zeichnungen aber auch, um mich als freie Zeichnerin anderen Firmen und Zeitungen anzubieten. [...] So verkaufte ich viele meiner Zeichnungen an Kurt Korff und Redakteur Szafranski vom Ullstein-Verlag, die ja jede Woche eine Modeseite in der BZ am Mittag veröffentlichten. Korff und Szafranski gehörten zu den wichtigen Leuten in der Modebranche in Berlin. Hier entwarf ich unter dem Namen Lissy. Meine Zeichnungen kamen aber auch in *Die Dame,* und ich arbeitete dann später auch an den bekannt gewordenen *Ullstein-Schnitten* mit. Der Scherl-Verlag, ebenfalls mit Modeseiten beschäftigt, kaufte auch Zeichnungen von mir. Das ging aber nur bis so um 1933 herum, da verlangte der Scherl-Verlag von mir, meine Zeichnungen nicht mehr namentlich mit Lissy zu kennzeichnen. Das lehnte ich natürlich ab. Bei Ullstein gab es solcherlei Restriktionen nicht, die lehnten das einfach ab, sich von antijüdischen Presseleuten unter Druck setzen zu lassen.

In diesem Zusammenhang arbeitete ich für die Firma Loeb & Levy in der Krausenstraße 38/39. Für diese Firma entwarf ich ganze Kollektionsreihen. Frühjahr, Sommer und Herbst, Winter. Außer der Reihe kamen zumeist noch einige Wochen vor Weihnachten wie auch vor Ostern, wenn man bestimmte Moderichtungen im Trend verändern oder den Absatz erhöhen wollte, noch neue Entwürfe hinzu, die dann schnell noch ins erwartete große Geschäft kamen. Die schnellen Wechsel der Moden haben sich bis heute nicht verändert. Es gab hunderte von freien Modezeichnerinnen in Berlin. Weitere Firmen, für die ich zeichnete, waren: H. Gerson, V. Manheimer, F.V. Gruenfeld, A. Adam (Sportkleidung), A. C. Steinhardt, G. Benedikt (Damenmoden), Maedler-Koffer, Emil Jacoby (Schuhmodelle) und Albert Rosenheim (Reiseutensilien).

Ich etablierte mich als freie Designerin in Berlin recht schnell und ich würde sagen erfolgreich. Ein fester Arbeitsplatz war auch nicht immer erwünscht, denn mit dem ständigen Job-Wechsel und immer neuen Herausforderungen verbesserte man auch seine Fähigkeit des Zeichnens. Natürlich bemühte man sich immer, die besten Modehäuser zu seinen Abnehmern zu zählen, davon gab es eben auch sehr viele. Die Konkurrenz war groß, aber der Markt eigentlich noch größer. Berlin war da schon – abgesehen von Paris – einmalig in dieser Richtung.

Als ich dann meinen späteren Mann kennenlernte, war der nicht gerade begeistert von der Branche, die ja doch sehr schnelllebig und hektisch war. Außerdem stand die Konfektion nicht gerade in einem guten Ruf. Die Konfektion war eben auch ein Bereich, der immer wieder einmal mit irgendwelchen Sexskandalen in den Schlagzeilen war. Da würden viele Dinge passieren, so übertrieb man auch manchmal, die für junge Frauen sehr schlimm ausgehen konnten. Es war eine sehr aufreizende, Geld und Eitelkeit hervorbringende, und zeitweise merkwürdige Gesellschaftsmischung an Leuten, die sich hier traf.

Bis 1933 hatte die Tatsache, jüdisch zu sein, zwar immer eine Rolle gespielt, aber in der Konfektion wirkte das nicht so drastisch, man wurde dafür in der Regel nicht ausgegrenzt. Das änderte sich ab 1933. Wir erkannten mit unseren zwei Kindern sehr früh, daß wir nicht in Berlin bleiben konnten. So reiste mein Mann Franz, der unter der politischen Situation direkt zu leiden hatte, nach London, um dort zumindest etwas für uns zum Leben vorzubereiten. Obwohl da noch nicht klar war, daß wir emigrieren würden. Durch die Kinder war ich ja völlig beschäftigt, so daß ich nicht mehr zum Modezeichnen kam. Etwas Unterstützung bekamen wir durch die Eltern. Außerdem entließen die Nazis nach und nach in den Verlagshäusern ja auch Redakteure, für die ich gearbeitet hatte, und viele der Konfektionsfirmen mit jüdischen Inhabern begannen, sich widerwillig auf ihr geschäftliches Ende ab 1935 vorzubereiten.

Unglücklicherweise erkannten die britischen Behörden aber das Arztexamen meines Mannes nicht an, so daß ich ihn, als ich ihn 1936 in London besuchte, arbeitslos und psychisch erniedrigt antraf. Obwohl ich noch meine Rückreise plante, kam es nicht mehr dazu, denn ich konnte ihn in diesem Zustand nicht mehr allein lassen. Unsere beiden Kinder kamen später nach, die waren bei den Eltern in Berlin zurückgeblieben.

Und so mußte ich mich nun mit gebrochenen Englischkenntnissen auf eine einträgliche Geldquelle konzentrieren. In London kannte man das schnelle Geschäft der Mode, wie es in Berlin und Paris bestand, nicht. Daher hatte ich hier den Vorteil, doch mit meinem Background und einigen Skizzen, die ich zuerst bei den Konfektionshändlern im Londoner East End anbot, etwas Geld verdienen zu können. Die Konfektion in London bestand hauptsächlich aus den nach amerikanischem Vorbild aufgebauten Sweat-Shops, in denen unter schlimmen Bedingungen zumeist Frauen und eingewanderte Polen arbeiteten. Etwas später hatte ich sogar eine Agentin, die für mich die Zeichnungen verkaufte. Ich kündigte der aber ganz schnell, weil sie fast 50 Prozent Provision haben wollte. Ich habe dann selber in der Oxford Street, in den etwas bekannteren Modehäusern, meine Entwürfe verkauft. Die Engländer verstanden damals noch nicht viel vom Berliner Chic.

Das war hier alles etwas abgeschnitten vom Kontinent, viel Filz und dunkle Stoffe wurden getragen, alles sehr konservativ. Hauptsächlich arbeitete ich für die Firmen L. E. Rosenthal Ltd.; Krotos-Fashion, mit den Eigentümern K. und H. Krotoschiner; Ladies Fashion – M. Izbicki; ORTEMA-Fashion Ltd., Waterloo Rd., S. E. 1, die Eigentümer waren Deutsche; Mary Fair Ltd., Damenkleidung in der Brook St., Eigentümer waren die Emigranten Julia und Suzanne Hirshman.

Das alles ging aber nur bis 1940, als die ersten Bomben auf London fielen. Immerhin haben die Modezeichnerei und meine Erfahrung aus der Berliner Konfektion uns aber doch einige Jahre ernährt [...].«

Alice Newman verstarb vor einigen Jahren in London.

KURT EHRENFREUND

KONFEKTIONÄR UND KÜNSTLER

»Mit 100 Reichsmark verließen wir 1933 Berlin ...«

Am Abend des 1. April 1933, wenige Stunden nach den von der NSDAP organisierten Boykotts gegen jüdische Geschäfte, verließ der 26-jährige Kurt Ehrenfreund mit seiner Frau Berlin. Der Nachtzug führte beide in die Emigration nach Amsterdam, wo sie die nächsten Jahre blieben. Kurt Ehrenfreund, Sohn eines aus Galizien gekommenen Schneidermeisters, der in Berlin einen Zwischenmeisterbetrieb für die Damenkonfektion eröffnet hatte, wurde von frühester Jugend an tief religiös erzogen. Er ging auf die Jüdische Knabenschule in der Großen Hamburger Straße und war seit seinem elften Lebensjahr aktives Mitglied des *Berliner Zionistenverbandes Blau-Weiß*. Über seine Ausbildung und Arbeit als Konfektionär in Berlin schrieb Kurt Ehrenfreund in seinen Erinnerungen:[77]

»Da mein Vater als Zwischenmeister für die Berliner Damenkonfektion tätig war, hatte ich natürlich eine enge Verbindung zur Mode. Schon in frühen Jahren zeichnete ich Modelle und Entwürfe, die mein Vater für gut befand. Am 1. November 1921 trat ich eine Lehrstelle bei der Damenkonfektionsfirma ›Küchler & Pinkus‹ in der Jägerstraße an. Im ersten Lehrjahr war ich hauptsächlich im Kontor und in der Speditionsabteilung beschäftigt; hier lernte ich, die Ablage zu machen, Stoffballen zu schleppen und Mäntel einzupacken. Im zweiten Jahr, nun in der Einrichtung und Kalkulation, bekam ich Kontakte mit dem Konfektionär der Firma, Herrn Eugen Zons. Er hatte ein spezielles Privatkontor am Ende des Verkaufsraums und arbeitete stets hinter verschlossener Tür. Eines Tages konnte ich durch die ein wenig geöffnete Tür sehen, wie Herr Zons einem Modell einen weißen Mantel anprobierte. Später erklärte mir mein Vater, daß dies kein weißer Mantel war, sondern ein sogenannter Nesselschnitt. Den gebrauchte man nur zum Ausprobieren des Schnittes, so daß man nicht gleich die teuren Stoffe zerschneiden mußte. Von diesem Tag an war mein sehnlichster Wunsch, bei der Arbeit eines Konfektionärs zusehen zu dürfen. Doch blieb für einen Lehrling wie mich die Türe zunächst verschlossen. Bis ich auf eine List kam: Ich versteckte mich eines Morgens unter dem Schreibtisch von Herrn Zons, der mich aber schnell bemerkte und mit einem Tritt hinauskomplimentierte. Bald tat ihm das aber leid, und wir versöhnten uns. In der folgenden Zeit durfte ich immer wieder einmal in sein Büro kommen, um zuzusehen, wenn er zeichnete und die Anproben machte. Im dritten Lehrjahr machte er mich zu seinem Assistenten, oder besser gesagt, zu seinem Helfer. So bekam ich einen ersten Einblick in die Arbeit eines Konfektionärs. Nebenbei pflegte ich nach Feierabend aber noch meine Liebe zum Theater, die ich schon in der Schule in zahlreichen Schüleraufführungen bewiesen hatte. Ich trat als Rezitator mit 16 Jahren im ›Nachtkabarett der Prominenten‹, in den Ballsälen der Kroll-Oper, des Brüdervereinshauses, des Logenhauses in der Kleiststraße und des Lehrervereinshauses auf. Ebenso hatte ich das Glück, unter Erwin Piscators Regie bei ›Kabale und Liebe‹ als Ferdinand aufzutreten. Das war während des großen Schauspielerstreiks 1923. Mit dabei war auch mein Schulfreund Harry Frommermann, er gründete später die Comedian Harmonists.

Auf Drängen meiner Eltern blieb ich letztlich aber doch bei der Ausbildung zum Konfektionär, die mir auch von der Kunstakademie in der Prinz-Albrecht-Straße empfohlen wurde. Im Juli 1923 wurden mir die letzten drei Monate meiner Lehre von der Firma erlassen und nun war ich ein sogenannter ›junger Mann‹. Das war in der Konfektion eine feste Bezeichnung für jemanden, der die Lehre absolviert hatte. Wer jetzt Lagerverkäufer oder gar Reisender für eine Firma werden wollte, der mußte schon in der Lehrzeit sehr fleißig und strebsam gewesen sein. Viel Talent und Einfühlungsvermögen gehörten dazu, um jetzt Kalkulator oder Konfektionär zu werden. Als Eugen Zons im April 1925 zur Firma I. Herz wechselte, ging ich als sein Assistent mit ihm und wurde als Hilfskonfektionär eingestellt. Erst jetzt hatte ich richtig die Möglichkeit, von Herrn Zons zu lernen; ich fing mit intensiven Zeichenübungen an. Das gute Verhältnis zu meinen Chefs und die Tatsache, daß Herr Zons die Stelle nach einem Jahr verließ, brachten mich in seine Position. Meine erste Kollektion und die drei weiteren wurden ein großer Verkaufserfolg für die Firma. Eine Filiale des ›Grohag‹-Konzerns, in der Lindenstraße 38, hörte von meinen Erfolgen und bot mir eine Stelle als Konfektionär zum 15. November 1927 an. Neben einem halben Prozent Umsatzbeteiligung bekam ich nun ein monatliches Einkommen von 1500 Mark. Erneut kamen meine Kollektionen gut an, und die Filiale konnte ihren Umsatz bald steigern.

Mein Bestreben war aber, eine Stelle als Konfektionär im Bereich des gehobenen Genres zu finden. Außerdem war es für einen Konfektionär sehr wichtig, möglichst viele Stellen zu durchlaufen, um seine Erfahrung zu erweitern, sein Können zu schulen. Durch eine Stellenanzeige kam ich im November 1928 zu der Firma Briese & Loepert, am Hausvogteiplatz 11. Hier fertigte man Damenkonfektion im besseren Mittelgenre an. Nach knapp 4 Monaten wechselte ich zur Firma Frank, Sperling & Co., in der Markgrafenstraße 33.

Jetzt hatte ich endlich auch die Möglichkeit, für die Firma zu den Modenschauen der Haute Couture nach Paris zu fahren. Ein Jahr später hatte ich den Durchbruch in meiner Karriere erreicht. Ich wurde als erster Konfektionär in der sehr guten Firma Schwarz, Sachs & Wolfsohn eingestellt. Hier lernte ich auch Hans Seger kennen, er arbeitete als Konfektionär für das Modellgenre; ich war für das mittlere Genre zuständig. Wie in den Firmen zuvor auch, zeichnete ich hier ebenfalls die Reklame für die Kollektionen. Nach kaum einem Jahr stellte mich die Firma Jacobowski & Cohen, in der Kronenstraße 38–40, als Spezialkonfektionär für die Modellabteilung ein. Mit einer Umsatzprovision kam ich nun schon auf ein Jahresgehalt von stolzen 25 000 Mark. Cohens Bruder, Inhaber eines bedeutenden Modenhauses in Amsterdam und königlicher Hoflieferant, war der größte Kunde der Berliner Firma. Für die holländische Spezialkundschaft entwarf ich die Kollektionen. Ein besonderer Erfolg meiner Berliner Laufbahn als Konfektionär war, daß mich meine frühere Firma Schwarz, Sachs & Wolfsohn nach einem Jahr Arbeit erneut einstellte. Sie übergaben mir die gesamte Verantwortung für die Modellkonfektion, die zuvor von Hans Seger gemacht wurde.

30. Januar 1933: Schon seit Monaten tobten die SA-Horden durch die Straßen Berlins und schrien im Chor ihre Losungen gegen die Juden. Die Nazis, mit Hitler an der Spitze, übernahmen die Regierung. Meine Pläne, mich mit meinem Onkel Leo Matlatzki am 1. Juli 1933 mit einer eigenen Firma niederzulassen, waren dadurch zunichte gemacht.

1. April 1933, der erste Tag des Boykotts gegen die deutschen Juden: Eine der größten Industrien Berlins war die Konfektionsbranche. Die wurde von den Nazis ausgewählt, um das Judentum zu treffen, denn viele Betriebe befanden sich in jüdischen Händen.

Die meisten Konfektionshäuser in der Stadt hatten große Schaufenster mit ihren Namen daran, und die schlugen die Nazis zwischen 10 und 11 Uhr vormittags [...] ein. Wir hatten Angst um unser Leben. Zu mir kam am gleichen Tag plötzlich mein Hilfskalkulator, er hatte eine Haken-

Modellzeichnung von Kurt Ehrenfreund für seine in Holland aufgebaute Firma *Ereco-Modellen*, späte 1940er Jahre

Tüchtiger

Konfektionär

jüngere, sehr tüchtige, an selbständiges Arbeiten gewöhnte Kraft,

sucht neuen Wirkungskreis.

Ich verstehe, eine geschmackvolle, den modernsten Ansprüchen genügende Kollekt. in jugendlichen Damen- und Frauenmänteln sow. in Backfisch- und Putten-Mänteln herzustellen. Verfüge über einen erstklassig. Schneiderapparat u. prima Referenzen. Termin 1. April – auf Wunsch früher. — Zuschriften unter beförd. Rudolf Mosse, Berlin SW. 100.

Probesatz d. B. T.

Stellengesuch von Kurt Ehrenfreund in einer Fachzeitschrift, 1929

kreuzbinde am Arm, und sagte zu mir: Ab morgen bin ich hier der Konfektionär und Sie mein Hilfskalkulator! Er drohte mir mit Verhaftung und Gefängnis. Sofort versuchte ich, meine Frau, mit der ich erst neun Monate verheiratet war, telefonisch zu erreichen. Ich bat sie, sofort unsere Koffer zu packen, denn ich mußte Berlin verlassen. Am selben Abend fuhren wir mit dem Nachtzug, mit je 100 Mark in der Tasche, Richtung Amsterdam ab. Als wir am nächsten Morgen ankamen, jetzt waren wir Fremde und Emigranten, wurden wir am Bahnhof von einem Gepäckträger mit den Worten ›Shalom Alechem‹ begrüßt.«

Gemeinsam mit dem ebenfalls emigrierten Heinz Blogg, früher Verkäufer bei der Firma Leopold Seligmann, bereitete Kurt Ehrenfreund in den Niederlanden seine neue Existenzgründung vor. Er fand einen Investor, den Möbelfabrikanten Emanuel Mendel aus Bonn, der sein Geschäft mit 50 000 holländischen Gulden finanzierte. Am 1. Juli 1933 vollzog Ehrenfreund die Firmengründung: *N. V. Confectiefabrik-Bercofa*. Die Geschäftsidee war, Berliner Mode und Eleganz in guter Verarbeitung in Amsterdam herzustellen. Der erste Emigrantenstrom deutscher Juden brachte auch zahlreiche Schneider, Näherinnen und Bügler aus Berlin nach Amsterdam, die in der *Bercofa* ihre erste Anstellung erhielten. Doch gestaltete sich das erste Geschäftsjahr sehr schwierig. Erst über den nach Amsterdam emigrierten Herman J. Mansfeld, früher Teilhaber der Berliner Konfektionsfirma *Lewinnek & Schönlank*, eröffneten sich für die *Bercofa* neue Perspektiven. Mansfeld wurde zum Berater und Geldgeber der Firma und schuf die Grundlagen für den Export nach Skandinavien. 1939, gerade einmal sechs Jahre nach der Firmengründung, belieferte Ehrenfreunds *Bercofa* wichtige Kunden in Norwegen, Schweden, Dänemark, England, Schweiz, Frankreich, Belgien, Ägypten und Australien; die wöchentliche Produktion erreichte 1200 Mäntel und Kostüme. Das neue Geschäftshaus in der Heerengracht 132 wurde von vielen Kunden besucht, unter anderem von dem bekannten Schweizer Bekleidungsunternehmen *Feldpausch*. Über das Jahr 1940 schrieb Kurt Ehrenfreund:

»Entgegen allen Erwartungen, daß Holland – wie im Ersten Weltkrieg – neutral bleiben wird, zerstörte der deutsche Angriffskrieg diesen Wunschtraum. Am 10. Mai 1940 besetzten die deutschen Truppen Holland, und am 14. Mai kam die Gestapo nach Amsterdam. Sofort begannen die sogenannten Treuhänder und Verwalter damit, die jüdischen Geschäfte und Firmen zu übernehmen, das heißt, zu beschlagnahmen. Noch bevor ein Nazi-Verwalter unsere Firma beschlagnahmen konnte, schlossen wir mit einem christlichen Regenmäntelfabrikanten aus Groningen einen offiziellen Vertrag ab. Dieser Mann war zwar kein Nationalsozialist, aber ein typischer Profiteur. Für sehr wenig Geld übernahm er unsere Firma. In einem mündlichen Abkommen sicherte uns dieser Mann zu, daß er die Firma *Bercofa* nach dem Krieg an uns zurückgeben wird. Die Treuhänder wußten von unserer Firma und schickten aus Berlin extra jemanden, der sich mit der Konfektion auskannte. So hatten wir nur die eine Möglichkeit, die sog. ›freiwillige Arisierung‹ von unserer Seite her vorzunehmen, um das Unternehmen nicht vollständig in die Hände der Nazis zu übergeben [...]. Der 1936 als Partner in die Firma eingetretene Herr Löwenthal wurde mit der ›Arisierung‹ sofort entlassen. Ich blieb als ›arbeitswichtiger Jude‹ im Betrieb, nun allerdings als Angestellter. Pro Monat bezahlte man mir 250 Gulden. Viel schlimmer war jedoch die zunehmende Bedrohung durch die anwachsenden Deportationen [...].

Ich erhielt am 15. Juli 1942 einen Aufruf zum Transport in ein Arbeitslager. Wir sollten uns um 24 Uhr auf dem Amsterdamer Hauptbahnhof einfinden. Ich hatte mir aber vorgenommen, niemals freiwillig auf einen Transport zu gehen. Von einem Arzt besorgte ich mir Schlaftabletten für meine Frau und meine beiden Töchter, die waren gerade erst 3 und 6 Jahre alt. Meine Frau wollte auf den Transport gehen, weil sie die Angst vor dem Vernichtungslager Mauthausen überwältigte. Denn wir hatten von Mauthausen und den Vorgängen dort gehört; zumeist kam eine Woche nach dem Abtransport die Todesmeldung zu den Hinterbliebenen. Die ganze Nacht wartete ich darauf, daß die Gestapo kam und uns abholte, wir hatten entsetzliche Angst. Am anderen Morgen suchten wir uns sofort ein Versteck. Ich hatte weiterhin Kontakt zu dem neuen Inhaber der *Bercofa*, der sich seit einiger Zeit um einen Wehrmachtsauftrag für Armeemäntel bemühte und auch bekam. Damit war für mich und alle anderen jüdischen Angestellten der *Bercofa* zumindest zuerst eine große Gefahr vorbei; wir bekamen den Vermerk: ›Bis auf weiteres vom Transport befreit‹ in unsere Papiere geschrieben. Hilfreich war auch, daß die holländische Untergrundbewegung gegen die Nazis die Papiere meiner Frau fälschte, sie war offiziell keine Jüdin mehr und wir führten eine sogenannte Mischehe. So brauchten weder meine Frau noch die Kinder den Judenstern zu tragen. Das ging bis zum 7. Juni 1944. An diesem Tag wurde ich von der Gestapo verhaftet und neun Tage und Nächte lang verhört und gefoltert. Die wollten die Adressen von Freunden und Geschwistern haben, die ich versteckt hatte. Obwohl die Behandlung entsetzlich war, habe ich keine Anschriften verraten. Durch meine Kontakte zur holländischen Untergrundbewegung gelang mir mit deren Hilfe die Flucht aus den Händen der Gestapo.«

Kurt Ehrenfreund hielt sich mit seiner Familie bis zum Kriegsende versteckt und litt unter den physischen und psychischen Folgen der Verhöre und Folterungen durch die Gestapo.

Sein Geschäftspartner Heinz Löwenthal, so erfuhr er später, war in Auschwitz umgebracht worden, sein Vater, Isidor Ehrenfreund, starb im Konzentrationslager Westerbork an den Folgen der Misshandlungen.

In den folgenden Jahren, bis 1952, gelang Kurt Ehrenfreund mit Unterstützung der holländischen Regierung und seines früheren Beraters Herman Mansfeld der Aufbau einer neuen Konfektionsfirma in Amsterdam. Innerhalb kurzer Zeit führte er sein Unternehmen *Ereco-Modelle* zum Erfolg. 1953 zog Kurt Ehrenfreund nach Los Angeles.

LEOPOLD SELIGMANN

BERLIN, MOHRENSTRASSE 44

»Von Berlin, nach London und Albuquerque, vom Modellkleid zum Cowboy-Hut ...«

Der 1934/35 nach London emigrierte Leopold Seligmann schloss 1936 seine Berliner Filiale unter dem Druck offizieller Stellen und Kreditkürzungen. Um zumindest noch einen Teil seines verbliebenen Eigentums zu retten, entschied er sich zur gefahrvollen Rückkehr nach Berlin mit der Zustimmung der Behörden, denn seine Firma galt durch hohe Exportzahlen nach England als devisenstark. 1938 stimmte Leopold Seligmann aber der Liquidation seiner Firma zu, da er keinen anderen Ausweg mehr sah. Nach einigen eiligen Verkäufen von Bildern und Möbeln emigrierte er wieder nach London und dann nach Albuquerque, New Mexico/USA. Seligmann hatte das Glück, durch seine eigenen Firmen in London und Manchester Eigentum und Geld früh außer Land bringen zu können. Dieses Kapital bildete den Grundstock für einen Neuanfang als Kleiderproduzent in den Vereinigten Staaten. Seligmann änderte seinen Namen in

We beg to call your attention to the fact that
we have transferred our factory

**from Manchester
to London W. 1,**

and we shall be pleased to show our goods

georgette coats, sporting coats,
complets and costumes

2 Cavendish Square.

Based upon our excellent organisation in London and Berlin we are able to meet all requirements and to deliver very quickly.

Please favour us with your visit.

**LEOPOLD SELIGMANN
LTD.**

London W. 1	Berlin W 8
2 Cavendish Square	Mohrenstraße 44
Telephone: Langham 2982, 3254	Ruf: 16 64 05

oben: In der Firma Seligmann, 1930. Leopold Seligmann (3. v. r., am Tisch sitzend) mit den Konfektionären Warschauer (stehend, neben den Damen) und Scharlinski (1. v. r.)

unten: Anzeige von Leopold Seligmann zur Geschäftseröffnung in London, 1930er Jahre

In den 1950er Jahren haben Seligmann und seine Söhne großen Erfolg mit der Pioneer-Kleidung, die in den USA den Nerv der Zeit trifft

Sulliven und wurde mit seinem Cowboy-Stil berühmt. Seine Tochter, Ruth Gallagh, wurde zur treibenden Kraft der neuen Konfektionsfirmen *Craftwear* und *Western Style Clothing – Pioneer Wear*, die praktische Alltagskleidung und in hohen Auflagen produzierte und verkaufte. Auch für andere Unternehmen galt: Kinder und Kindeskinder erbten die Firmen und führten sie weiter. Durch ihr Know-how gehörte die Firma Leopold Seligmanns zu den wenigen Firmen der alten Berliner Konfektion, die nach der Emigration erfolgreich weiterarbeiten konnten. 2002 beschloss der sogenannte *Goodwill Fund* eine kleine Restitutionszahlung aufgrund der nicht nachweisbaren Verluste der Seligmanns in Berlin. Die Unterlagen der Firma wurden am 10. November 1938 aus dem Haus der Seligmanns in der Joachimsthaler Straße von der Gestapo entwendet, um sie dann vor dem Haus zu verbrennen. Kurz darauf wurde das Privateigentum von der Firma C&A für ein Viertel des Immobilienwertes gekauft.

Die Familie Seligmann, später Seligman, verband eine enge Freundschaft mit den Familien der Berliner Konfektionäre Leopold Lindemann und Ludwig Lesser. Seligmanns Sohn, John Sullivan, übernahm die Firma Pioneer Wear Inc. 1961, die im weiteren Verlauf sehr erfolgreich wurde – vor allem als der sogenannte *Marlboro-Man* in der Werbung eine Pioneer-Jacke trug.

H. WOLFF

BERLIN, KRAUSENSTRASSE 17/18

Der folgende Text stammt aus dem Buch von Dina Gold *Stolen Legacy: Nazi Theft and the Quest for Justice at Krausenstrasse 17/18 Berlin*.[78] (Übersetzung ins Deutsche: Kristine Jennings)

Im Dezember 1990, kaum mehr als ein Jahr nach dem Fall der Berliner Mauer, betrat ich das Gebäude in der Krausenstraße 17/18 im ehemaligen Ostberlin und bat darum, mit dem zuständigen Beamten zu sprechen. Das Schild an der Tür zeigte an, dass das riesige Bürogebäude nun die Dienststelle des Bundesministeriums für Verkehr in Berlin war. Der Beamte gestand mir jedoch, dass die Mitarbeiter das Gebäude immer noch als das *Wolff-Haus* bezeichneten, obwohl wohl niemand so genau wusste, warum. Ich aber wusste es.

In seiner Glanzzeit war eine der ältesten und erfolgreichsten Pelzfirmen Deutschlands in diesem Gebäude ansässig: die H. Wolff A.G. Diese internationale Firma hatte so großen Erfolg, dass sie nach dem Ersten Weltkrieg sogar Revillon Frères in Paris Konkurrenz machte, einst das größte Pelz-Unternehmen in Europa. Die Pelzfirma H. Wolff wurde 1850 in Pommern gegründet, und zwar von Hermann Wolff, der zunächst mit Kaninchenfell für Kragen, Ärmel, und Hüte handelte. Innerhalb weniger Jahre brachte er seine schon prosperierende Firma nach Berlin. Sein Sohn Victor lernte das Handwerk von seinem Vater und machte sich dann daran, eine Pelzkonfektion zu entwickeln und das Geschäft umzustrukturieren. Als der Vater 1904 in den Ruhestand trat, übernahm Victor offiziell die Leitung der Firma, obwohl er diese eigentlich schon seit 1885 innehatte.

Ich bin Victors Urenkelin. Victor Wolff war der Wegbereiter für die moderne, serienmäßige Produktion von Pelzen in Deutschland. Die H. Wolff Werkstätten stellten Pelzmäntel, -hüte, -stolas und -muffe sowie Stoffmäntel und -jacken mit Pelzbesatz für Damen und Herren her. Wolff entwickelte ein Verfahren, um Kaninchenfell so zu färben, dass es wie teurerer Nerz- oder Zobelpelz aussah, und ermöglichte so seinen Kunden, preiswerte Imitationen von weitaus kostbareren Pelzen zu kaufen. Im Jahr 1907 war die Firma bereits so erfolgreich, dass Victor einen weitreichenden Entschluss traf: Er erwarb ein großes Grundstück im Zentrum des jüdischen Modebezirks in Berlin-Mitte und beauftragte den berühmten Architekten Friedrich Kristeller, den neuen Firmensitz zu konzipieren.

Das prachtvolle, sechsstöckige Gebäude wurde 1909 fertiggestellt, hatte einen Vordereingang in der Krausenstraße und reichte bis zur südlich parallel verlaufenden Schützenstraße. Vorder- und Hintereingang waren beide mit riesigen Bronzetüren ausgestattet und hatten identische Torbögen, die mit Schnitzereien von Fabelwesen verziert waren. An der Vorder- und Rückseite des Gebäudes prangte die Inschrift »H. Wolff Confection Feiner Pelzwaren«. Im Inneren des Gebäudes befanden sich Marmorböden, prachtvolle holzgeschnitzte Decken, Spiegelwände, eine gewaltige Wendeltreppe und ein Paternosteraufzug. Mit einem gigantischen Untergeschoss, zwei Innenhöfen und den markanten Fenstern auf allen sechs oberen Etagen war dieses Gebäude wirklich ein Beweis für Victors Geschick in der Erschaffung der »führenden Firma in Deutschland« für die Herstellung von Pelzwaren für den Großhandel.

In seinen Memoiren, nun im Besitz der Wiener Library in London, beschreibt der zeitgenössische Pelzhändler Philipp Manes, dessen Vater Eduard eine Pelzfirma in der Krausenstraße besaß, eine Besichtigung des neuen Gebäudes:

»Die eigentlichen Verkaufsräume, das Inlandslager, die Berliner und die Auslandsabteilung, Expeditionen und Kontorräume schließen sich an, und nun folgen in weiten lichtdurchfluteten Räumen die Werkstätten für Pelz- und für die Stoffmäntel. Hieran schließen sich [...] die Konservierungsabteilung und die dem kaufmännischen und technischen Personal dienenden Garderoberäume.«[79]

Von Anfang an wurde etwa die Hälfte des Gebäudes von der Pelzfirma H. Wolff in Anspruch genommen, während die anderen Räumlichkeiten im Verlauf der Jahre an größtenteils jüdische Konfektions- und Kaufhäuser vermietet wurden, unter anderem z.B. an Hermanns & Froitzheim, Dick & Goldschmidt, Ahders & Basch, Cohen & Kempe, Kraft & Lewin, Krahnen & Gobbers, Heymann Walter & Co., Gertrud Isenburg, Delte & Lewandowsky, Haar, Hesse & Heyl, Gebr. G und G, Joseph & Rosenfeld, Linden H. & Co., Lux & Co., Prinz& Roth, Schäfer E. & Co., Schwab M. & Schwarzschild GmbH, Sehmer & Loewenheim und Arnold Zeilinger.

Für die feierliche Eröffnung im Winter 1910/1911 wurde eine Hochglanzbroschüre erstellt. Diese zeigt eine beeindruckende Vielfalt an Designs, Mustern und Stoffen von bodenlangen Pelzmänteln in einem breiten Sortiment von Nerz, Zobel, Marder und Hermelin bis hin zu Stoffmänteln mit aufwändigen Pelzkragen- und manschetten, riesigen Federhüten und prachtvollen Stolas, Umhängen und Muffen.

Auflagen der monatlich erscheinenden New Yorker Zeitschrift *Fur Trade Review* aus den Jahren 1908 bis 1911 enthalten Fotos und Zeichnungen von H. Wolffs Pelzmänteln und -hüten sowie von vielen anderen glamourösen Produkten. Die Telegrammanschrift in den Anzeigen der *Fur Trade Review* lautete: »Selfmademan Berlin«. Zu diesem Zeitpunkt arbeiteten für die Pelzfirma Vertreter in Leipzig, Paris, Glasgow, Manchester, Palermo, London, Amsterdam, Kopenhagen, Moskau und sogar in Melbourne, Australien, wie in den Anzeigen selbst unter einem Foto des neulich errichteten Gebäudes mit Stolz verkündet wurde.

Als internationales Unternehmen hatte die Firma H. Wolff nun den Höhepunkt ihres Ruhms erreicht, und als Anerkennung dessen wurde Victor im Jahre 1912 von der Stadt Berlin der Ehrentitel *Kommerzienrat* verliehen, der ihn als hervorragenden Geschäftsmann auszeichnete. Der Erste Weltkrieg von 1914 bis 1918 beeinträchtigte den Handel wesentlich, und die Zustände wurden auch nach dem Krieg nicht besser. Der Sturz der Deutschen Mark und die ständig erhöhten Kosten für Pelze, Seide und Stoff zusammen

Polyhymnia

H. Wolff
Berlin W. 8
Krausenstrasse 17-18

Paris
51. Rue Etienne Marcel

London E.C
15. Distaff Lane

Anzeige des Modegeschäfts H. Wolff

Das Wolff-Gebäude (Krausenstr. 17/18) in den 1920er Jahren

mit stetig steigenden Löhnen erschwerten die Geschäftstätigkeit.

Trotz der Wirtschaftskrise produzierte die Firma 1920 ein entzückendes Kalenderbuch für ihre Kunden und Lieferanten. Auf der bunten Titelseite sind zwei elegante Herren mit pelzbesetzter Kleidung abgebildet, die gerade die Geschäftsstelle von H. Wolff besuchen. Auf der Rückseite sitzt ein wohlhabend aussehender Herr mit Zylinder auf einer großen, mit dem Zeichen »H.W.« eingeprägten Truhe. Dieser wird von einem amerikanischen Ureinwohner begleitet, der Federschmuck auf dem Kopf und eine Tierhaut über der Schulter trägt. Beide Männer rauchen lange Friedenspfeifen.

Bis 1923 hatten sich die Handelsbedingungen schon deutlich verbessert. Eine englischsprachige Broschüre mit dem Titel *The Leading House for Winter 1923* enthielt Strichzeichnungen von Pelz- und Stoffkleidung für Damen und Herren, die anschaulich zeigen, wie das Geschäft am H. Wolff Firmensitz in der Krausenstraße geführt wurde. Käufer betraten die »hellen und vornehmen Säle« der Ausstellungsräume im Erdgeschoss, um sich die für den Großhandelskauf verfügbaren Produkte anzuschauen. Im Obergeschoss waren »die Abteilung für KLEINE PELZE und die Tierhaut-Lager. In diesen Räumen arbeiten Männer, die ihre Kunst, Tierhäute jeder Art auszuwählen, zu bewerten und zusammenzufügen, in aller Welt gelernt haben«. Es werden Pelzumhänge aus Zobel, Marder, Nerz und Skunk erwähnt sowie Krawatten aus Maulwurf-, Skunk-, Zobel-, maulwurfgefärbtem Hamster-, Biber-, »Molette«- und Kaninchenpelz. Des Weiteren preist die Broschüre an: »Krawatten aus schönstem echten Fuchspelz und beeindruckende Imitate, insbesondere in der wundervollen Silberfuchsfarbe, eine bekannte Spe zialität der Firma, Schals in verschiedenen Breiten und Längen mit einzigartigen und wirkungsvollen Details.« In der Abteilung für Damenmäntel im oberen Geschoss »werden viele neue Materialien aus Wolle, Seide, Samt, Leder und Pelz [für Mäntel, Jacken und Anzüge] entworfen«.

Meine Mutter konnte sich noch genau erinnern, wie sie als kleines Mädchen die Firma besucht hatte und auf den Bergen von Pelzen im Keller herumspringen durfte: »Du darfst auf den Kaninchenpelzen herumspringen, aber bloß nicht auf den Hermelin- und Nerzpelzen«, hatte ihr Vater sie angewiesen.

In den frühen 1920er Jahren heiratete Victors Sohn Herbert, mein Großvater, und gründete seine eigene Firma, die er unabhängig von der seines Vaters und in einem anderen Gebäude betrieb. Als Victor alt und krank wurde, entschloss er sich, den Handel mit Pelzen aufzugeben. Zum Zeitpunkt seines Todes im Jahre 1928, inmitten der weltweiten Rezession und kurz bevor dem Börsencrash, wurde das gesamte Gebäude schon gewerblich vermietet.

Im Jahr 1929 wurde bei der Victoria-Versicherung (heute ein Unternehmen der ERGO-Versicherung, eine Tochtergesellschaft der Munich Re) eine Hypothek in Höhe von 1,2 Millionen Reichsmark auf das Grundstück aufgenommen. Vielleicht hatte die Familie finanzielle Schwierigkeiten während der weltweiten Wirtschaftskrise, oder man wollte damit den vollständigen Übergang zum gewerblichen Mietgeschäft erleichtern – die Gründe sind unklar.

Im Mai 1933, als die Nazis bereits vier Monate lang die Macht innehatten und sein jüngerer Bruder Fritz im Spandauer Gefängnis inhaftiert war, floh Herbert in das britische Mandatsgebiet von Palästina. Seine Frau und Kinder, von denen meine Mutter das älteste war, folgten wenige Monate später. Die Vollmacht über seine Angelegenheiten erteilte Herbert seinem Bruder Fritz, der nach seiner Freilassung das Gebäude so gut er konnte mithilfe von Anwälten der Familie verwaltete. 1937 leitete die Victoria-Versicherung einen Zwangsverkauf ein und verkaufte das Gebäude direkt an die Deutsche Reichsbahn, ohne es vorher an den Meistbietenden zu versteigern. Daraufhin wurde es als Bürogebäude für die Architekten der Reichsbahn benutzt, die Albert Speers große Pläne zur Neugestaltung von Berlin-Mitte verwirklichen sollten. Im März 1943 wurde Fritz nach Auschwitz verschleppt und ermordet.

Nach dem Ende des Zweiten Weltkrieges gehörte die Krausenstraße 17/18 zum Gebiet der DDR, zwei Blocks vom Checkpoint Charlie entfernt. Als 1989 die Berliner Mauer fiel, war die Chance gekommen, die Geschichte des Gebäudes, das einst der Familie Wolff gehörte, aufzuarbeiten. Meine Mutter wollte ihre Vergangenheit nicht wieder aufleben lassen. Sie hatte sich ein neues Leben in Großbritannien aufgebaut – Victors übrige Nachfahren lebten in Israel.

Ich flog nach Berlin, fand das Gebäude, ging einfach hinein und sagte zu der zuständigen Person: »Ich bin gekommen, um das Gebäude meiner Familie zurückzuverlangen.« Da ich aber keine Dokumente hatte, die einen Rechtsanspruch auf Rückgabe belegten, begann ich meine Recherche. Ich brauchte Geburts-, Todes-, und Heiratsurkunden sowie Testamente, um zu beweisen, wer die rechtmäßigen Erben waren. Diese waren nicht sehr schwer zu finden. Das Grundbuch war eine Offenbarung. Indem sie einen Zwangsverkauf verlangte, hatte die Victoria-Versicherung die Hypothek, die in 1929 in Höhe von 1,2 Millionen Reichsmark aufgenommen wurde, gekündigt. Anstatt das Objekt an den Meistbietenden zu versteigern, wurde es von der Victoria-Versicherung an die Reichsbahn verkauft, und zwar zu einem Preis deutlich unter dem Marktwert. Die Gerichtsakten zeigen, dass die Anwälte der Familie Wolff sich den Zwangsvollstreckungsmaßnahmen der Victoria-Versicherung vor den Gerichten in Charlottenburg wiedersetzt hatten – mit dem Einwand, dass die Hypothek abgedeckt sei – aber ohne Erfolg.

Nach Abzug von Prozess- und Anwaltskosten blieb der Familie nur eine kleine Summe. Das Gebäude nebenan – Nummer 19/20 – war ein Jahr vorher an die Reichsbahn verkauft worden, für eine um 40 Prozent höhere Summe pro Quadratmeter im Vergleich zum Haus der Familie Wolff. Die Verkäufer waren mit ihrer Hypothek bei einer anderen Versicherungsfirma in Verzug, aber sie waren Deutsche und keine Juden.

Da sich das Grundstück nach dem Ende des Krieges in der sowjetischen Besatzungszone befand, wurde es als das Eigentum der Deutschen Treuhandstelle eingetragen und zum Sekretariat der Deutschen Reichsbahn – bis zum Untergang der DDR. Im Grundbuch hinterlegt war ein einseitiger, auf offiziellem Briefpapier verfasster Brief vom 30. November 1948, in dem ein Beamter schrieb:

»[...] da der jüdische Vorbesitzer gezwungen war, das Grundstück unter dem Druck der damaligen politischen Verhältnisse zu veräußern [...]. Wir bitten Sie, sich jeder Verfügung über das Grundstück zu enthalten [...].«

Die Behörden erkannten daraufhin an, dass die Eigentümer aufgrund ihrer Herkunft von den Nazis verfolgt wurden. Die Familie Wolff war in dieser Hinsicht nicht allein – die Victoria-Versicherung hatte auch viele andere Immobilien von jüdischen Eigentümern zum Kauf angeboten.

Im Mai 1949 hatten die zuständigen Stellen in der sowjetischen Zone eine Liste der Unternehmen, Finanzinstitute und Versicherungsfirmen herausgegeben, die als »Nazi- und Kriegsverbrecher« betrachtet wurden. Die Victoria-Versicherung steht auf dieser Liste. Viel später stellte ich mit Entsetzen fest, dass die Victoria Teil von Unternehmensgruppen war, die die Zwangsarbeitslager der SS in Auschwitz, Buchenwald und Stutthof versichert hatten.

1996 erkannten die Behörden an, dass die Familie Wolff Verfolgungsopfer gewesen waren und dass die Familie ihres Gebäudes nicht beraubt worden wäre, wenn die Nazis nicht die Herrschaft erlangt hätten. Zu dem Zeitpunkt hatte dort das Bundesministerium für Verkehr, Bau und Stadtentwicklung für das neue wiedervereinigte Deutschland seinen Sitz. Da die Mitarbeiter nicht an einen anderen Standort verlegt werden konnten, wurde das Grundstück für 20 Millionen DM gekauft (1996 waren das ca. 14 Millionen US-Dollar oder 8 Millionen Pfund). Das Geld wurde unter Victor Wolffs Enkelkindern – meiner Mutter und ihren Geschwistern – aufgeteilt. Heute ist das Gebäude Teil des Bundesumweltministeriums, eine Gedenktafel erzählt ein kleines Stück der Geschichte der Familie Wolff.

Tafel am Wolff-Gebäude, heute Sitz des Bundesumweltministeriums

ADOLF EPHRAIM
POPER & FÜRTH
ZU VERMIETEN
RONA
MAX KAWA
Mohren Str

Der Hausvogteiplatz in den frühen 1920er Jahren, Zentrum der Konfektion

DAS NACHSPIEL

»WIE PHÖNIX AUS DER ASCHE ...«?

KRIEGSENDE UND ABGLANZ EINER EPOCHE IN DEN FÜNFZIGER JAHREN

»Das Beste was uns passieren konnte, war, dass die Juden enteignet wurden.«

Mit Beginn des deutschen Angriffskrieges, dem Überfall auf Polen am 1. September 1939, wurde für die Bekleidungsindustrie die effektive Versorgung der im Krieg befindlichen Truppen wichtig. Nur noch ein sehr geringer Teil der Modefirmen in Berlin produzierte für den Export. Wie bereits erwähnt, kamen die Stoffe dafür in großen Mengen aus den von der Wehrmacht besetzten Ländern. Besonders seit der Okkupation Frankreichs und dem Einmarsch der Truppen in Paris am 14. Juni 1940 wurden mit tausenden von Güterzügen wertvolle Stoffe der Haute Couture nach Berlin gebracht. Mit großer Enttäuschung nahmen die Nazis aber zur Kenntnis, dass führende Pariser Modeschöpfer fluchtartig Paris und Frankreich verlassen hatten (im Gegensatz übrigens z.B. zu Coco Chanel, die in Paris blieb) und viele Angestellte mobilisiert oder evakuiert waren. Dennoch war es für viele Nazis auch ein kleiner Triumph über den schon lange geforderten »Niedergang der Pariser Mode«. Eine entscheidende Veränderung ergab sich mit der Verarbeitung der geraubten Stoffe zu deutscher Qualitätsware nicht.

Das Propagandaministerium ernannte 1942 Professor Benno von Arendt zum Reichsbeauftragten für Mode, ein eher dekorativer Titel. Von Arendt hatte sich schon 1936 mit der Ausstattung der *Meistersinger* zum Nürnberger Parteitag der NSDAP als geschmacklich und politisch zuverlässig erwiesen. Der Verlauf des Krieges verhinderte allerdings, dass von Arendt sein Amt nachhaltig ausüben konnte. Die Bevölkerung konnte nach 1941 nur mit großen Problemen mit den notwendigsten Gütern versorgt werden. Die jetzt eingeführten Reichskleiderkarten bedeuteten, dass jetzt die Rationierung bei allen Waren herrschte. Für die erforderliche massenweise Produktion von Kleidung und Uniformen wurden die von der ADEFA durchgeführten Strukturveränderungen in der Konfektion wichtig, denn in »der Kriegszeit ist die Uniform wichtiger als der bürgerliche Rock«. Nach dieser Devise erreichten die Rationalisierungsmaßnahmen, »die gerade im Bekleidungsgewerbe in letzter Zeit weit vorangetrieben worden sind«, ihr Ziel: die Kriegsproduktion. Die Industrie- und Handelskammer musste jedoch schon bald auch die Schwierigkeiten erkennen, die mit der Uniformherstellung auftraten.

Für das »Bekleidungsgewerbe im Kriegseinsatz [...] ergab sich die Notwendigkeit, zu einer Produktionssteuerung überzugehen, die den Instandsetzungsaufträgen von kriegsnotwendiger Bekleidung vor der Neuproduktion den Vorrang gibt«.[80] Zur Erfüllung der vom Staat gesetzten Aufgaben stützte sich die Berliner Konfektion auch auf den Einsatz von Zwangsarbeitern. Von den insgesamt acht bis zehn Millionen Zwangsarbeitern zwischen 1940 und 1945, so die Schätzungen, waren in 120 Lagern ca. 6000 Zwangsarbeiter mit der Produktion von Bekleidung aller Art beschäftigt.

Gerd Staebe mit seinen Mannequins im Autokorso (oben), Prominenz vom Film (Paul Hubschmid) bei einer Modenschau von Detlev Albers (unten), 1960er Jahre

Die Frau des Schahs von Persien, Farah Pahlavi, bei einer Modenschau in Berlin, links neben ihr der Präsident des DOB-Verbandes Heinz Mohr, Juni 1967

Ein Zeitzeuge erinnert sich an Folgendes:[81] Die Berliner Firma der Brüder Wysocky produzierte in eigener Fabrik Kinderbekleidung. Neben einer sogenannten »Ausländer-Abteilung«, in der Zwangsarbeiter aus Jugoslawien, Belgien und Frankreich an den Nähmaschinen saßen, gab es auch eine »jüdische Abteilung«. In dieser wurden nur jüdische Männer und Frauen angestellt, die teilweise früher selbst in leitenden Funktionen in der Berliner Konfektion gearbeitet haben oder Betriebsinhaber gewesen sind. Um zu verhindern, dass die jüdischen Zwangsarbeiter Kontakt mit den anderen Gefangenen aufnahmen, richtete die Firmenleitung vorsorglich extra Toiletten »für Juden« ein. Der kasernierte Wohnort der jüdischen Zwangsarbeiter war in einem Haus nahe dem Senefelderplatz im Bezirk Prenzlauer Berg. Die ca. 30 bis 40 jüdischen Zwangsarbeiter der Nähwerkstätten seien, so der Zeitzeuge, an einem Morgen nach der Arbeitsaufnahme im April oder Mai 1942 von einem Wagen der SS abgeholt worden. Keiner der abgeholten Juden ist jemals wieder gesehen worden.

Inzwischen ist deutlich, dass es eine direkte Linie zwischen den Enteignungen der jüdischen Berliner Modefirmen und den Zwangsarbeitslagern gab. Berliner Modedesigner und deren Firmen rund um den Hausvogteiplatz bestellten nicht nur in den Arbeitslagern der KZ ihre Modellentwürfe, sondern ließen die Bekleidung für ihre Schaufensterauslagen von den dort als Näherinnen ausgebeuteten Frauen nun in Zwangsarbeit anfertigen, so geschehen in Auschwitz Birkenau.

Seit Sommer 1940 vergaben die Wehrmachtsstellen Aufträge an die Ghettoverwaltungen, gerade im Bereich der Textilanfertigung und Uniformherstellung. Studien belegen, dass 1941 nahezu alle Ghettobetriebe für die Wehrmacht, aber auch für private Modefirmen wie das Warenhaus Josef Neckermann arbeiteten.

Für die Konfektionsindustrie war die Verpflichtung von Zwangsarbeitern nie ein Problem. Otto Jungs ADEFA und die Wirtschaftsgruppe Bekleidungsindustrie, unter der Führung von Herbert Tengelmann, hatten dafür gesorgt, dass zuverlässige Nazis nun in der Branche das Sagen hatten. Wie lange die daraus entstandenen personellen Verbindungen wirkten, machte sich erst nach dem Krieg bemerkbar.

Dieselben Nazis gelangten nach Kriegsende erneut zu Ämtern und Ehren innerhalb der sich im Aufbau befindlichen Konfektion der 1950er Jahre. Der *Interessensverband der Damenoberbekleidung*, der sich 1950 neu gründete, war von dem Elan, mit dem die Bekleidungshersteller aus dem Krieg gekommen waren, selbst überrascht.

»Daß sich dennoch, nach dem Inferno des Zweiten Weltkrieges, die Berliner Bekleidungsindustrie in relativ kurzer Zeit wie Phönix aus der Asche erhob, das war ein wahres Wirtschaftswunder. Alte Konfektionshasen vom Hausvogteiplatz erinnern sich an diese schwere Aufbauzeit besonders intensiv. Denn nie waren Kameradschaft und Hilfsbereitschaft so groß und selbstverständlich wie in dieser Zeit.«

Heinz Mohr, der diese Zeilen 1982 für den Verband der Berliner Damenoberbekleidung schrieb, wollte damit die Leistung der Berliner Bekleidungsindustrie würdigen, die auch hier nicht in Abrede gestellt werden soll. Doch lieferte er mit diesen Sätzen ungewollt eine präzise Beschreibung jener Nachkriegssituation, die unter anderem durch den Aufstieg alter NSDAP-Mitglieder und -Komplizen in der Branche gekennzeichnet war.

Vier Beispiele sollen das verdeutlichen.

HERMANN FREIHERR VON EELKING

HERRENAUSSTATTER UND MODEEXPERTE

1934 erschien im Zentralverlag der NSDAP (Frz. Eher-Verlag GmbH. München) ein kleines Buch mit dem Titel: *Die Uniformen der Braunhemden – SA, SS, Politische Leiter, Hitlerjugend, Jungvolk und BDM* [Bund Deutscher Mädchen]. Verfasser dieser Schrift war Hauptmann a.D. Freiherr von Eelking. Der Herausgeber vermerkte im Vorwort des Bandes:

Ganz selbstverständlich muß es sein, daß jeder, der heute in die große Kameradschaft der SA und ihres Nachwuchses eingegliedert ist und mit Stolz das Ehrenkleid der Bewegung trägt, [...] weiß, wie die Abzeichen seiner Führer [...] und die Merkmale der Sonderformationen aussehen. Aber die Soldaten der braunen Armee, die den Sieg des Nationalsozialismus vorwärtstrugen, haben es verdient, daß jeder andere gute Deutsche ihre Uniformen [...] kennt. Solches Verständnis bindet, es hält die Begeisterung wach und damit auch die Liebe zu Volk und Vaterland!

Hermann von Eelking musste es wissen, denn schon frühzeitig war er Teil der nationalistischen Bewegung; er wurde im Ersten Weltkrieg ausgezeichnet und schrieb bereits 1913 für die durch ihren vehementen Antisemitismus bekannte gewordene *Kreuz-Zeitung*. Den Sachverstand brachte von Eelking durch seine Tätigkeit als Chefredakteur des von ihm 1919 gegründeten *Herrenjournal* und durch seine Mitarbeit in der Redaktion des *Herrenausstatter* mit. Seine Verbundenheit mit dem NS-Regime dokumentierte er durch seinen am 1. Dezember 1933 erfolgten Eintritt in die SA. Er avancierte zum Sturmführer und begleitete den Niedergang der Konfektion als Schreiber für verschiedene Fachzeitschriften. Wie sehr von Eelking das Vertrauen der Partei genoss, wurde im September 1944 deutlich. Erneut sollte er ein Buch schreiben. Titel: *Enzyklopädie des gegenwärtigen Krieges – auf militärischem, diplomatischem, politischem, biographischem, wirtschaftlichem und kulturellem Gebiet.* Gleichzeitig bearbeitete von Eelking ein Nachschlagewerk für die Bekleidungsindustrie, dessen Erscheinen nach dem Krieg geplant war; dazu kam es nicht mehr. Dafür aber zu einer anderen, nicht weniger erfolgreichen Karriere.

In den Nachkriegsjahren fand sich von Eelking schnell zurecht. Er war gern und oft gesehener Gast auf den ersten Modenschauen und beriet bei den organisatorischen Schritten zum Wiederaufbau der Berliner Konfektionsindustrie. 1950 gab er wieder sein *Herrenjournal* heraus und gründete im gleichen Jahr, am 9. November, das *Institut für Herrenmode,* dessen Vorsitzender er wurde. Sein Fachwissen war auch 1954 gefordert, als er mit alten und neuen Kollegen der Konfektionsbranche das *Deutsche Mode-Institut e.V.,* Berlin – Düsseldorf gründete.

Eelking gehörte in den folgenden Jahren zur Elite der aufstrebenden Bekleidungsbranche. Seine schriftstellerische Tätigkeit beschränkte er auf Feuilletonistisches und publizierte unter anderen ein Buch mit dem Titel:

Bilanz der Eitelkeit – Die Geschichte der Krawatte.

Sicher war es die »Kameradschaft« aus alter Zeit, die von Eelking nach dem Krieg dazu veranlasste, eine vertraute Person in das Amt des Schatzmeisters seines *Instituts für Herrenmode* zu setzen. Das war sein alter Weggefährte Fritz M. Tübke.

FRITZ M. TÜBKE

»Beiliegend der Löschungsauftrag für die Firma Ildefons Auerbach ...«

Als Vertreter der Krawattenindustrie nahm Tübke das Amt an. Auch er kannte sich in der Branche nach 1933 gut aus. Der wirtschaftliche Aufstieg seines Unternehmens, der *Kronen-Krawattenfabrik* in der Klosterstraße 87, war nur möglich durch die von ihm initiierte Enteignung der jüdischen Firma von *Ildefons Auerbach* in der Leipziger Straße 58. In einem Investitionskreditantrag an den Berliner Wirtschaftssenat von 1951 verweist Tübke auf das hervorragende Umsatzvolumen der Firma seit 1938 mit Reichsmark 3 Millionen. Die Zerstörungen des Krieges hätten ihn aber nun mittelos gemacht. Tatsache ist, dass Herr Tübke den jüdischen Geschäftsführer Auerbach 1938 in die Emigration zwang und alle Warenbestände seinem eigenen Betrieb zuordnete.

1940 wurde Fritz M. Tübke Leiter der Fachuntergruppe Krawattenindustrie in der Wirtschaftsgruppe Bekleidungsindustrie, die von Herbert Tengelmann geführt wurde. Gleichzeitig wirkte er über die Handels- und Industriebeteiligungsgesellschaft mbH, Klosterstraße 87, bei der formal noch nicht vollzogenen Aufteilung des Auerbachschen Vermögens mit. In einem Schreiben an den Oberfinanzpräsidenten Berlin-Brandenburg, in dem es um die Verteilung des Besitzes von Ildefons Auerbach ging, schrieb er am 9. März 1944:

Betr.: Ausbürgerung des Juden Ildefons Israel Auerbach [...]
Die Anteile (an der Firma Auerbach) sollen neu verteilt werden [...].
Heil Hitler Fritz M. Tübke.

Das alles hinderte das *Herrenjournal* des erwähnten Freiherrn von Eelking nicht, Tübke 1977 als »Mann der ersten Stunde« zu bezeichnen. Er wurde sogar Ehrenmitglied im *Verein der Berliner Kaufleute und Industrieller* (VBKI), bekleidete dort den Vorsitz des Ausschusses für Kultur und Wissenschaft und war Mitglied des Außenhandelsbeirates des Bundesministeriums für Wirtschaft in Bonn.

HERBERT TENGELMANN

GOEBBELS-FREUND, MODE-NAZI UND GEFRAGTER RATGEBER DES WESTBERLINER WIRTSCHAFTSBOOMS

Herbert Tengelmann, NSDAP-Mitglied, der 1936 noch den Berliner Einzelhandel dazu aufrief, die Schaufenster für den »Anschluss« Österreichs an das Reich zu schmücken, der zudem als Leiter der Fachgruppe *Bekleidung, Textil und Leder* und als Vizepräsident der Industrie- und Handelskammer Berlin zwischen 1933 und 1939 in heute nicht mehr festzustellendem Ausmaß an der »Entjudung« der Berliner Konfektionsindustrie beteiligt war, fand ebenfalls nach dem Krieg seinen Platz in der Branche, sogar ehrenhalber. Tengelmann gehörte zu den führenden Nazis mit Beziehungen in die oberste Parteispitze. Die »Entjudung« der Bekleidungsindustrie in Breslau zu leiten, war für ihn ein Teil seines Jobs. Als Chef des Unternehmens Leineweber wurde er Ehrenmitglied des Bundesverbandes der Bekleidungsindustrie. Nur sein Tod 1954 verhinderte wahrscheinlich eine weitergehende Karriere.

VICTORIA-VERSICHERUNG

Um das gesamte Ausmaß der nationalsozialistischen Enteignung von jüdischem Privat- und Geschäftseigentum in seiner ganzen Wucht zu begreifen, sollte die Rolle der Versicherungen nicht vergessen werden. Spätestens nachdem die Versicherungen im NS-Staat ihre jüdischen Vorstandsmitglieder entlassen hatten, stand nicht nur das übliche Alltagsgeschäft auf der Tagesordnung. Das Wirtschaftsministerium hatte nämlich für die Versicherer eine klar abgesteckte Marschroute festgelegt: Ziel war es, sich selbst so in die NS-Staatsgeschäfte einzubinden, dass sie die Hypotheken jüdischer Immobilienbesitzer übernehmen konnten. Nicht selten stammten diese Hypotheken noch aus der Krisenzeit um 1929. Selbiges geschah auch mit Bankkrediten und Hypotheken jüdischer Eigentümer in den besetzten Ländern, vor allem in Polen. Zur konkreten Umsetzung wurde eine GmbH gegründet, die wiederum dem SS-Wirtschafts-Verwaltungshauptamt unterstand. So gehörten z. B. zu den hauptsächlichen Akteuren im KZ Stutthof gemäß eines Schreibens der *Allianz* im November 1944 die *Allianz-Versicherungen* (25 Prozent), die *Danziger Feuersozietät* (20 Prozent), *Magdeburger* (20 Prozent), *Aachener und Münchner* (15 Prozent), *Iduna-Germania* (10 Prozent) und die *Victoria* (10 Prozent).

Die *Deutschen Ausrüstungswerke GmbH* war der operative Arm der SS und entschied über die Aufteilung der zu versichernden Konzentrations- und Arbeitslager sowie des konfiszierten jüdischen Eigentums. Die Anteile der verschiedenen Versicherungen an den KZ oder Arbeitslagern variierten. In Auschwitz war z.B. die *Victoria* für 10 Prozent der Versicherungen, in Buchenwald, nahe Weimar, für 5 Prozent verantwortlich. Oftmals handelte es sich lediglich um Gebäude- und Feuerversicherungen. In den Gebäudeversicherungen enthalten waren oftmals die Maschinen und Gerätschaften in den Konzentrations- und Arbeitslagern – und damit auch in den verbundenen Bekleidungswerkstätten. Arbeitsausfälle z.B. durch Stromausfall konnten reklamiert und entschädigt werden. Ob auch die Krematorien und Verbrennungsöfen zu solchen »Versicherungsfällen« gehörten, kann nur vermutet werden.

Der *Victoria*-Versicherung fiel seit 1936, vor allem in Berlin, der Bereich der jüdischen Textil- und Modefirmen zu. Treibende Kraft bei den konzertierten Enteignungsaktionen war der parteilose *Victoria*-Geschäftsführer und Jurist Dr. Kurt Hamann. Hamann war ein Kunstfreund, der sich insbesondere für die aus jüdischem Besitz gestohlenen Gemälde und andere Kunstwerke interessierte. Als Kunstkenner und durch seine große Loyalität zum Regime qualifizierte er sich offenbar für die Aufnahme in den Ehrenausschuss des Münchner *Haus der Deutschen Kunst,* das unter anderem für die NS-Propaganda-Ausstellung *Entartete Kunst* 1937 verantwortlich war.

Trotz seiner fehlenden Parteimitgliedschaft feilte Dr. Hamann emsig an seiner Erfolgsbilanz. Nach gegenwärtigen Schätzungen verfügte die *Victoria*-Versicherung im Jahre 1938 über 985 zwangsversteigerte Grundstücke und Firmengebäude aus jüdischem Besitz. Andere Quellen behaupten, es seien nur 27 Firmen gewesen. Durch die leider heute noch intransparente Archivführung der *Victoria/ERGO*-Versicherung in Düsseldorf kann der für die *Victoria* entstandene Gewinn daraus nicht genau ermittelt werden. Deutlich wird aber, dass es Dr. Hamanns Ambition war, die mit Hypotheken belasteten Immobilien jüdischer Eigentümer von den Bank- und Kreditgebern aufzukaufen um selbige dann mit Gewinn wieder zu verkaufen. Diese Methode machte für die Victoria geschäftlich im korrupten Hitlerstaat sehr viel Sinn. Es war eine »Marktlücke« im NS-Staat, die andere Versicherungskonkurrenten eher ausließen. Der Versicherungsstratege Dr. Hamann zielte damit bereits auf das Kriegsende und mögliche Forderungen der ehemaligen jüdischen Eigentümer auf Entschädigung. War eine Immobilie erst zweimal hintereinander verkauft, ließ sich kaum noch die zuerst erzwungene Enteignung über Banken und Hypotheken nachweisen.

Bis heute bleibt undeutlich, welche Aufgaben die polnische Niederlassung der *Victoria* in Krakau und Warschau bei der zwangsweisen Übernahme polnischer Versicherungen, z.B. der *Florjanka* in Oberschlesien spielte. Was geschah mit den jüdischen Angestellten und Geschäftsführungen dieser Häuser? Historiker sprechen im Zusammenhang mit der *Victoria*-Versicherung von »Kriegsverbrechen« unter der Führung von Dr. Hamann in Polen.

Nach der fast abgeschlossenen Enteignung jüdischen Besitzes beteiligte sich Dr. Hamanns *Victoria* mit den ihm zugewiesenen 10 Prozent auch an der Versicherung des KZ Auschwitz. Die *Victoria* und andere Versicherungen teilten sich im Kontext mit zahlreichen staatlichen Maßnahmen die Aufgabe, die Pfründe der gestohlenen jüdischen Kapitalien, Besitztümer und Immobilien dem NS Staat beizuordnen. So landeten Dr. Hamann und die *Victoria* als »Nazi- und Kriegsverbrecher« auf der Täterliste der sowjetischen Verwaltung im Magistrat von Groß-Berlin vom 10. Mai 1949.

Nach Ansicht Dr. Hamanns bot das im Februar 1945 durch alliierte Bombenangriffe zerstörte Firmengebäude der *Victoria* keine Zukunft, an der er weiterhin arbeiten wollte. Im neuen Düsseldorfer Firmensitz der *Victoria* wurde Dr. Kurt Hamann wieder Vorstandsvorsitzender und agierte dort mit hoher gesellschaftlicher und fachlicher Anerkennung bis 1968. Zu den frühen Nachkriegszielen der Victoria unter Dr. Hamanns Leitung gehörte es, die Restitutionsansprüche jüdischer Kläger auf Entschädigung für den von der *Victoria* konfiszierten Besitz zu erschweren und ihre Ansprüche als »verfallen« zu erklären.

Jahre später wurde ihm sogar das Bundesverdienstkreuz mit Stern für seine Tätigkeit in der deutschen Versicherungswirtschaft verliehen. Dr. Hamann hatte es offenbar verstanden, sein Wirken für die NSDAP bei der Enteignung jüdischen Eigentums so zu kaschieren, dass sich niemand mehr daran störte. Aber vielleicht musste er das auch nicht verheimlichen. Denn viele der ehemaligen Versicherungschefs kamen nach dem Krieg wieder zu Amt und Ehre. Kein Einzelfall in der Zeit nach 1945 in Deutschland.

Ein zusätzlicher Faktor für das bereitwillige Vergessen der Verbrechen von Dr. Hamann und der *Victoria* bis in unsere Tage mag auch in der Tatsache liegen, dass die *Victoria* inzwischen der ERGO-Versicherung gehört und die wiederum zur Münchener Rückversicherung, einem der größten Versicherer weltweit.

Daher erstaunt es auch nicht, dass die *Victoria/ERGO*-Versicherung es 1979 schaffte, das Wirken von Dr. Hamann noch weiter zu glorifizieren, indem sie an der Universität Mannheim in seinem Namen eine Studienstiftung mit einem Grundkapitalstock von 100 000 Mark einrichtete. Ziel derselben: die »Förderung von Forschungsvorhaben auf dem gesamten Gebiet der Versicherungswissenschaft, insbesondere in den Bereichen Versicherungsbetriebslehre, Versicherungsrecht und Versicherungsmathematik.« Darüber hinaus: wurde (bis vor kurzem) der Dr. Kurt-Hamann-Preis für hervorragende Dissertationen und Diplomarbeiten auf dem Gebiet der Versicherungswissenschaft vergeben.«

Diese Stiftung ist bis heute (Dezember 2018) tätig und repräsentiert mit ihren Auszeichnungen einen wichtigen Teil der Versicherungswissenschaften – nicht nur in Deutschland. Nach der Veröffentlichung der Enthüllungen von Dina Gold in ihrem Buch mit dem Titel *Stolen Legacy* von 2016, in dem Gold beschreibt, wie ihr Urgroßvater, H. Wolff, seiner Immobilie in der Berliner Krausenstraße 16/17 beraubt wurde, begann ein Jahr später die Universität Mannheim und die Dr. Hamann Stiftung eine unabhängige Recherche über die Involvierung von Dr. Hamann bei dem Historiker Professor Johannes Bähr in Auftrag zu geben. Der Recherchenbericht von Prof. Bähr liegt seit Juli 2018 dem seinerzeitigen Direktor der Mannheimer Universität, Ernst-Ludwig von Thadden, und den Mitgliedern der Hamann – Stiftung vor. Dieser Geheimbericht sorgte für Veränderung: Aufgrund der Verstrickungen Hamanns in die sogenannten »Arisierungen« hat die Stiftung im Dezember 2018 beschlossen, sich in »Stiftung zur Förderung der Versicherungswissenschaft an der Universität Mannheim« umzubenennen.

Von Thadden bedankte sich in einem Schreiben an Dina Gold, dass sie ihn auf die Geschichte von Dr. Hamann und der Victoria Versicherung aufmerksam gemacht hatte.

Die Nachkriegsgeschichte der Berliner Bekleidungsindustrie steckt voller Überraschungen, Ungereimtheiten und Denkwürdigkeiten, die, treten sie in so großer Zahl auf, schon wieder auf eine Kontinuität hinweisen. Selbst ein so fanatischer Judenhasser, wie Otto Jung es war, rief bei dem DOB-Verbandsgeschäftsführer, Heinz Lademann, noch 1960 Bewunderung hervor. Zur Erinnerung: Otto Jung, Leiter der ADEFA, der mit seinem tiefen Antisemitismus in der Berliner Konfektionsindustrie mit an erster Stelle für die Vertreibung und Liquidierung der jüdischen Unternehmen zuständig war, diesem Mann widmete Heinz Lademann folgende Zeilen:

Während in der Ära von Otto Jung sich eine Umwälzung in der Konfektion abspielte, wie sie wohl einzigartig in der jüngsten Wirtschaftsgeschichte ist, vertrat er andererseits wieder geschickt die Interessen der Bekleidungsindustrie. In einer Zeit, in der Rohstoffersparnisse erstes Gebot waren, spielte Otto Jung bei der Einführung der Kleiderkarte eine geschickte Karte aus: Er erreichte, dass konfektionierte Artikel sehr günstig ›bepunktet‹ wurden. Dadurch wurde die Käuferin auf die Fertigkleidung gedrängt. Diese Ansätze zur günstigen Entwicklung der Kon-

fektion wurden dann aber nach den wenigen Jahren schon im Bombenhagel der amerikanischen Flieger erstickt.[82]

Die Konfektionsindustrie der fünfziger Jahre setzte auf das Prinzip der massenhaften industriellen Herstellung von sogenannter modischer Fertigware.

Der rasch erfolgte wirtschaftliche Aufschwung in der Berliner Bekleidungsindustrie in den ersten zehn Nachkriegsjahren wurde jedoch besonders durch die Konfektionäre und Modestylisten geprägt, die ihre Ausbildung und ersten Berufsjahre in der alten Berliner Konfektion erfahren hatten; zumeist in den führenden jüdischen Konfektionshäusern. Die sprichwörtlichen »Traumkarrieren«, besonders von Gerd Staebe und Hans Seger, von Gehringer und Glubb, von Detlev Albers und Heinz Schulze-Varell und vielen anderen, basierten auf dem Know-how, dem Stil und der Eleganz einer vergangenen Zeit. Der Ku'damm in Berlin mutierte zum *»Schaufester des Westens«* mit schweren Veloursvorhängen, Modesalons und lilagepolsterten Rokokosofas. Gräfin Solms und Frau Thyssen trugen jährlich 50 000 Mark in diese Orte des Berliner Insel-Chics, Uli Richter avancierte zum »Botschafter deutscher Mode in Amerika«.

Das alles gelang aber nur mit hohen Subventionen aus der Bonner Hauptstadt, die den artifiziellen Boom der Modewirtschaft unterstützte. Der Mauerbau 1961, die Abtrennung von Arbeitskräften aus dem Ostteil der Stadt sowie der Export von Produktionsanlagen ins Ausland beendeten die Nachkriegszeit in Berlin und des Berliner Chics, der seit 1946 fast ausschließlich von der Nostalgie und dem erschlichenen Reichtum der alten jüdischen Konfektion lebte.

In dem Maße, wie sich die Fließbandproduktion und die rasche Industrialisierung im Bekleidungssektor durchsetzte, sich die Modeschöpfer der 1920er und frühen 1930er Jahre aus Altersgründen aus dem Geschäft verabschiedeten, verblasste auch der letzte Glanz einer wichtigen Epoche der Berliner Modegeschichte, die von jüdischen Konfektionären und Geschäftsleuten geprägt worden war.

KOLLEKTIVE AMNESIE?

VIER INTERVIEWS

Interviews mit dem Couturier Heinz Schulze-Varell, der Fotografin Regina Relang und den Modeschöpfern Gerd Staebe und Detlev Albers, die in den 1950er und 1960er Jahren in der Modeindustrie sehr erfolgreich waren.

Berlin in den 1950er Jahren. Wenn es neben den politischen Auseinandersetzungen der Sektorenstadt, dem beginnenden Glitzer im Westen und dem Grau im Osten noch etwas gab, was Lebensgefühl und das ersehnte Weltstadtniveau schaffen sollte, dann war es die Berliner Mode dieser Zeit. So wie auch schon vor dem Krieg versammelten sich in der Modebranche, nur jetzt auf Provinzniveau herabgesunken, Prominente aus Kunst und Politik, aus Wirtschaft und Wissenschaft: So waren Axel Springer und der damalige regierende Bürgermeister von Berlin, Klaus Schütz, zu Gast bei den Modeschauen von Detlev Albers. Romy Schneider und Harry Meyen gaben sich bei einer Presseschau im Hause von Gehringer & Glubb am Kurfürstendamm die Ehre. Der Prälat in Schöneberg wurde zum Modeball 1958 ausgestattet. Mit dabei der Schauspieler Claus Biederstaedt und Ludwig Erhard aus dem Adenauer-Kabinett. Im beigefarbenen Karmann Ghia fuhr die Modejournalistin Hanne Voelcker vor. Und natürlich die ganze Blase der Journalisten und Konfektionäre, die jetzt »Modeschöpfer« hießen. Die Atmosphäre war aufgeregt und ausgelassen, denn es ging um Geld, um sehr viel Geld sogar, und um Prestige.

München etablierte eine eigene Modewoche und Messe, denn hier war man es leid, ständig die peniblen Kontrollen der DDR-Grenzer bei jedem Transport mit Kostümen für Modeschauen in Berlin über sich ergehen zu lassen. Doch bei den Berliner Modeshows mit Hawaii-Sound und Freddy Quinn im Hintergrund toben im Verborgenen die Grabenkämpfe. Und die gestalteten sich umso schärfer, je länger man sich in den Insiderkreisen der Modeindustrie schon kannte. Und das war in vielen Fällen schon über zwanzig Jahre lang.

Einige kannten sich schon aus ihren ersten Jahren, als sie bei den jüdischen Konfektionsfirmen angefangen hatten, einige nutzten den »Glücksumstand« (Detlev Albers, s. S. 227ff.) der rasch zuschlagenden Nazipolitik der Enteignung und Verfolgung der Juden in der Branche. Jetzt, nach dem Krieg, schien alles wieder in festen Händen zu sein. Doch so ganz vergessen konnte man die Ehemaligen dann doch nicht. Verdankte man ihnen doch so viel. Die vier Interviews mit Heinz Schulze-Varell, Regina Relang, Gerd Staebe und Detlev Albers sind nicht repräsentativ. Und doch geben sie einen Einblick in die Psyche dieser Leute, ihre oft kaschierten Beweggründe, die Verdrängungsmechanismen und Brutalität der Sprache der Modemacher. Unter dem Aspekt der berechtigt erhobenen Restitutionsforderungen zahlreicher ehemaliger jüdischer Eigentümer aus aller Welt oder deren Angehöriger von Gebäuden und Firmen um den Hausvogteiplatz herum, sind diese Gespräche wichtig, da mit ihnen das Verständnis der sogenannten Arisierung in dieser Branche oder auch jener, die sie im nach hinein kritisieren, dokumentiert wird. So müssen auch die in den Interviews aufgeworfenen Widersprüche verstanden werden, die unverändert übernommen wurden. Nur zur besseren Verständlichkeit wurden redaktionelle Bearbeitungen vorgenommen.

MODESCHÖPFER HEINZ SCHULZE-VARELL

Schulze-Varell gehörte in jungen Jahren zur Berliner Elite der Modeschöpfer. Nach dem Krieg etablierte er seinen exquisiten Modesalon in München und gehörte zu den besten Modedesignern der Haute Couture in Deutschland. Zu seinem wohl letzten Interview, das aufgezeichnet wurde, traf ich Schulze-Varell am 3. Dezember 1984 in München. Heinz Schulze-Varell starb 1988 in München.

Uwe Westphal: *Herr Schulze-Varell, durch welche Ausbildung sind Sie mit der Modebranche in Kontakt gekommen?*

Heinz Schulze-Varell: Ich habe 1925 in einem der größten Häuser Berlins, das war Herrmann Gerson, angefangen zu lernen. Ich habe dort nicht schneidern gelernt, keine Gesellenprüfung gemacht, aber ich habe bei Gerson eine künstlerisch-modische Ausbildung bekommen. Herrmann Gerson war eines der großartigsten Häuser der Mode zu dieser Zeit in Berlin, ein wirklich internationales Haus. Auch die Berliner Konfektion hatte zu dieser Zeit einen außerordentlich guten Namen. Und Berlin war ja auch eine sehr schöne Stadt, ein Zentrum, und jeder, der etwas zu sagen hatte in Kultur und Geschäft, kam nach Berlin. Ich arbeitete bei Gerson bis etwa 1930.

Gab es in Berlin, so wie in Frankreich, eine enge Verbindung zwischen Künstlern, wie zu z. B. Raoul Dufy, Sonia Delauney u. a. in Paris? War das in Berlin zu spüren?

An eine unmittelbare Zusammenarbeit mit Künstlern kann ich mich nicht erinnern. Eher bestand eine Verbindung zum Film oder zum Schauspiel. Auf meine Modeschauen früher in Berlin kamen Schauspielerinnen wie Pola Negri, Lil Dagover oder Renate Müller. Die gesamte Atmosphäre war sehr künstlerisch. So stattete Professor Pölzig von der Reimann-Schule z. B. eine Seidenausstellung im Hause Gerson aus. Dazu wurde jede Menge von Lyoner Seiden herangeschafft, die dann im Haus ausgestellt wurden. Sehr viel Geld wurde auch für die fantastischen Theaterausstattungen ausgegeben. In dieser Zeit gelebt und künstlerisch gearbeitet zu haben, stellt noch heute den Grundstock meines Schaffens dar.

Was kam nach ihrer Lehrzeit?

Ich habe dann weiter in der gehobenen Konfektion gearbeitet. In einem jüdischen Haus, das hieß Jutschenka (siehe Liste der Unternehmen, d. V.), ein sehr guter Konfektionär war das. Kurz nach 1933, mit der Machtergreifung der Nazis, sollte ich ihn arisieren. Das habe ich natürlich nicht gemacht, mir war das einfach zu widerlich. Außerdem hatte ich ein sehr gutes Verhältnis zu meinem Chef. Ich erklärte ihm, dass ich das für Leichenfledderei halte und ich mich daran nicht beteiligen wollte.

Das Geschäft sollte, so dachte man damals, auf meinen Namen überschrieben werden, er, Jutschenka, hätte dann im Hintergrund, also für die Nazis nicht mehr so sichtbar, weitergemacht. So wurde das meistens gehandhabt. Die späteren Geschäfte, die in den 50er Jahren in Berlin so viel Erfolg hatten, wie z. B. Staebe-Seger, die sind ja alle aus jüdischen Geschäften hervorgegangen.

Am Anfang ging das mit der Arisierung schleichend vorwärts, bis zum Kriege aber hat man immer stärker darüber gehört und man hat es auch gespürt. Viele Firmen in der Konfektion waren ja jüdisch. Die mussten alle gehen oder sie wurden umgebracht ... Viele emigrierten nach England oder in die Staaten. Mancher ist auch in New York elendig umgekommen, denn die Emigrierten durften ja kein Geld mitnehmen. Rigoros wurde der Angriff auf die Juden aber ab 1937 durchgeführt. Das sind so viele Einzelschicksale. Mit den Nazis brach eine wichtige Kulturepoche Berlins zusammen. Da braucht man nur an das Reinhardt-Theater und an seine vielen jüdischen Schauspieler denken. Das war alles kein plötzliches Ereignis, da gab es zeitliche Verschiebungen, in denen das vor sich ging ...

Ich hatte mich schon 1934 selbständig gemacht und für die Couture gearbeitet, nicht mehr für die Konfektion. Ich wollte jetzt nur noch reine Couture machen. So gründete ich mit meinem Partner das Geschäft: Schulze-Bibernell in der Budapester Straße in Berlin.

Sind Sie selbst mit den Nazis in Konflikt geraten?

Zuerst nicht so unmittelbar. In der Budapester Straße, wo mein Geschäft war, wurde nur nach und nach der Chic durch die Nazis abgeschafft. Durch die Vertreibung der Juden und die zunehmende Materialknappheit ging natürlich auch das Flair dieser Straße verloren. Der bekannte Friseur Marcel schloss seinen Salon, obwohl er nicht jüdisch war. Meine letzte Kollektion machte ich 1942 in der Budapester Straße. Schon vorher wollte man mir aber die »Goldene Fahne« geben, das war ein Abzeichen der Nazis, das bekam man, wenn gute Arbeit geleistet worden ist. Gleichzeitig machte man sich aber damit zum stillen Fürsprecher der Nazis. Ich wollte diese Auszeichnung nicht, habe sie abgelehnt, weil ich mit den Nazis nichts zu tun haben wollte. Etwas später bekam ich deren Ablehnung dann auch zu spüren. Doch zuerst konnte man mir nichts anhaben, da in meiner Familie niemand jüdisch war.

Im Herbst wurde mein Geschäft zerbombt. Sehr bald wurde ich dann eingezogen zur Armee, nicht zuletzt aufgrund meines Verhaltens in den Jahren zuvor. Ich ließ immer wieder meine Abneigung gegenüber den Nazis erkennen.

Wie ist es Ihnen nach dem Krieg ergangen, was ist übriggeblieben von der alten Konfektion?

Im Juli 1945 bin ich aus amerikanischer Gefangenschaft entlassen worden und mit Frau und den beiden Söhnen nach Berchtesgaden gegangen. Dort hatten wir Verwandte.

Von den geflüchteten Konfektionären habe ich nur noch wenig gehört. Für die war Deutschland zu schwierig geworden, zumindest beruflich ... Mit dem Ende des Nationalsozialismus hatte ja auch ein Bruch in der Entwicklung der Mode stattgefunden. Die Juden hatten an der Mode früher einen wichtigen Anteil, die wollten jetzt auch einfach nicht mehr hier mitmachen ...

Nach der Währungsreform 1948 haben Sie sich in München selbstständig gemacht. War nicht der Wunsch da, wieder nach Berlin zu gehen?

Man riet mir sogar davon ab, mich in München niederzulassen. Berlin bot mir sogar das Haus im Grunewald an, das wir früher bewohnt hatten. Die Entscheidung, in München zu bleiben, war mehr intuitiv, denn keiner konnte zu dieser Zeit ahnen, dass München zur wichtigsten Modestadt Deutschlands würde. Außerdem bin ich ein großer Italien-Fan, und so habe ich eine gute Nachbarschaft.
Der Neubeginn in München war allerdings nicht einfach. Immerhin war ich ja hier ein Preuße. In Berlin wäre es einfacher gewesen, ich hätte mehr auf meinen guten Ruf aus den Dreißigerjahren aufbauen können. Dennoch bin ich froh, dass ich in München geblieben bin.

Berlin hatte bis in die 60er Jahre hinein – eher wie München – den Ruf, Modestadt zu sein. War das nicht eine große Konkurrenz für Sie?

Nein. Es gab ja in Berlin keinen, der wirklich reine Couture machte, wie ich das tat. Die Nachkriegszeit bedeutete zudem auch das Ende der Elegance, das Ende des Individualismus. Die Vermassung mit tausenden von Modegeschäften, wo es nichts Vernünftiges mehr gibt. Es wurde und wird gekauft und weggeschmissen; eine Erziehung zur Geschmacklosigkeit findet statt.

Für mich war die Couture eine Neigung, das konnte ich am besten, und anderes kam nicht in Frage.

War es nicht schwer, gegen die große Konkurrenz aus Frankreich einen eigenen Stil zu entwickeln und in Deutschland zu verkaufen?

Dazu muss man Grundsätzliches sagen. Die deutsche Frau ist nicht geeignet für die Mode, ein ganz klarer Fall, sie ist nicht dafür veranlagt. Es ziehen sich viele Frauen sehr gerne und sehr teuer an. Es gibt viel Geld in der Welt, und es muss ja auch Institutionen geben, die sehr teuer sind. Da ich in meinem Atelier genauso eine internationale Mode biete wie z. B. Chanel oder Balanciaga, ist das natürlich auch sehr teuer. Ich nenne meine Arbeit auch: ich reite für Deutschland, d. h., ich muss mich also auch in gewisser Weise anpassen. In Frankreich oder Italien würde ich heute ganz anders arbeiten, ganze andere Kollektionen machen. Ich mache eine völlig internationale Mode. Dabei weiß ich, dass ich mit meiner Kollektion etwa 30 Prozent Verlust mache, weil ich das in Deutschland nicht verkaufen kann. Trotzdem muss ich so arbeiten, weil meine internationale Kundschaft das so verlangt. Schließlich habe ich auch einen Namen zu verwalten. Ich bin in meinen Entwürfen aber völlig eigenständig. Fahre nicht nach Italien oder nach Paris, um mir die Schauen anzusehen. Die Vertreter der wichtigsten Stofflieferanten kommen nach München zu mir. Die zeigen mir ihre neuen Kollektionen mit Stoffen und machen es möglich, auch kleinere Mengen einzukaufen. Ich bin ja kein Großunternehmer. Alles was ich vom Stofflieferanten einkaufe, nehme ich mal drei, denn dreimal kann ich in etwa ein Kleid desselben Dessins verkaufen.

Haben Sie wirklich keine Modeschau in den letzten Jahren gesehen?

Nein. Auch wenn Chanel hier ist, es langweilt mich zu Tode. Auch wenn großes Geschrei um Herrn Lagerfeld gemacht wird, wenngleich ich es beneidenswert finde, was er geschafft hat, hat das nichts damit zu tun, ob es mir gefällt.

Die Berliner wollen wieder zur Modestadt Deutschlands werden ...

... wohl ihnen, wenn sie's schaffen würden, aber z. B. Uli Richter oder Detlev Albers, wo sind die denn alle geblieben? Deren und Berlins Zeit ist vorbei.

Sie haben bisher ausschließlich Damenmode entworfen, wie läuft der Betrieb ab?

Ja, aber ich sehe einen großen Trend in der Herrenbekleidung kommen, ich hätte das früher angehen sollen, heute nicht mehr.

Für meine Damenmodelle zeichne ich alle Entwürfe selber. Ich habe zwei Directricen für die weitere Realisierung und ständig zwei Mannequins, die zur Vorführung und Präsentation bereit sind. Die Anproben machen die Directricen, die Abstimmung des Modells auf die zukünftige Trägerin, die Proportionen, die Länge eines Rockes z. B., eben das, was die Couture ausmacht, die individuelle Behandlung der Kundschaft, das mache ich natürlich. Das ist ein sehr sensibles Gebiet, und ich habe das sehr früh in meiner Lehrzeit bei H. Gerson in Berlin lernen müssen. Das brauchte aber die ersten sechs, sieben Jahre, um überhaupt das Metier zu begreifen. Die Psychologie von Frauen, von Schauspielern, von Künstlern, ja auch die Psychologie des Geldes. Wer sehr viel Geld hat und ausgibt, verlangt auch sehr viel dafür. Man muss die Leute dementsprechend behandeln, das ist eine wichtige Grundlage meiner Arbeit bis heute.

Tragen denn die begüterten Leute in Deutschland heute deutsche Couture?

Sie sehen ja z.B. an der Regierung, wie billig manchmal die Frauen dort gekleidet sind. Ich denke aber auch nicht daran, gerade nicht bei dem Geld, was die verbrauchen, denen billigere Preise zu machen, was ich bei Schauspielern natürlich tue. Ich denke oft, die in der Regierung legen keinen Wert auf Kleidung, das ist für die nicht wichtig. Im Ausland ist das etwas anderes.

Hat es Sie nicht über die Jahre hin mürbe gemacht, dass in Deutschland ein so getrübtes Verhältnis zur Mode besteht?

Es hat mich nie verbittert, dass im Grunde genommen Deutschland keine Plattform für Mode ist. Auch wenn mein guter Bekannter Jean Cocteau mal zu mir sagte, dass es schade sei, dass ich Deutscher bin. Ich war eigentlich nie ein sehr politischer Mensch. Ich habe gelernt, das alles zu erfassen, aber mich nicht irritieren zu lassen. In keiner Form. Ich bin mit meiner geleisteten Arbeit sehr zufrieden, außerdem ein großer Individualist und Sternzeichen Löwe: also ein sehr harter Kopf.

FOTOGRAFIN REGINA RELANG

Regina »Regi« Relang war die nach dem Krieg in Deutschland mit Abstand wohl innovativste Fotografin im Modesektor. Sie arbeitete für *Constanze, Life, Harper's Bazar, Film und Frau* und *Petra*, um nur einige zu nennen. Sie war in Europa und in den Staaten eine außergewöhnlich geschätzte Fotografin.

Das Gespräch führte ich mit ihr im Atelier in München am 3. Dezember 1984.

Uwe Westphal: *Frau Relang, wann haben Sie mit dem Fotografieren angefangen, hatten Sie eine Ausbildung?*

Regi Relang: Eine Ausbildung hatte ich überhaupt nicht, ich bin reiner Autodidakt. In den dreißiger Jahren war die Fotografie ja auch ein neu aufgekommenes Abenteuer. In Stuttgart habe ich ein Examen an der Kunstakademie fürs Lehramt abgelegt. Ich merkte aber bald, dass das nicht meine Sache ist. Da fing das auch schon an mit den Hakenkreuzfahnen. Ich bin dann noch kurz bis 1932 in Berlin gewesen. Dort habe ich bei der Firma Sternberg gearbeitet, die u. a. für die Dreigroschenoper Kostüme anfertigte. Von dieser praktischen Tätigkeit habe ich sehr viel gelernt. In meiner Zeit in Stuttgart vorher habe ich ja weniger von Theatern und Revuen mitgekriegt. Aber natürlich kannten wir den Expressionismus, die Bilder von Otto Dix und Müller, das war schon sehr wichtig für uns. Je moderner das war, umso stärker haben wir uns damit identifiziert. Meine Eltern waren ja auch künstlerisch tätig. Wir empfanden sie aber als langweilig.

Erst später begriffen wir ihre Arbeit innerhalb des Jugendstils. Mein Vater war Professor an der Stuttgarter Kunstakademie, er war ein unerhört guter Zeichner, und meine Mutter entwarf für Stofffirmen Muster und Dessins. Beide waren dem Jugendstil völlig verbunden. Ich ging aber dann 1932 lieber nach Paris. Meine Eltern waren darin sehr großzügig, dass sie das erlaubten. In Paris lebte ich mit Unterbrechungen von 1932 bis Kriegsausbruch 1939. In dieser Zeit, lange bevor ich also an Mode dachte, habe ich Reportagen gemacht. Das Ungewöhnliche war, dass ich als Frau allein arbeitete. Mit diesem Job bin ich so durch die europäischen Länder gereist, lange in die Türkei, und habe dort ganze Fotoserien gemacht.

In Paris angekommen, habe ich erst einmal alles das abgeschüttelt, was zu gescheit war. Ich war ja recht gut in der Schule, ich mochte Deutsch und Kunst sehr gern. Aber ich wollte hier völlig neu anfangen. Mit meiner Leica, die ich von zu Hause mitbrachte, fing ich mit dem Fotografieren an, ohne Lichtmesser, alles musste ich selber entscheiden. Ich habe dann von dort aus Jobs gekriegt über Agenten, für die ich z.B. Fotoserien von Trachtenkostümen in der Schweiz machte. Auch Jugoslawien war voller schöner Trachten, die ich fotografierte.

Meine Idee bei allen diesen Fotos war, dass sie nicht gestellt waren, sie waren dafür voller Leben, da tat sich etwas auf den Bildern, und besonders die Redaktionen in den Staaten mochten das. Mit dieser Art des Fotografierens hatte ich recht schnell Erfolg, und Agenten verlangten immer weitere Serien. Ich arbeitete viel mit der Agentur »Three Lions« zusammen, das waren die Brüder Löwenherz.

Wie haben Sie den Anfang des Nationalsozialismus erlebt?

Wir haben das zuerst überhaupt nicht richtig wahrgenommen, unser Elternhaus war vollkommen unpolitisch. Erst als ich in Frankreich war, merkte ich, dass viele unserer Freunde dort hinkamen. Anfangs brachten sie sich Geld mit, 30 000 Mark, das war anfangs noch möglich ... Die berichteten auch einiges über die neuen Verhältnisse. Ich hatte viel mit Juden zu tun. Alle meine besten Fotoagenturen waren jüdisch. Die ersten Jahre habe ich den Nationalsozialismus also im Ausland erlebt. Zwischendurch bin ich mal nach Hause gefahren, aber da waren eben nur die Eltern wichtig. Erst als kein Geld mehr in Paris ankam, da musste ich richtig hart arbeiten. Erst später erfuhr ich auch, dass die Deutsche Botschaft in Paris über alle meine Heimfahrten und meine Kontakte zu Juden bis ins einzelne Bescheid wusste. Robert Capa traf ich in Paris. Wir jungen Fotografen bewunderten ihn schon damals sehr, z.B. wegen seiner Fotos von Trotzki. Und dann kamen aber auch viele der jüdischen Fotografen nach Paris, die in Berlin die exzellenten Modefotos machten. Und Capa, ja der machte später ja auch die Fotos von der Landung der Truppen in der Normandie. Da stand gleich auch ein Schiffs-Fotolabor bereit, wo er die Aufnahmen entwickelte, damit die Presse auch gleich die guten Nachrichten bekam.

Und wie kamen Sie zur Modefotografie?

1936 machte ich die Bekanntschaft von Herrn Brünnhoff, der für Vogue in Paris war. Für den machte ich kleinere Aufträge. Diese Arbeiten waren tatsächlich auch schon ganz anders als das, was man ansonsten unter Modefotografie verstand. Ich machte die Sachaufnahmen lebendig, gab ihnen Themen. So z.B. eine Serie für neue Stiefel, die ich um eine Pfütze herum tanzen ließ. Das war ganz neu, oder auch mein Handschuhballett, da tanzten die Handschuhe, ausgestopft mit Seidenpapier, auf allen möglichen Alltagsgegenständen herum.

Im selben Jahr lernte ich auch meinen Mann kennen, einen russischen Maler. Mit ihm fuhr ich nach Spanien zum Bürgerkrieg gegen die Faschisten, um dort Fotos zu machen. Erst 1939 war ich wieder mit ihm dort, die Lage sah sehr schlimm aus. Und dann, erst vier Tage nach Kriegsbeginn erfuhren wir davon. Mein Verlag in Paris, der Deutsche Verlag, so hieß der jetzt, gab mir den dringenden Rat, wieder mit meinem Mann nach Deutschland zu kommen, denn der war staatenlos. Doch versuchten wir zuerst, noch in Italien zu bleiben, doch auch hier wurden wir recht bald gedrungen, das Land zu verlassen. In Rom bekamen wir das Visum für Berlin, und hier machte ich dann wieder Fotos für die Berliner Illustrierte, Modefotos. Glücklicherweise musste ich keine Hakenkreuzfahnen oder Fabriken fotografieren. Ich war darüber erschrocken, dass zu diesem Zeitpunkt alle jüdischen Eigentümer aus der Konfektion nicht mehr in Berlin waren, die Geschäfte verkauft oder in anderen Händen. Man muss das auch mal sagen, die Juden wurden aus ihren Häusern hinausgeschubst, wie z.B. durch Hermann Schwichtenberg, der schwer profitierte. Sehen Sie, auch die später nach dem Krieg neu gegründeten Firmen, alle die müsste man heute bezweifeln, weil sie alle von Juden weggenommen waren.

Haben Sie noch während des Krieges fotografiert, gab es Zensur?

Ich habe immer nur die Fotos abgeliefert, die ich machen sollte. Die Zensur fand dann später in den Redaktionen statt. Ich habe einmal einen Zug gesehen, das war 1943, in Wien war ich da, der war voll mit jüdischen Menschen ... Gleichzeitig waren wir vollständig mit dem Bombenalarm – der von früh bis spät da war – beschäftigt. Damals hatte ich eine Ahnung, was mit den Juden geschah, aber gemacht habe ich nichts. In Berlin war unsere Wohnung inzwischen zerstört, und wir waren auf dem Weg nach Stuttgart und zu meiner Schwester in Bayern.

Wie war das nach dem Krieg, da machten Sie Ihre zweite Karriere als Modefotografin?

In Berlin war das alles andere als schön. Alle die alten arischen Konfektionsleute waren wieder da, die Juden nicht. Seltsam war für mich dabei, dass fast alle diese neuen Stars, die früher bei jüdischen Firmen Mäntel zugeschnitten haben, dann mit viel Geld doch ein tragisches Ende nahmen. Gehringer, von Gehringer und Glubb, ein hübscher Junge und hochbegabt, war vollständig von Pariser Mode abhängig. Der lebte am Schluss nur noch in seinem Gartenhaus und nahm sich das Leben. Glubb hatte Unregelmäßigkeiten mit den Finanzen, so schlimm, dass er sich, als das entdeckt wurde, ebenfalls umbrachte. Für mich war das so eine Sache des Schicksals, andere werden es anders sehen.

Ich wollte nicht wieder nach Berlin. In Stuttgart hatten wir eine kleine Dachwohnung, da fing mein Mann wieder an zu malen, und ich fing mit dem Fotografieren an. Anfangs habe ich für »Ledig« von Rowohlt gearbeitet. Darüber kam ich an die Zeitschrift »Heute«, die ein amerikanisches Lizenzblatt war, die sollte im Stil von »Life« aufgebaut werden. Die ging aber nach zwei, drei Jahren dennoch ein. Für die habe ich Modefotos gemacht bis 1949.

Ab 1951 begann ich italienische Mode zu fotografieren. Und ab 1954 dann fast exklusiv für das Modejournal »Constanze«. Dazwischen bin ich aber doch immer wieder einmal nach Paris und Italien gefahren, weil ich dort Aufträge von den Zeitungen bekam, das waren alte Verbindungen.

Für das Blatt »Film und Frau« bin ich oft wegen eines gewissen Romantizismus kritisiert worden, aber ich bin eben selber so veranlagt, das konnte ich hier gut ausleben. Später dann kam ich zum Modemagazin »Petra« aus dem Jahreszeiten-Verlag. Meine Arbeit für »Madame«, die war aber doch sehr prägend, weil das ein reines, altmodisches, aber doch sehr gutes Modejournal war, die Gesellschaft las das.

MODESCHÖPFER GERD STAEBE

Gerd Staebe gehörte in den fünfziger und sechziger Jahren zu den spektakulären Talenten der Modebranche in Berlin, die für Schlagzeilen sorgten und auch den vielbeschriebenen Berliner Chic, d.h. eine Verkürzung der Pariser Vorgaben, schufen. Mit Gerd Staebe sprach ich am 3. Mai 1985 in Berlin.

Uwe Westphal: *Wie fing für Sie die Tätigkeit in der Konfektion an?*

Gerd Staebe: Bei der Firma Joachimson und Weißenberg habe ich eine reguläre Lehre absolviert. Schon nach einem halben Jahr fing ich an mit dem Zeichnen der ersten Entwürfe für Kollektionen. Dagegen stand ich mit allen kaufmännischen Dingen auf Kriegsfuß, ich konnte das einfach nicht. Ich lernte als angehender Konfektionär das Gefühl für Stoffe und was man mit ihnen machen kann. Vielleicht war ich ja durch meine Großeltern auch etwas beeinflusst. Die hatten eine Firma für künstliche Blumen, die Hermann Fritsche hieß, da war ich sehr gerne und spielte mit diesen Materialien und Federn, das war ein wunderbares Geschäft. Meine Eltern waren absolut dagegen, dass ich in die Mode ging. Ich sollte studieren. Aber meine Großeltern förderten mich in meinen Vorstellungen sehr.

Nach Joachimson und Weißenberg ging ich zu Auerbach und Steinitz. Hier habe ich dann die Kollektionen entworfen. Mit Auerbach gab es einige Probleme, denn mir gefielen die altmodischen Schnitte nicht, die hier vorherrschten. Ich entwickelte dann meinen eigenen jungen Stil, der auch sehr erfolgreich war. Meine Spezialität waren schmale, kleine, raffinierte Wollkleidchen mit schicken Mänteln und Kostümen. Hier war ich dann auch schon mit meinem Kollegen Hans Seger befreundet, der sehr viel von mir gelernt hatte. Er wollte mich schon in den Dreißigerjahren in die neu gegründete Firma Corves und Seger holen, mir war das aber noch zu früh.

Haben die Nationalsozialisten Sie auf Ihre Mitarbeit angesprochen?

Nicht direkt, denen war ich suspekt. Denn ich arbeitete Mitte der dreißiger Jahre für die Firma Julius Tauber und verdiente so viel Geld, dass ich schon eine ganze Etage in einer Villa im Grunewald hatte. Hier bekam ich den ersten direkten Kontakt mit den Nazis, die verhörten mich sehr hart und lange. Sie warfen mir den engen Kontakt mit meinem Freund Hans Seger vor, sagten, er würde mich aushalten usw., das war für uns beide doch sehr gefährlich. Die Nazis beobachteten uns auch schon früher in unserer Freizeit, bei unseren Vergnügungen z.B. in der Hallerrevue. Für die hatte ich auch hin und wieder Kostüme entworfen und machte sogar in kleinen Nummern auf der Bühne mit. Ich habe zwar nicht tanzen können, aber die haben mich dazu überredet. Die Hallerrevue war ja ein Kabarett mit vielen jüdischen Mitwirkenden, auch vielen Homosexuellen, das passte den Nazis überhaupt nicht.

Meinen Chefs war das ebenfalls nicht recht. Da musste ich mich entscheiden. Ich blieb also bei der Konfektion und zog mich aus allzu spektakulären

Auftritten zurück. Die Nazis griffen aber auch bald die Mode an, besonders die Konfektionäre, die noch immer nach Paris fuhren. Ich, wie auch Heinz Schulze, hatten spezielle Ausweise, um nach Paris zu fahren, weil wir angeblich für die Mode unabkömmlich waren. Ich hatte auch damals überlegt, in Paris zu bleiben, mit gefiel es da sehr gut, die Sprache konnte ich, und das Modenhaus Fath bot mir die Hutabteilung an. Ich hab's dann aber nicht gemacht. Auch die Konfektionsfirma der jüdischen Geschwister Sauer, für die ich lange arbeitete, wurde mir von den Nazis zur Arisierung angeboten. Ich wollte das aber nicht, weil ich zu viele Probleme mit dem Kaufmännischen hatte. Der Inhaber Auerbach, von Auerbach und Söhne, fragte mich, ob ich mit ihm in die Vereinigten Staaten emigrieren wollte; auch das habe ich letztlich abgelehnt.

Die ganze Arisierung war sehr fühlbar und bedrückend. Als Helene und Otto Sauer zuerst nach London gingen, habe ich für die noch zwei Kollektionen in London gemacht. Das haben die Nazis aber herausbekommen und mich deshalb erneut verhört. Ich hatte in dieser Zeit der Arisierung sehr viele Neider, wie überhaupt das Klima sehr gespannt war, viel wurde geredet und gelogen. Wenngleich die Nazis kein Verhältnis zur Mode hatten, gab es einige, die meine Arbeit schätzten. So musste ich eines Tages nach Karinhall, das war Hermann Görings Prunksitz, und hier meine Arbeiten präsentieren. Da waren nur die Frauen der hohen Nazis eingeladen. Das waren deren Ehefrauen, viele bildhässlich und zum Abschießen, andere sehr elegant, die sollten mit unserer Mode kultiviert werden.

Ich arbeitete zu dieser Zeit für die ehemalige Firma C. G. Strobach, deren Eigentümer nach England emigrierte. Ein Herr Peiler hatte das Geschäft arisiert, das Unternehmen hieß nun »Hall und Peiler«. Das Niveau der Entwürfe ging aber sehr schnell bergab.

Ab 1940 wurde ich als Soldat immer wieder zurückgestellt und bin so der Wehrmacht und dem Krieg lange entgangen. Aber dann zog man mich doch ein, aber ich war schon eine ziemlich weiche Pflaume als Soldat. Dann ließ man mich wieder zurück an meine Kollektionen, an denen ich für den Export arbeitete.

Wie haben Sie nach dem Krieg wieder angefangen, wie kam es zu Ihrer Bilderbuchkarriere?

Ich war mit meinem alten und lieben Freund Hans Seger wieder der Erste, der in Berlin anfing, Mode zu machen. Wir hatten ein Geschäft in der Tauentzienstraße. Das war alles noch im Aufbau. Seger war in dieser Zeit einer der fähigsten Männer in Berlin für Mäntel und Kostüme. Unsere erste Kollektion hat voll eingeschlagen. Die Leute waren ja auch gierig nach schönen Sachen.

Wir beide kauften uns sehr bald ein wunderschönes Haus im Grunewald, die ehemalige Villa des Nazis Albert Bormann, die frühere Jack-White-Villa. Hans Seger hatte ein großes Stofflager in Berlin gefunden und sehr geschickt vor der Konfiskation durch die sowjetischen Soldaten bewahrt. Wir haben das alles in unseren Besitz gebracht und daraus die erste Kollektion gefertigt. Das war schon sehr beachtlich. Dann kamen auch die ersten Frauen zu uns und brachten Stoffe, wie Frau Horn, Frau Nolte und andere. Viele Stoffe haben wir auch aus Sachsen bekommen, doch einfach war das unter den politischen Bedingungen nicht. Frühere Angestellte fanden sich nun auch wieder ein, die kamen ja alle aus den alten Firmen, so sie selbst überlebt haben. Die waren sehr treu und uns ergeben. So fingen wir 1950 mit einem Geschäft am Ku'damm an. Die westlichen Alliierten waren uns sehr zugetan, das war bei Stofflieferungen sehr wichtig. Frühere Verkäufer nutzten auch ihre alten Verbindungen wieder aus. In dieser Zeit hat ja auch noch Günther Brosda gearbeitet, der immer wieder solche traumhaft opulenten, sehr reich und teuer ausgeschmückten Kollektionen, die einen wieder an die alten Revuen erinnerten, machte. In dieser Zeit ist in Berlin wirklich etwas geleistet worden, besonders von der Directrice Elise

»Liese« Topell. Aus meiner Lehrzeit kannte ich auch noch ehemalige Angestellte, die arbeiteten jetzt für uns.

Hatten Sie später noch Kontakt zu Ihren emigrierten Chefs?

Ich bin mit Seger dann bald mal nach London und nach New York geflogen, wir wollten unsere alten Chefs dort mal wiedersehen. Das war schon eine große Freude und Heulerei. Viele von denen hatten es sehr schwer in den Staaten. Nur einige haben Wiedergutmachung bekommen, wie z.B. die Geschwister Sauer.

Wie ging es für Sie in den fünfziger Jahren weiter?

In den Staaten hatten Seger und ich aber sehr viele gute Kunden, ebenso in der Schweiz. Es gab nur ein anderes wichtiges Modegeschäft in der Nachkriegszeit in Berlin, das war Gehringer und Glubb.

Unser Betrieb hatte ca. 300 Angestellte, darunter auch viele Ateliers, die unter unserem Namen arbeiteten, und viele Zwischenmeisterbetriebe. Unsere Mode, wie auch die von Gehringer & Glubb und Schulze-Varell, konnte in der internationalen Mode gut bestehen, mit Paris Schritt halten. Die Zeit nach dem Krieg habe ich in jeder Weise genossen; die Großzügigkeit in allem hat mir sehr gut gefallen. Ich habe mich mein Leben lang nie quälen müssen, mir ist immer alles leicht von der Hand gegangen.

MODESCHÖPFER DETLEV ALBERS

Detlev Albers gehörte zu jenen jungen und aufstrebenden Kräften der Konfektion, die vor dem Krieg in den jüdischen Firmen tätig waren und nach dem Krieg steile Karrieren im Modegeschäft der 50er/60erJahre in Berlin machten. Albers lernte bei Ludwig Lesser, lehnte aber ab, mit der Firma nach England zu emigrieren. In den fünfziger Jahren eröffnete er sein eigenes Unternehmen in Berlin.

Das Gespräch mit Detlev Albers führte ich am 11. Juni 1985 in Berlin.

Uwe Westphal: *Herr Albers, wie gestaltete es sich für Sie damals, unter den Nationalsozialisten Mode zu machen?*

Detlev Albers: Nach dem Ende meiner Lehre verdiente ich bei Lesser ja nur 130 Mark im Monat, das war mir einfach zu wenig. Darum ging ich zu der Firma Fritz Rückner und bekam gleich 375,- Mark. Rückner gehörte zu den wenigen arischen Firmen der Konfektion. Durch meine guten Entwürfe verdreifachte sich der Umsatz der Firma recht bald. Lesser hat mir den Wechsel natürlich sehr übel genommen, denn es ging schließlich auch um Kunden. Aber wer wollte mir verübeln, dass ich mehr Geld verdienen wollte. Ich kaufte mir bald ein Auto und hatte ein sehr schönes Leben.

Bei Rückner war ich von 1936 bis 1939. Ich fuhr dann sogar noch einmal nach England; überlegte, hier vielleicht anzufangen, doch dann kam der Krieg dazwischen. Ich fing nun bei Bertram von Hobe an. Hobe war ein Parteigenosse der NSDAP, der hatte die Firma von Norbert Jutschenka arisiert. Hobe war Major bei der Wehrmacht und trug immer sein Parteiabzeichen sichtbar herum. Ihm wurde die Firma von den Nazis quasi als Auszeichnung gegeben.

Hier arbeitete ich von 1940 bis 1944. Da das Unternehmen viel Kleidung exportierte, also ein »kriegswichtiger« Betrieb war, denn das brachte Devisen, wurden die führenden Kräfte und damit auch ich immer wieder von der Wehrmacht freigestellt. Erst im Juli 1944 wurde ich eingezogen.

Wie haben Sie die »Arisierungen« erlebt?

Norbert Jutschenka wurde zur Auflage gemacht, dass er seine Firma in arische Hände zu geben hatte. Der musste also verkaufen. Dann wurden im Betrieb sog. Vertrauensräte gebildet, die dafür sorgten, dass alle jüdischen Angestellten nach und nach auf die Straße flogen. Viele gingen ja auch von allein. Die Zeit war ja so, dass jeder von den jüdischen Leuten versuchte, ins Ausland zu gehen. Die wurden ganz schnell aus ihren Geschäften herausgeekelt. Interessenten gab es ja dafür genug, wie z. B. im Fall Bertram von Hobe. Am Schluss wurden die Firmen dann noch umbenannt, damit sich niemand mehr an den Vorgang erinnern sollte. Dadurch entstanden natürlich Engpässe in der Produktion, denn viele der Eigentümer waren jüdisch. Die christlich-arischen Geschäftsleute bekamen die Firmen für ein Butterbrot in den Schoß gelegt. Wenn es anständige Leute waren, dann haben sie den Juden im Ausland geholfen, noch Kapital oder Schmuck aus Deutschland rauszubringen. Aber es hat genug gegeben, die das nicht gemacht haben, die haben einfach alles weggenommen. Viele Arier bekamen ja auch noch Geld vom Staat dazu.

Das war natürlich nicht schön. Aber auch wenn man den Juden die Firmen nicht weggenommen hätte, es gab ja keine Kunden mehr, die zu den jüdischen Firmen gegangen wären. Überall wurde ja gesagt »Kauft nicht bei Juden«, besonders bei den Detailgeschäften. Vielfach hatten die Käufer Angst, in jüdische Geschäfte zu gehen. Das wurde alles systematisch hintertrieben.

Erinnern Sie sich, wer von wem »übernommen« wurde?

Herrmann Gerson wurde von Horn übernommen, die gibt es ja heute noch am Kurfürstendamm. Oder die Firma C. G. Strobach, die wurde zu Hall und Peiler. Rudolf Loewenberg, eine der feinsten jüdischen Mantelkonfektionäre, wurde zu »Corves und Seger«. Hans Seger war hier der Mantelkonfektionär und Corves der kaufmännische Leiter. Die Firmen bekamen alle christliche Namen. Aus Hansen Bang wurde Schwichtenberg, der auch später Millionen verdiente. Das war die Arisierung. Auerbach und Steinitz wurde zu Gehringer und Glubb. Gehringer war sehr begabt, der hatte das Glück, zu Auerbach und Steinitz zu kommen. Glubb kam ja von der Firma Jacques Hobe, der machte bis zu Jacques Hobes Emigration dort die kaufmännische Leitung. Gehringer und Glubb, die beiden waren eine unwahrscheinlich gute Kombination. Die fanden mit dem arisierten Betrieb von Auerbach und Steinitz einen unwahrscheinlichen Apparat vor, mit Hausatelier, Directricen und Schneidern, was ja alles unabdingbar wichtig für den Erfolg des Geschäfts war. Für viele war die Arisierung ein einmaliger Glücksumstand.

Wie verhielten sich die Nazis zur Mode?

Firmen, die die Nazis für wichtig hielten, wurden von ihnen gefördert ... Dadurch, dass die Nazis in andere Länder einfielen und hier auch Millionen Meter von Stoff raubten, wurden diese Güter fast alle in Berlin an die Günstlinge der Nazis verteilt ... Dann gab es hier eine Handvoll Firmen, die sogenannte Richtungskollektionen machten. Andere Firmen mussten sich daran orientieren, Heinz Schulze-Bibernell machte auch diese Richtungskollektionen! Mit staatlicher Unterstützung – die bekamen alle Stoffe in den Rachen geworfen – wurden solche Kollektionen gemacht. Das war eine direkte staatliche Förderung. Teilweise wurden wichtige Leute aus der Branche auch zur Wehrmacht gezogen, aber immer auf Posten, bei denen sie sich weiter ums Geschäft kümmern konnten. Da wurden auch viele bestochen, bei der Wehrmacht, mit Kleidern für die Frauen usw.

Nach dem Krieg kamen die dicken Nazis in der Branche nicht mehr hoch. Aber die kleinen Parteimitglieder, die Mitläufer, die so viel verbrochen und denunziert hatten, die machten dann ihre Karriere.

Ich habe die ganze Nazizeit mit zwiespältigen Gefühlen erlebt. Vor dem Krieg hatten wir natürlich alle große Angst. Wir haben nicht an ein gutes Ende geglaubt. Trotzdem bin ich froh, dass mich der NS-Mann Hobe immer wieder schriftlich vom Kriegsdienst weggehalten hat.

FIRMEN UND EMIGRANTEN AUS DER BERLINER DAMEN-KONFEKTION

Die nachfolgende Aufzählung von Firmen und Personen beschränkt sich auf den Bereich der Berliner Damenkonfektion. Es war nicht immer möglich, den Verbleib und das Schicksal aller jüdischen Emigranten und Firmen zu klären. Deshalb bleiben die Angaben unvollständig. Ebenso wenig konnte eine vollständige Liste aller jüdischen Unternehmen im Bereich der Damenkonfektion in Berlin erstellt werden, zu groß ist der zeitliche Abstand zwischen 1945 und heute; die meisten Emigranten, die hätten Auskunft geben können, leben nicht mehr oder waren nicht aufzufinden. Die Liste entstand durch Briefe von Nachkommen und Recherche in den noch vorhandenen jüdischen Branchenbüchern.

Von den hier aufgezählten Firmen aus dem größten Bereich der Berliner Bekleidungsherstellung, der Damenkonfektion, bestand 1941 keine mehr. Wenngleich nicht immer festzustellen war, ob die Betriebe von ihren Eigentümern vor der Emigration noch selbst verkauft oder im Zuge der »Arisierung« später liquidiert wurden, so stellten diese Betriebe doch den Kern der Berliner Damenkonfektion dar, der bis 1940 zerstört bzw. vertrieben wurde.

Unberücksichtigt blieb der gesamte Bereich der Herrenkonfektion, der Kinderbekleidungsherstellung, die Zwischenmeisterbetriebe und kleineren Schneiderwerkstätten. Die Zahl der hier beschäftigten jüdischen Berliner, die nach 1933 vertrieben oder Opfer des Holocaust wurden, ließ sich nicht mehr feststellen. Trotzdem ergeben die hier beschriebenen kurzen Firmenbiografien und Einzelschicksale einen Einblick in die Zerstörung einer Branche. Nicht zuletzt soll mit dieser Liste an die Menschen erinnert und ihre Leistungen gewürdigt werden.

A

ADAM, Fritz
Siehe: *Adam, Saul*

ADAM, Saul
Leipziger Straße 27/28,
Ecke Friedrichstraße;

Sportkleidung, Herren- und Damenkonfektion Detail- und Engros-Abteilung: Am 13. September 1863 wurde die Firma durch Saul Adam, der einer alten Berliner Familie entstammte, gegründet. Schnell entwickelte sich das Geschäftshaus zum führenden Unternehmen in Berlin – um 1870 beliefert die Firma den königlichen Hof. Saul Adam nannte sich den *Schlafrockkönig Deutschlands.* Wie viele jüdische Unternehmen richtete auch Saul Adam eine *Stiftungs- und Versorgungskasse* für Mitarbeiter der Firma ein. 1913, zum 50-jährigen Bestehen des Unternehmens, wurde für die Angestellten zusätzlich noch eine Ferien-Kolonie der *S.-Adam-Stiftung* gebaut. Geschäftlich war die *Berliner Gummimäntelfabrik* das zweite Standbein des Unternehmens, das von den Söhnen Adams, Georg und Siegfried, geführt wurde.

Eine Pelzverarbeitung und Kürschnerei, die hauptsächlich die Damenmäntelkonfektion belieferte, erweiterte 1923 das Produktionsangebot im Geschäft an der Leipziger Straße. 1925 reiste Dr. Fritz Adam, der inzwischen Saul Adam im Geschäft abgelöst hatte, nach Oslo. Hier beriet er mit dem Südpolfahrer Roald Amundsen weitere Expeditionen. Der Forscher finanzierte unter anderem mit den Sponsorengeldern von Dr. F. Adam sein nächstes Unternehmen, die Reise zum Nordpol, den er am 12. Mai 1926 erreichte.

Große Summen an Geldern spendete das Unternehmen zur Förderung des Sports an Dr. Carl Diem von der *Deutschen Hochschule für Leibeserziehung in Berlin.*
Mit der Wirtschaftskrise 1929 verlor auch das Unternehmen *S. Adam* an Kapital. 1932 wurde es liquidiert. Wenige Monate später aber, im Januar 1933, er-

öffnete Dr. Fritz Adam erneut in der Leipziger Straße ein Geschäft und nannte es *Sport Adam*. Diese Gründung fand jedoch ihr jähes Ende mit einem Überfall auf das Geschäft während des April-Boykotts 1933.

Fritz Adam entschloss sich daraufhin, mit seiner Frau Lilly Saalfeld und den vier Kindern Berlin zu verlassen. Er starb 1936 in London. Alle anderen Unternehmen der *S.-Adam-Gruppe* aus den 1920er Jahren mussten nach 1933 unter dem Druck der antijüdischen Angriffe verkauft werden.

ADEBAR
Siehe: *Wolf, Emanuel*

AHDERS & BASCH
Schützenstraße 65
Kleiderfabrikation im mittleren Genre: Basch emigrierte in die USA und führte in Los Angeles bis zu seinem Tode 1950 eine eigene Kleiderfabrik.

AHRONFELD, Hugo
Große Frankfurter Straße 117
Einzelhandel in der Damenkonfektion: Hugo Ahronfeld war für die *Industrie- und Handelskammer* in der Abteilung der Konfektionsindustrie tätig. Letzter Eintrag im Branchenbuch ist das Jahr 1935.

ALKAN, Hermann & Co.
Lindenstraße 58
Damenkleiderkonfektion: Die Firma wurde 1938 liquidiert.

ALTSCHUL & SINZHEIMER
Friedrichstraße
Hutfabrikation: Das Unternehmen wurde 1860 in Frankfurt gegründet und siedelte später nach Berlin über. Die Firma beschäftigte über 1000 Angestellte. Inhaber war Moritz Sinzheimer, der 1939 nach England emigrierte und hier erneut eine Hutfabrikation aufbaute. Moritz Sinzheimer führte in Berlin als Alleininhaber noch die Firma *W. R. Kragen*. Arthur Sinzheimer, Mitinhaber der o. g. Firma, emigrierte ebenfalls. Sein Weg führte über China nach New York, wo er verarmt starb.

Der Geschäftspartner Leon Altschul emigrierte 1939 nach Brasilien, sein Bruder Alfred Altschul, ebenfalls an der Firma beteiligt, kam im Konzentrationslager um. Die Firma wurde konfisziert.

ALTSCHUL, Alfred
Siehe: *Altschul & Sinzheimer*

ALTSCHUL, Leon
Siehe: *Altschul & Sinzheimer*

ANKER, Leo
Siehe: *Ephraimsohn & Neumann*

ANTMANN, Fred
Mäntel und Kostüme im Mittelgenre: Antmann emigrierte nach Australien.

AUERBACH & STEINITZ
Kronenstraße 1
Damenkonfektion, Einzelhandel, Modellgenre: Die Firma wurde nach dem Ersten Weltkrieg gegründet und firmierte zuerst unter dem Namen *Moser & Steinitz*, ab 1926 dann als *Auerbach & Steinitz*. Hans Gehringer, der in den fünfziger Jahren Karriere in Berlin machte, arbeitete hier (siehe auch das Interview mit Gerd Staebe, S. 225–227). Beide, Auerbach und Steinitz, erlernten den Konfektionsberuf bei der Firma *V. Manheimer*.

Das Geschäft in Berlin hatte 1933 ca. 60 bis 70 Angestellte. 1935 richtete die Firma in England eine Zweigstelle in der Londoner Regent Street ein. Als Direktoren wurden hier H. M. Leman, L. McW. Leman, P. Auerbach und F. Steinitz eingetragen, die Firma hieß jetzt: *Auerbach, Steinitz & Leman Ltd. – Model Gowns*.

1938 emigrierten Auerbach und Steinitz nach London. Rechtsanwälte halfen dem ehemaligen Angestellten Bruno Glubb, die Firma unter Wert zu kaufen und zu übernehmen. P. Auerbach starb 1968 und P. Steinitz 1976 in London. Beide hatten von ihrem verlorenen Firmenvermögen, das vermutlich später zum Aufstieg des

Unternehmens *Gehringer & Glubb* in den 1950er Jahren in Berlin beitrug, nichts zurückbekommen.

AUERBACH, Ildefons
Leipziger Straße 58
Wäschekonfektion und Krawatten: Die Firma *Auerbach* wurde von Fritz M. Tübke für 25 Prozent des Wertes übernommen. Ildefons Auerbach emigrierte ca. 1938 in die USA.

B

BACHMANN & LOEWENSTEIN
Hausvogteiplatz 8
Kleider- und Blusenfabrikation: Die Firma wurde im Juli 1938 konfisziert.

BÄHR
Siehe: *Reich & Bähr*

BALSAM
Siehe: *Bick & Balsam*

BANG, Hansen
Hausvogteiplatz 8–9
Herstellung und Vertrieb von Mänteln, Kostümen und Kleidern: Die Firma gehörte zu den besten Häusern für Damenkonfektion in Berlin.

Hansen Bang emigrierte am 1.10.1936 nach New York, stand aber weiterhin mit dem Käufer seines Geschäftes, Hermann Schwichtenberg, in Kontakt. Nach einem Devisenprüfungsbericht soll Schwichtenberg den Betrieb für 57 349,55 Reichsmark gekauft haben. Hansen Bang hat diesen Betrag offenbar niemals bekommen. In einem Schreiben vom 11. September 1938 bittet Schwichtenberg um Stundung der Schulden. Die zuständigen deutschen Stellen vertraten die Ansicht, dass jüdischen Firmen kein imaginärer Firmenwert beizumessen sei. Daher sollte Bang von seinem Anspruch auf 25 000 Reichsmark für den im Kaufpreis enthaltenen Firmenwert Abstand nehmen und die Zahlung des Betrag von 32 349,55 Reichsmark bis zum 1. Januar 1943 stunden.

Hermann Schwichtenberg wurde im September 1942 davon unterrichtet, dass das Vermögen »des Juden Hansen Bang nach der 11. Verordnung zum Reichsbürgergesetz dem Reich verfallen« ist.

Schwichtenberg führte nach dem Krieg seine Firma weiter. Hansen Bang soll nach Zeitzeugenberichten in New York erneut einen Konfektionsbetrieb gegründet haben.

BASCH & KESTEL
Kronenstraße 50–52
Damenkonfektion: Mäntel und Kostüme der Modellklasse. Kestel war ein in Berlin bekannter Modeschöpfer, der alle Modelle für den Betrieb selbst entwarf. Trude Neumann war in diesem Betrieb als Modezeichnerin beschäftigt.

Basch und Kestel emigrierten beide nach London und wurden hier in ihrer Branche wieder erfolgreich.

BAUM & LEWINSKI
Kronenstraße 30/31
Damenkleiderkonfektion

BECKER – Modellhaus –
Tiergartenstraße 7
Damenkleider und Mäntel im Couture-Genre

BEHREND & BERNSTEIN
Kronenstraße 53
Damenkleiderkonfektion

BEHREND, Max
Damenkonfektion: Max Behrend emigrierte 1935 nach England.

BENDA
Siehe: *Salinger & Benda*

BERGLAS, Gebr.
Hausvogteiplatz 5/6
Damenmäntelkonfektion, Stoff- und Zubehörhandel: Inhaber war David Berglas, der 1935 die Firma verkaufte

und zuerst nach England, dann in die Vereinigten Staaten emigrierte.

BERLINER & JUBELSKI
Kronenstraße 42/43
Damenmäntelkonfektion

BERNSTEIN
Siehe: *Behrend & Bernstein*

BETTE, Emma, **BUD & LACHMANN**
Leipziger Straße 12
Fabrikation für Blusen und Kleider mit Einzelhandelsgeschäften in der Leipziger Straße 31/32 und Jerusalemer Straße 22. Die Firma wurde 1886 gegründet und gehörte zu den bekannten Geschäften für Kinderbekleidung in Berlin. Moritz Bud war 1910 Mitglied der Industrie- und Handelskammer. Die Firma wurde ab 1940 nicht mehr im Branchenverzeichnis aufgeführt.

BIBO & JACKIER
Kronenstraße 38
Fabrikation von preiswerten Damenmänteln: Jacob Bibo emigrierte am 15.3.1939 nach Belgien und von dort wahrscheinlich in die USA.

BICK, Joseph
Textilzeichner

BICK, Georg **& BALSAM**
Kronenstraße 21
Mäntel und Kostüme im mittleren Genre: Georg Bick emigrierte nach Amsterdam und gründete hier seine Firma in der Keizersgracht.

BLEICHRODE, HEIL & CO.
Kronenstraße 17
Damenkleiderkonfektion

BLOCK, Julius **& SIMON**
Kronenstraße 58
Bekanntes Konfektionsgeschäft für Damenkleider und Kostüme im gehobenen Genre: Bald nach der Gründung 1906 führte Julius Block ohne seinen Partner das Geschäft als Alleineigentümer bis zu seinem natürlichen Tode im Jahr 1937 weiter. Im Geschäft waren ca. 40 bis 50 Angestellte beschäftigt, außerdem arbeiteten noch weitere Heimarbeiter und Zwischenmeister für den Betrieb. Am Cavendish Square in London hatte die Firma ein eigenes Vertriebsbüro und belieferte *Harrods, Harvey Nichols, Marshall & Snel, Grove und Debenham's & Freebody.* Zu den Exportländern des Unternehmens gehörten Schweden, Dänemark, Norwegen und die Schweiz. Julius Block fuhr mehrmals im Jahr zu den Pariser Modenschauen und kaufte auch hier seine Stoffe ein.

Nach dem Tode Blocks übernahm seine Frau die Geschäftsführung, musste aber im März 1939 nach Frankreich emigrieren. Das Geschäft wurde nach Auskunft der in London lebenden Tochter des Ehepaars Block ohne Entschädigung konfisziert. Eine Restitution erfolgte trotz Antragsstellung nicht.

BLOGG, Eddi
Siehe: *Blogg, Heinz*

BLOGG, Heinz
Lagerverkäufer
Heinz Blogg war bis zu seiner Emigration 1933 nach Amsterdam Lagerverkäufer bei der Firma Leopold Seligmann. In Amsterdam trat er als Partner von Kurt Ehrenfreund in die Firma *Bercofa* ein. 1936 machte sich Heinz Blogg mit seinem Bruder Eddi Blogg mit der Firma Gebr. Blogg in der Damenmäntelkonfektion selbständig. In den 1950er Jahren eröffneten die Brüder Blogg eine Filiale in Berlin, die jedoch nach dem Tode von Eddi Blogg wieder geschlossen wurde. Heinz Blogg starb 1985.

BLUMENTHAL
Siehe: *Cohnreich & Blumenthal*

BONK, M.
Seydelstraße 2
Damenmäntel im Modellgenre

BORGER
Siehe: *Brandler & Borger*

BRAD, HIRSCHFELD & CO.
Hausvogteiplatz 11
Damenmäntelkonfektion im besseren Genre

BRANDLER & BORGER
Charlottenstraße 19
Damenmäntel- und Kleider im Modellgenre

BRAUN, Sigmund
Hausvogteiplatz 3–4
Mäntel und Kostüme im besseren Genre: Sigmund Braun war Mitinhaber der Firma S. & S. Braun und emigrierte ca. 1935/36 nach England.

BRIESE & LOEPERT
Hausvogteiplatz 11
Mäntel und Kostüme: Die Firma gehörte zu den renommierten Geschäften in Berlin. Herr Loepert wurde in einem nicht bekannten Konzentrationslager ermordet.

BUD, Moritz
Siehe: *Bette, Bud & Lachmann*

BURGER, Adolf
Konfektionär
Adolf Burger trat seine Ausbildung in der Firma *Cohen & Kempe* als Lehrling an. Bis zu seiner Emigration 1936 nach London war er erster Konfektionär für die Firmen *Graumann & Stern* und *Leopold Seligmann*. In London übernahm der Modeschöpfer Burger zuerst eine Stelle als Modellentwerfer bei der Firma *Charles Kuperstein*, später trat er als Geschäftspartner der Konfektionsfirma *Silhouette de Luxe* bei. Diese Firma wurde von den ehemaligen Berliner Konfektionsfabrikanten Walter Loewinberg und Fritz Dannenbaum gegründet.

BURGER, Martin
Konfektionär
Martin Burger war Lehrling bei der Firma *Baehring, Dett & Lewandowski*. Er emigrierte 1934 nach Holland und arbeitete hier für die Gebr. Blogg bis zu seiner Verhaftung und Deportation in ein KZ. Nach seiner Befreiung gründete Martin Burger in den Niederlanden seine eigene Firma *Martin's Modellen* und produzierte Kostüme und Mäntel. Bekannt wurde er für die Gestaltung der Uniformen für das KLM-Flugpersonal.

BÜXENSTEIN & CO.
Taubenstraße
Damenmäntelkonfektion

CERF, Gebr.
Rungestraße 25/27
Damenkonfektion im Stapelgenre

CHAIM, du L.
Modesalon am Kurfürstendamm 234

CHARLINSKI, Herbert
Pelzkonfektionär bei der *S. & S. Braun*
Herbert Charlinski emigrierte nach Sydney/Australien und arbeitete dort erfolgreich unter dem Firmennamen *Charles Winter-Modelle*.

COHEN & KEMPE
Krausenstraße 17/18
Mantel und Kostümherstellung: Inhaber des Unternehmens waren die Brüder Fritz und Georg Cohen. Beide nahmen den Namen Kempe an. Fritz Kempe verließ Berlin am 31.3.1933. Er flüchtete zuerst in die Tschechoslowakei, dann nach Paris und während des Krieges in die USA. Sein Bruder Georg Kempe führte das Geschäft noch einige Jahre weiter. Herbert Lebram war in diesem Betrieb von 1927 bis 1933 Konfektionär.

COHEN
Siehe: *Lewinsky & Mayer*

COHEN, Emil
& HENRY, Hans
Siehe: *Wolfsky, M.*

COHEN, Hermann
Siehe: *Jacobowski & Cohen*

COHN & ROSENBAUM
Mohrenstraße 44
Modellhaus für die Damenkonfektion: Cohn und Rosenbaum arbeiteten beide, bevor sie sich mit eigenem Betrieb niederließen, bei *Herrmann Gerson.*

COHN
Siehe: *Seeler & Cohn*

COHN, Wälder & Co.
Kronenstraße 30/31
Damenkleiderkonfektion

COHNREICH & BLUMENTHAL
Kronenstraße 44
Damenmäntelkonfektion: Cohnreich liquidierte 1936 die Firma und emigrierte nach England.

COHNREICH & NEISS
Mohrenstraße 34/35
Damenkonfektion: Emigration nach England, Gründung der Firma *Connei Models.*

COLLIN & HEILBORN
Markgrafenstraße 32
Fabrikation von Damenmänteln: Inhaber der Firma war der im Konzentrationslager umgekommene (Lenny) Goldschmidt.

CURTIS (CONRAD), Herbert
Prokurist bei *L. Seligmann*
Als Lehrling begann Herbert Conrad, geboren in der Provinz Posen, 1921 bei der Firma *Otto Seligmann.* Seinem kaufmännischen Talent verdankte das Unternehmen besondere Erfolge in der Erweiterung des Exports. Vertraut mit allen Bereichen der Konfektion, trug er in England dazu bei, die Zweigstelle für *Leopold Seligmann* aufzubauen. 1938 flüchtete er aus Berlin vor den Nationalsozialisten zuerst nach Italien und später, 1939, nach London.
Hier war er im Stoffimport als Vertreter für die englische Konfektion tätig.

D

DANNENBAUM, Fritz
Siehe: *Loewinberg & Dannenbaum*

DICK & GOLDSCHMIDT
Stoffgroßhandel: Das Unternehmen wurde 1872 in Frankfurt/M. gegründet und unterhielt Filialen in Berlin (seit 1910), London (seit 1934) und New York (1937)

Inhaber war P. Goldschmidt, der nach der »Arisierung« seiner Filialen in Frankfurt und Berlin 1937 nach London emigrierte. Das Berliner Geschäft wurde unter dem Namen *Foerster & Co.* weitergeführt. Paul E. Shields, ein Enkel der Firmengründer, arbeitete für die Firma *Dick & Goldschmidt* und emigrierte 1939 ebenfalls nach England.

DIEHN
Siehe: *Weissmann & Diehn*

DRESEL, Heinz
Konfektionär
Heinz Dresel emigrierte nach Amsterdam und war dort bei der Firma *Bangma N.V.* beschäftigt.

DRESEL, Wilhelm
Niederwallstraße 13/14
Plüschmäntel für Damen im mittleren Genre

DREYFUSS
Siehe: *Seeler & Cohn*

DONIG, Walter
Schützenstraße 59
Damenmäntel und -kleider im mittleren Genre

E

EHRENFREUND & KOHL

Greifswalder Straße 211

Zwischenmeisterbetrieb für Damenmäntel und Kostüme: Inhaber war Isidor Ehrenfreund, Adolf Kohl sein Geschäftspartner. Kurz vor seiner Emigration nach Amsterdam, 1934, liquidierte Isidor Ehrenfreund seinen Betrieb. Mit seinem Sohn, Max Ehrenfreund, und einem Teil seiner Angestellten baute er in den Niederlanden erneut einen Zwischenmeisterbetrieb auf. 1943 wurde Isidor Ehrenfreund von den Nazis verhaftet und in das KZ Westerbork deportiert. Dort starb er an den Folgen der Haft. Isidor Ehrenfreund war der Vater von Kurt Ehrenfreund.

EHRENFREUND, Kurt

Konfektionär

Lernte bei der Firma *Küchler & Pinkus* den Beruf des Konfektionärs. Kurt Ehrenfreund emigrierte am 1.4.1933 mit seiner Frau nach Amsterdam und gründete seine Firma *Bercofa*. Am 1.12.1940 wurde dieses Unternehmen von den deutschen Besatzungkräften konfisziert. Nach seiner Verhaftung gelang es Kurt Ehrenfreund unterzutauchen. Am 1.10.1945 gründete er erneut eine Konfektionsfirma, *Ereco-Modelle*, in Amsterdam. 1952 wanderte Kurt Ehrenfreund in die USA aus.

EHRENFREUND, Max

Konfektionär

Stellvertretender Geschäftsführer der *Fa. Ereco-Modelle* in Amsterdam. Max Ehrenfreund absolvierte ein Studium der Nationalökonomie an der *Handelshochschule zu Berlin* bis zu seinem Ausschluss durch die Nationalsozialisten. Er begann ein erneutes Studium an der *Zuschneide-Akademie Maurer* in der Leipziger Straße. Nach dem Ende der deutschen Besatzung in den Niederlanden arbeitete er als stellvertretender Geschäftsführer in der Firma seines Bruders Kurt Ehrenfreund.

EHRENFRIED

Siehe: *Exiner & Ehrenfried*

ENGEL

Siehe: *Umlauf & Engel*

EPHRAIMSOHN & NEUMANN

Kronenstraße 33

Damenkonfektion: Beide Geschäftsführer emigrierten ca. 1935 nach London und bauten hier eine Filiale ihres Berliner Unternehmens auf. Die für die Firma tätigen Konfektionäre Leo Seabel (später Leo Anker) und Heini Fuss (Pelzkonfektionär) emigrierten ebenfalls nach England. Die Firma in der Kronenstraße wurde im September 1938 als »übernommen« gemeldet.

EXINER & EHRENFRIED

Charlottenstraße 64

Damenkleiderkonfektion

F

FABISCH, Max & Co.

Damenkonfektion: Inhaber war Fritz Cohnreich. Im August 1938 wurde die Firma von dem Unternehmen *Stolzenburg & Cie* als in »deutschen Händen« befindlich gemeldet.

FEIBEL, Henry

Konfektionär

Henry Feibel emigrierte 1937 nach England. Er war vorher für die Berliner Konfektionsfirma *Graumann & Stern* tätig. Mit Hilfe von Freunden gelang ihm die Emigration nach England. Hier war Henry Feibel bis 1969 als Konfektionär in der Branche tätig.
Siehe auch: *Graumann & Stern*

FEIGE, Gebr.

Mohrenstraße 34

Damenkleiderkonfektion

FEINBERG & MEYER
Markgrafenstraße
Damenmäntelkonfektion

FELD & GOLDSCHMIDT
Jerusalemer Straße 17
Damenkonfektion

FELDHEIM & GOLDSTEIN
Kronenstraße 45
Damenmäntelkonfektion

FELDMANN & GOLDSTEIN
Kronenstraße 24
Mantelhersteller

FIDELMANN
Siehe: *Orgler & Fidelmann*

FINKELSTEIN & CO.
Leipziger Straße 82
Damenkleiderfabrikation

FISCHBEIN & MENDEL
Lindenstraße 44–47/Kronenstraße 24
Fabrikationsbetrieb für Damenkonfektion: Karl Fischbein emigrierte noch am 11. März 1941 in die USA.

FISCHBEIN, Julius
Siehe: *Mendel*

FISCHER & UNGER
Kronenstraße 45
Damenkonfektion

FLATOW & WACLISNER (Nachf.)
Spittelmarkt 11
Kostüme, Blusen und Jacken: Der letzte Eintrag im Branchenverzeichnis stammt aus dem Jahre 1932. Das Unternehmen firmierte unter dem Namen *Adolf Flatow & Co.*

FLEISCHER & WARSCHAFSKI
Damenkonfektion für Kleider

FRANK, SPERLING & CO.
Markgrafenstraße 33
Kostüme und Mäntel: Im August 1938 wurde die Firma »übernommen«.

FREUDENBERG
Siehe: *Grunauer & Freudenberg*

FREUDENTHAL, L.
Berliner Straße 143
Großhandel mit Damenkonfektion

FRIEDLÄNDER & ZADUCK
Krausenstraße 31
Damenkonfektion: Die Firmengründung erfolgte 1910 durch Leo Zaduck. Mit seinem Sozius Max Friedländer weitete die Firma 1912 ihre Produktion auf die gesamte Damenoberbekleidung aus. Kurt Neumann trat als Mitinhaber der Firma 1917 bei. Kurt Neumann emigrierte 1934 in die Niederlande und baute hier eine eigene Firma unter dem Namen *Neumann & Cie.* auf. Kurt Neumann wurde während der deutschen Besatzung der Niederlande deportiert und ermordet.

Max Friedländer starb 1936 in Berlin eines natürlichen Todes. Im gleichen Jahr baute Erwin Zaduck, der Sohn von Leo Zaduck, eine Filiale in London bei *Putlitzer* auf. Die Berliner Firma wurde 1938 enteignet.
Leo Zaduck gelang die Flucht mit seiner Familie nach Belgien. Nach dem Krieg führten Leo Zaduck und seine Tochter Therese Zaduck bis 1970 ein Unternehmen.

FRIEDLAENDER
Siehe: *Semmel & Friedlaender*

FRIEDLÄNDER, Regina
Kurfürstendamm
Geschäft für Kleider und Hüte

FUSS, Heini
Siehe: *Ephraimsohn & Neumann*

GERECHTER

Siehe: *Seeler & Cohn*

GERSON, Herrmann

Werderstr. 9–12

Herrmann Gerson, geb. 28.2.1813 in Königsberg, ging 1835 nach Berlin und eröffnete hier in der *Königlichen Bauakademie* Nr. 3 sein erstes Geschäft. Er handelte mit Leinen, Stickereien, Seiden usw. Gerson und Valentin Manheimer, beides Juden, legten mit ihren Geschäftsgründungen und kaufmännischen Ambitionen 1836–1860 die Grundlagen der rasch expandierenden Kleiderkonfektion.

1894 war das Haus Gerson mit 30 Mio. Mark jährlichem Umsatz das größte Unternehmen der Branche und avancierte zum Hoflieferanten. Als Herrmann Gerson 1861 gerade den Krönungsmantel für Wilhelm I. fertiggestellt hatte, erlitt er einen Herzinfarkt. Seine Brüder führten das Geschäft weiter. 1889 trat Philipp Freudenberg als Teilhaber der Firma bei. Das Haus, jetzt in der Werderstraße 9–12, wurde modernisiert und nannte sich nun *Modebazar Gerson*. Das Berliner Kapital, der Adel und der fürstliche Hof gehörten zum festen Kundenkreis. Philipp Freudenberg, der 1919 starb, war der weitere geschäftliche Aufschwung zu einem der besten Häuser in Berlin zuzuschreiben. Bekannt sind die exklusiven Modenschauen nach der Jahrhundertwende, diese konnten sich mit den Pariser Schauen messen. Die Geschäftsleitung ging vollständig auf die *Gebr. Freudenberg* über. In den zwanziger Jahren hatte das Unternehmen ca. 1200 Angestellte und bestimmte in Berlin führend das modische Bild. Ein neuer Kundenkreis aus Theater, Film und Kunst kleidete sich hier ein. Durch die enge Zusammenarbeit mit der *I.G. Farben* bot Gerson bald die ersten Stoffe aus chemischen Fasern an. Die Wirtschaftskrise ging nicht spurlos an dem Unternehmen vorbei. Durch den hohen Exportanteil konnte ein Bankrott allerdings verhindert werden. 1936 wurde das Unternehmen *H. Gerson* durch die Firma von Rolf Horn »arisiert«. Ein angeblicher Konkurs ermöglichte es dem Verwalter, einen für Horn günstigen Kaufvertrag zu schließen. Ebenfalls in den Besitz von Rolf Horn ging 1937 das jüdische Konfektionshaus *Kersten & Tuteur* über.

2003 musste die Firma Horn am Kurfürstendamm aus wirtschaftlichen Gründen geschlossen werden.

GERSON, PRAGER & HAUSDORFF

Vereinigte Modehäuser

Bellevuestraße 15

Modehäuser: Die Firmen *Vereinigte Modehäuser Gerson* und *Prager & Hausdorff* gehörten zu den wichtigsten Salons für Damenkleidung im Couturegenre in Berlin.

GLASS & GRAETZ

Damenmäntelkonfektion im besseren Genre

GOETZ, Arthur

Kurfürstendamm 210

Damenbekleidung: Arthur Goetz emigrierte ca. 1936 nach Amsterdam und leitete hier die Modellabteilung im Modenkaufhaus *Hirsch und Cie.*

GOETZ

Kurfürstendamm 213

Modesalon: Dieser Modesalon hatte stilbildenden Einfluss. Im Juni 1938 wurde das Geschäft in »deutsche Hände übergeben«. Der Inhaber Richard Goetz emigrierte in die USA.

GOLDBERG

Siehe: *Grohag*

GOLDBERG & SANDER

Lindenstraße 42

Damenmäntel und -Kostüme.

GOLDFINGER, Leo

Konfektionär aus Berlin: Emigration in die Tschechoslowakei; später war Leo Goldfinger Offizier in der amerikanischen Armee.

GOLDSCHMIDT
Siehe: *Collin & Heilborn*

GOLDSCHMIDT
Siehe: *Feld & Goldschmidt*

GOLDSCHMIDT, P.
Mitinhaber der Firma *Dick & Goldschmidt*

GOLDSTEIN
Siehe: *Feldheim & Goldstein*

GOLDSTEIN, Leo
Konfektionär aus Berlin: Goldstein emigrierte nach Amsterdam. Sein eigenes Geschäft gründete er in den Niederlanden 1946 unter dem Firmennamen *Lego.*

GOTTSCHALK, N.
Lindenstraße 106
Modekaufhaus: Im Juni 1938 wurde das Kaufhaus durch Dr. Friedrich Echtenkamp *»übernommen«.*

GRAETZ
Siehe: *Glass & Graetz*

GRAUMANN & SCHREIBMANN
Kostüme und Mäntel: Werner Graumann emigrierte 1936 nach London und bekam die deutsche Staatsbürgerschaft am 3.7.1943 aberkannt. Er kehrte nach dem Krieg nach Berlin zurück und führte hier seine eigene Firma. Graumann starb 1985.

GRAUMANN & STERN
Mohrenstraße 35/37
Mäntel- und Kostümherstellung: Die Firma gehörte zu den großen Berliner Konfektionsfirmen. Gegründet wurde der Betrieb am 27. März 1888. Die Inhaber waren Julius Graumann, Mitglied der *Industrie- und Handelskammer Berlin,* Albert Stern, Mitglied des *Verbandes der dt. Modeindustrie,* und Sigbert Stern. Der Konfektionär des Hauses war Henry Feibel.

GROHAG M.B.H.
Lindenstraße 38
Damenmäntelfabrikation für den *Schocken-Konzern,* der seinen Hauptsitz in Leipzig hatte. Erster Direktor war Herz Senior, er wurde im KZ umgebracht; Goldberg, der zweite Direktor, emigrierte nach San Francisco.

GROSSMANN, Walter
Siehe: *Rubinstein, Wilhelm*

GRUENTHAL, SOHRENSOHN & CO.
Kronenstraße
Mäntel und Kostüme: Ludwig Mayer war in diesem Betrieb Konfektionär. Der Inhaber Gruenthal emigrierte nach Argentinien; hier gründete er erneut ein Unternehmen in der Damenkonfektion.

GRUENTHAL, WOLFF & SOHN
Kronenstraße 44
oder Mohrenstraße 34/35
Mäntel und Kostüme. Emigrierte nach Buenos Aires.

GRUNAUER & FREUDENBERG
Jerusalemer Straße 19/20
Damenkonfektion

GUENTHER, Albert
Mohrenstraße
Modesalon für Damenkleidung: Alice (Edler) Newman war hier als Zeichnerin tätig.

HAAR, Max
Siehe: *Haar, Samuel & Max*

HAAR, Samuel & **MAX,** Gebr.
Mohrenstraße 42/43
Mäntel und Kostüme: Das Unternehmen wurde am 5.12.1938 an den Konkursverwalter Dr. Schmidt-Scharf

übergeben. Bis 1936 wurde die Firma von drei Geschwistern geführt. Samuel Haar emigrierte nach New York, sein Sohn übernahm dort die noch heute bestehende Firma. Max Haar emigrierte 1936 nach Amsterdam und gründete hier einen eigenen Betrieb in der Amstelstraße 5.

HÄUFLER, Otto **& CO.**
Mohrenstraße 33
Damenmäntel

HAUSDORFF, Eduard
Siehe: *Gerson, Prager & Hausdorff*

HECHT & NOHER
Charlottenstraße 65/65a
Kleider, Kostüme und Blusen: Die Firma arbeitete noch im Dezember 1937. Eric Zorek war für diese Firma als Zwischenmeister tätig. Der Teilhaber Willy Hecht emigrierte nach Australien.

HEIL
Siehe: *Bleichrode, Heil & Co.*

HEILBORN
Siehe: *Collin & Heilborn*

HERBST, Joe
Siehe: *C. G. Strobach*

HERMANN
Siehe: *Seeler & Cohn*

HERZ
Siehe: *Grohag*

HERZ, I.
Markgrafenstraße 55
Damenkonfektion für Mäntel und Kleider: I. Herz und seine Frau wurden in einem nicht näher benannten KZ ermordet.

HESSE & HEYL
Krausenstraße 17/18
Damenmäntel

HEYL
Siehe: *Hesse & Heyl*

HIRSCHFELD
Siehe: *Brad, Hirschfeld & Co.*

HIRSCHFELD
Siehe: *Firma L. Seligmann.*

HOBE, Jacques
Stoffvertreter und Kleiderherstellung

HOFFMANN, Herrmann
Friedrichstraße 30/31
Damen- und Herrenkleidung: Am 7. Oktober 1938 meldete die *Jüdische Rundschau* den Betrieb als *»arisiert«*.

HORWITZ, Hans
Arbeitete in Berlin als Konfektionär bei Ludwig Lesser. Emigration nach London.

HURWITZ & SOHN
Jerusalemer Straße 11
Damenmäntelkonfektion

I

ISENBURG & LEWIN
Kronenstraße 58
Damenkonfektion

ISRAEL, Nathan
Spandauer Straße (Zentrale)
Waren- und Modenhaus: Im Jahr 1815 gründete Nathan Israel sein erstes Geschäft für Stoffe und Kleidung. In den Gründerjahren der Berliner Konfektion erweiterte Nathan Israel sein Angebot und Sortiment. Bald gehörte diese Firma zu den ersten Häusern für Damenbekleidung in Berlin. Nachfolger wurde der Sohn Jacob Israel, der bald zum königlichen Kaufmann avancierte. Er starb 1894 und übergab sein Werk wiederum seinem Sohn Berthold Israel. Amy Salomon,

dessen Frau, richtete einen speziellen Damensalon für Couture-Bekleidung im Hause ein. Wilfrid Israel, Sohn aus dieser Ehe, trat 1921 dem Unternehmen bei und war letzter Erbe.

Wilfrid Israel war weit mehr als nur Unternehmer eines Kaufhauses, daher soll auch hier kurz auf die Person und sein Werk eingegangen werden. In den frühen dreißiger Jahren war das Kaufhaus *N. Israel* ein modernes Unternehmen mit 2000 Beschäftigten, das als das deutsche Gegenstück zu *Harrods* in London bezeichnet wurde. Im Februar und März 1933 wurde Wilfrid Israel von den nun zur Macht gelangten Nazis verhaftet, verhört und aufgrund seiner britischen Staatsangehörigkeit wieder freigelassen. Dann wurden Entlassungen von jüdischen Mitarbeitern gefordert. Der April-Boykott traf auch das Haus Israel.

Von Anbeginn an kümmerte sich Wilfrid Israel um die Verhafteten und ermöglichte durch seine Kontakte ins Ausland und seine Finanzen die ersten Auswanderungen. Weitere Verhaftungen und Verhöre von Wilfrid Israel folgten in den Jahren 1934 und 1935. Inzwischen hatte er eine zentrale Rolle bei der Errichtung von europäischen Komitees zur Unterstützung der *Jugend-Aliyah* (Emigrantenbewegung nach Palästina) eingenommen. Im November 1935 verlor er die Geschäftsführung seines Unternehmens. Trotzdem behielt er sein Büro im Hause und leitete durch seine Arbeit als Verbindungsmann für das englische Auswärtige Amt die Emigration tausender junger deutscher Juden ein. Im Juni 1937 wurde das Haus *N. Israel* mit den Symbolen der Nazis beschmiert. Die Zahl der Beschäftigten betrug 1938 nur noch 1000 Angestellte; vielen hat Wilfrid Israel die Emigration ermöglicht.

Im Juli 1937 wurden Verkaufsverhandlungen mit dem konkurrierenden *Kösterkonzern* abgeschlossen; die notwendige Genehmigung zum Verkauf wurde aber von den zuständigen Stellen verweigert. Im August 1938 rief das Naziblatt *Der Stürmer* zur offenen Gewalt gegen das Haus *N. Israel* auf. Am Nachmittag des 10. November 1938 begannen die Angriffe auf das Unternehmen, die jüdischen Angestellten wurden verhaftet. Männer, mit Eisenstangen und Stöcken bewaffnet, demolierten Auslagen, Fenster und Einrichtungen des Hauses, sie rissen Stoffballen von den Tischen und zerstörten Bekleidungswaren. Schreibmaschinen, Bilder und Möbel wurden aus den Fenstern geworfen. Wilfrid Israel erreichte die Freilassung der seinerzeit Verhafteten und wickelte für die verbliebenen 200 Angestellten die Emigration ab. Am 6. Februar 1939 – nach dem Zwangsverkauf zu einem Bruchteil des taxierten Wertes – verabschiedete sich Wilfrid Israel von den Mitarbeitern und Angestellten des Hauses mit einem Dankesbrief. Schon fünf Tage später verkündeten die Medien, dass das Haus nun in arischem Besitz sei. Der neue Name lautete *Haus im Zentrum.*

Wilfrid Israels Wirken richtete sich nun ausschließlich auf die Hilfe zur Emigration. Er leitete mit Unterstützung britischer Juden und Quäker den Exodus von 30 000 jüdischen Kindern ein, erreichte durch Verhandlungen die Freilassung von 8 000 jungen Juden aus dem KZ. Am 15.5.1939 verließ Wilfrid Israel Berlin und führte von London aus seine Arbeit zur Unterstützung der Emigration weiter.

Wilfrid Israel wurde am 1. Juni 1943 bei einem Flug über der Biskaya von deutschen Jägern abgeschossen.

(Siehe auch bei *Jacobsberg, Hans*; er war Einkäufer für die Damenmodenabteilung bei *N. Israel*)

J

JACKIER

Siehe: *Bibo & Jackier*

JACOBOWSKI & COHEN,

Hermann

Kronenstraße

Mäntel und Kostüme: Jacobowski emigrierte nach London. Hermann Cohen emigrierte in die Niederlande und überlebte.

JACOBSBERG, Hans
Einkäufer
Hans Jacobsberg war als Einkäufer bei der Firma Nathan Israel beschäftigt. Seine Tochter berichtete über ihn:

»Mein Vater war jahrelang Einkäufer für die Damenmode bei N. Israel, einer Firma am Kurfürstendamm. Am 10. November 1938, der sog. Kristallnacht, wurden alle Fensterscheiben der jüdischen Firmen zerschlagen, meinen Vater holten zwei SS-Männer aus der Wohnung und nahmen ihn mit. Ich war damals 10 Jahre alt und kann mich erinnern, daß er nach ungefähr 3 Wochen mit geschorenem Haar wieder nach Hause kam, er war im Konzentrationslager Oranienburg gewesen. Er sagte nur, wenn sich das ein zweites Mal wiederholen würde, er sich das Leben nehmen wollte. Er ist nur durch persönliche Beziehungen aus dem KZ entlassen worden ... Da N. Israel eine englische Firma war, mussten die Nazis den Schaden bezahlen. Mein Vater ging dann nach Holland, meine Mutter löste unsere Wohnung auf ... Im September 1939 erhielten wir ein Visum und flüchteten nach Chile. 1964 wanderten wir in die USA aus und konnten dort z.T. von unseren Ersparnissen und der Wiedergutmachung leben.«

JACOBY, Hugo & Leopold-Joachim
Damenkonfektion: Beide emigrierten nach England und bauten hier eine neue Firma *Jacoby & Bratt* auf.

JACOBY, Leopold-Joachim
Siehe: *Jacoby, Hugo*

JELLINEK, Franz
Schmidtstraße 15
Damenkonfektion: Die Firma wurde 1896 von Franz Jellinek gegründet. Im Herbst 1938 wurde er in seinem Betrieb verhaftet. Anfang 1939 wurde sein Geschäft auf Veranlassung der zuständigen Stellen geschlossen. Emigration nach England 1939.

JOACHIM & ROSENBAUM
Damenmäntelkonfektion

JOACHIMSON & WEISSENBERG
Damenkleidung: Gerd Staebe begann hier seine Laufbahn als Konfektionär mit einer Lehrstelle.

JUBELSKI
Siehe: *Berliner & Jubelski*

JUTSCHENKA, Norbert
Mohrenstraße 19
Eines der führenden Geschäfte im Modellgenre für Damenkleidung in Berlin: Norbert Jutschenka wurde am 1.12.1890 in Krakau geboren und emigrierte 1938 mit seiner Frau Lieselotte nach New York. Bis dahin gab Jutschenka wesentliche Impulse für das modische Berliner Leben. Die Firma wurde durch das NSDAP- und SA-Mitglied Bertram von Hobe konfisziert. Mit einem Schreiben vom 3.12.41 gab die Gestapo – mit der von Hobe in Kontakt stand – an den *Oberfinanzpräsidenten* in Berlin bekannt, dass sie die *»Vermögenswerte«* von Norbert und Lieselotte Jutschenka über 35 163 Reichsmark beschlagnahmt habe. Eine *»Restgeldkaufforderung«* von Jutschenka an Hobe über 23 548,99 Reichsmark wurde von Hobe nicht bezahlt. Das Geschäft wurde am 23.11.43 ausgebombt.

Norbert Jutschenka nannte sich in den Staaten Norbert Jay und gründete ein erfolgreiches Modegeschäft an der 498 Seventh Avenue in New York. Er starb 1953. Seine Tochter lebt in NYC.

KAFKA, Hugo
Hausvogteiplatz 9
Kleiderherstellung, Export: Die Firma wird im Januar 1938 von Bruno Stoffer »übernommen«.

KAMNITZER, Ruth
In der Buchhaltung bei *L. Seligmann*, emigrierte nach England.

KAUFMANN
Siehe: *Meyerhoff & Kaufmann*

KÄTSCHER, KRAUSE & CO.
Kronenstraße 42
Damenkonfektion: Inhaber waren die beiden Brüder Wolf. Die Firma wurde konfisziert, die Brüder Wolf emigrierten nach England.

KEMPE
Siehe: *Cohen & Kempe*

KERSTEN & TUTEUR
Haus der Moden
Leipziger Straße 36
Jacob Tuteur, geb. 1879, und Willi Kersten, geb. 1878, eröffneten 1905 in der Werderstraße 6 ihr erstes Geschäft. Bekannt wurde das Haus für Damenmoden durch seine exklusiven Modenschauen im Rahmen der *Durchreise-Modenschauen*, die zweimal jährlich stattfanden, und für seine neue Art der Modepräsentation im Theater am Nollendorfplatz: *Modenschau um Mitternacht*. 1913 zog die Firma in die Leipziger Straße 36 und hatte hier auch ein Atelier für die Herstellung von Blusen und Jacken. Willi Kersten starb 1934 eines natürlichen Todes. Die Geschäftsführung ging an Jacob Tuteur bis zum 31.12.1937 über. Offensichtlich durch den Druck der Nationalsozialisten in wirtschaftliche Schwierigkeiten gekommen, mussten zwei Stockwerke in den 1930er Jahren an andere Firmen vermietet werden. Die Brüder Rolf und Herbert Horn kauften 1937 zu einem unbekannten Preis die Firma Jacob Tuteur ab, der sich 1939 das Leben nahm.

Die Firma Horn »arisierte« auch die Firma Herrmann Gerson. Nach dem Krieg wurde das Geschäftshaus von Kersten und Tuteur mit einigen Veränderungen wieder aufgebaut und als Botschaft der *CSSR* in Ost-Berlin genutzt.

KESTEL
Siehe: *Basch & Kestel*

KNABENSCHUH, Fritz
Jerusalemer Straße 16
Damenkleider

KOHL, Adolf
Siehe: *Ehrenfreund & Kohl*

KOPPEL
Siehe: *Michel & Koppel*

KRAGEN, W. R.
Siehe: *Altschul & Sinzheimer*

KRAFT & LEWIN
Hausvogteiplatz
und Französische Straße 33
Damenkleidung: Die Firma *Kraft & Lewin* gehörte seit 1860 zu den bekannten Konfektionsgeschäften in dieser Gegend. Gustav Lewin war 1910 Mitglied des *Ausschusses der Konfektionsindustrie in der Industrie- und Handelskammer*.

KRAUSE
Siehe: *Krätscher, Krause & Co.*

KÜCHLER & PINKUS
Jaegerstraße 25
Mäntel und Kostüme: Küchler wurde nach Aussagen von Zeitzeugen deportiert und ist in einem nicht näher benannten KZ gestorben.

KUHNEN, Paul
Lennéstraße 5
und Tiergartenstraße 23
Modesalon: Wie bei Johanna Marbach wurden hier teuerste ›*Haute Couture*‹-Modelle angefertigt. Der Mitinhaber der Firma in der Tiergartenstraße war Ernst Neuländer, der 1941 auf der Flucht in Lyon starb.

L

LACHMANN
Siehe: *E. Bette, Bud & Lachmann*

LASKE, Berthold
Konfektionär: Emigration nach Amsterdam.

LAUER
Siehe: *Suden & Lauer*

LEBRAM, Herbert
Mohrenstraße 37a
Konfektionär bei *Krätscher, Krause & Co.* sowie davor bei Cohen & Kempe: Herbert Lebram gründete 1933 in der Mohrenstraße 37a das Unternehmen *Lebram & Ernst Wallach.* Das Geschäft wurde am 9. November 1938 geplündert. Herbert Lebram flüchtete im Februar 1939 mit seiner Familie in die Niederlande und überlebte. E. Wallach gelang es auf Umwegen, nach Brasilien zu emigrieren.

LECHMANN & MEYER
Damenmäntelfabrik: Die Fabrik wurde im Oktober 1938 konfisziert.

LECHZINGER, Erich
Kurfürstendamm 214
Modellgenre

LEON, Bernhard
Hausvogteiplatz 3/4
und Ecke Oberwallstraße 9
Damenmäntelkonfektion und Stoffgroßhandel: Bernhard Leons Unternehmen galt als das führende Stoffgeschäft. Die Firma wurde 1900 von Bernhard Leon gegründet. Ab 1935 wurde Leon schrittweise die Konzession zum Stoffhandel entzogen. Am 29.9.1938 wurde die Firma unter Druck an die *OHG-Boehnicke* verkauft. Bernhard Leon hat die vereinbarte Summe von ca. 500 000 Reichsmark nie bekommen. 1991 wurde das Rückerstattungsverfahren von den Nachkommen Bernhard Leons gegen die Forderungen der Firma *Boehnicke*, die von den Behörden der DDR enteignet worden war, erfolgreich aufgenommen. Zum Eigentum der Familie Leon gehörte auch das Grundstück in der Kronenstraße 47, Ecke Wilhelm-Külz-Straße 50, früher Markgrafenstraße 50. Bernhard Leon starb 1941, seine Frau wurde in Auschwitz ermordet.

LESSER, Ludwig A.-G.
Hausvogteiplatz 11
Damenkonfektion: Im August 1938 wurde die Firma zugunsten von Lucia Wagner konfisziert. Ludwig Lesser emigrierte am 12.10.39 nach New York.

LESSER, Martin
Kronenstraße
Damenkonfektion

LESSER, Max
Damenkonfektion: Die Firma wurde von den Nazis – wahrscheinlich nach der Emigration von Lesser – liquidiert.

LEVIN, D.
Hausvogteiplatz 13
Damen- und Kinderkonfektion: 1840 gründete David Leib Levin in der Gertraudenstraße seine kleine Fabrik für Damenmäntel. Nach dem Tod des Kommerzienrates ging die Firma 1891 in den Besitz von Gustav, Louis und George Levin über. Louis Levin wurde Kommerzienrat und 1910 zweiter Vorsitzender der *Abteilung Konfektionsindustrie in der Industrie- und Handelskammer Berlin.* Das Haus am Hausvogteiplatz 13 gehörte zu den führenden Firmen der Berliner Konfektion.

LEVY
Siehe: *Hermann Loeb & Levy*

LEVY, Richard
Stoffeinkäufer bei *L. Seligmann*

LEWIN
Siehe: *Isenburg & Lewin*

LEWIN
Siehe: *Kraft & Lewin*

LEWINNEK & SCHÖNLANK
Mohrenstraße
Damenmäntel und Kostüme: Mitinhaber der Firma war der 1936 nach Amsterdam emigrierte Hermann Josef Mansfeld. Er wurde hier zum Berater der von deutschen Emigranten eröffneten Konfektionsfirmen in den Niederlanden. Lewinnek emigrierte nach Australien.

LEWINSKI
Siehe: *Baum & Lewinski*

LEWINSKY & MAYER
Hausvogteiplatz
Kleider und Blusen: Inhaber waren das Ehepaar Lachotzki, Herr Mayer und Herr Cohen. Unter dem Druck der Nationalsozialisten wurde die Firma 1939 liquidiert. Das Ehepaar Lachotzki flüchtete nach England. Die Modezeichnerin Ruth Phillips war hier beschäftigt und emigrierte im Mai 1939 ebenfalls nach England.

LEWY, Gebr.
Hausvogteiplatz 11
Blusen- und Kleiderfabrikation

LINDEMANN, Leopold
Hausvogteiplatz 2
Herstellung und Vertrieb von Stoffen für die Damenkonfektion: Die Firma *Lindemann* belieferte viele der am Hausvogteiplatz ansässigen Konfektionsfirmen. Schon zu einem sehr frühen Zeitpunkt bereitete Leopold Lindemann sich auf die Emigration vor. Im Rahmen des sog. *German-English-Plans,* der alle notwendigen Voraussetzungen für die Emigration einleitete, verließ Lindemann mit seiner Frau Hedwig und den beiden Kindern Clara und Rolf 1935 Berlin. Der Treuhänder der Firma in Berlin war Fritz Tillmann. Er traf die Familie Lindemann bei mehreren Besuchen in London, um hier den weiteren Geldtransfer vertraglich zu besprechen.

Leopold Lindemann führte aus London die Exportgeschäfte seiner Berliner Firma noch weiter und erhielt den damit erwirtschafteten Gewinn. Tillmann, der loyal zu Lindemann stand, gelang es, einen großen Teil der Möbel aus dem Familienbesitz der Lindemanns nach England zu bringen. Die nach dem 9. November 1938 eingeleitete Konfiszierung des Lindemannschen Vermögens in Berlin, es gehörte neben dem Geschäftshaus auch ein Wohnhaus in der Reichsstraße dazu, konnte auch von Tillmann nicht verhindert werden. Nach dem Kriegsbeginn wurde die Firma zur Weberei für Uniformstoffe umgewandelt. Fritz Tillmann starb 1942. Leopold Lindemann starb 1946 in London.

LÖB, Hermann & Levy
Krausenstraße
Damenkonfektion: Alice Newman war hier als Zeichnerin tätig.

LOEPERT
Siehe: *Briese & Loepert*

LOEWENHEIM
Siehe: *Sahmer & Loewenheim*

LOEWENSTEIN
Siehe: *Bachmann & Loewenstein*

LOEWENTHAL, E. und Co.

LEWY, Manfred
Hausvogteiplatz 13
Blusen- und Kleiderfabrikation

LOEWENTHAL, Gebr.
Charlottenstraße
Mäntel – und Kostümherstellung: Die Brüder Loewenthal emigrierten 1936 nach Amsterdam, wurden 1942 deportiert und in Auschwitz ermordet.

LOEWINBERG, Rudolf
& DANNENBAUM, Fritz
Schützenstraße 8 und Lindenstraße
Rudolf Loewinberg, der die Firma gründete, verstarb Ende der zwanziger Jahre. Sein Sohn Walter Loewin-

berg führte die Firma mit Fritz Dannenbaum bis 1936 in Berlin mit 20 Angestellten weiter. Konfektionäre waren Hans Seger und Gessner, Pelzeinkäufer Hurwitz, Verkäufer und Reisender Hans Adolf Mayer. Hans Seger wurde nach Absprache mit Loewinberg und Dannenbaum, die ein sehr freundschaftliches Verhältnis hatten, mit der Übernahme des Betriebes beauftragt. So konnte Geld nach England gebracht werden. Loewinberg und Dannenbaum gründeten in London eine neue Firma. 1938 wurde die Firma *Loewinberg & Dannenbaum* in *Corves & Seger* umbenannt. Fritz Dannenbaum starb im Januar 1986 in London. Seger baute in den fünfziger Jahren mit seinem neuen Partner Gerd Staebe ein großes Unternehmen in Berlin auf.

MAHRENHOLZ, Harald
Lützowufer 9
Damensalon: Harald Mahrenholz emigrierte ca. 1937 nach England. Sein Bruder ist der in England bekannt gewordene Fotograf Rolf Mahrenholz. Er arbeitete in Berlin in der Modefotografie für die Zeitung *Die Dame*.

MALETZCKI, Roman
Konfektionär, der bei Gerson gelernt hat und ca. 1937 emigrierte.

MANHEIMER, Gebr.
Charlottenstraße 29/30,
Kronenstraße 53
Damen- und Kinderkonfektion: David, Moritz und Valentin Manheimer gründeten 1837 die Fa. *Gebr. Manheimer*. Nach dem Ausscheiden von Valentin Manheimer wurde die Firma von Moritz Manheimer erfolgreich weitergeführt. Er übertrug das Geschäft auf den Kommerzienrat Hermann Bamberg, der 1910 zweiter Vorsitzender der *Abteilung Konfektionsindustrie in der Industrie- und Handelskammer Berlin* wurde. In den zwanziger Jahren nahm er seine Neffen Hugo Loewenthal und Georg Bamberg in die Geschäftsleitung auf. 1932 ist der letzte Eintrag des Unternehmens im Berliner Branchenbuch zu finden. Moritz Manheimer war ein großer Förderer des Lebens und Wachsens der jüdischen Gemeinde. Zahlreiche Stiftungen und Anstalten wurden von ihm gegründet. Auf sein selbstloses Wirken gehen folgende Einrichtungen zurück: Das *Hospital der jüdischen Gemeinde* Berlins, die *Altersversorgungsanstalt* in der Schönhauser Allee, ein Lehrlingsheim in Pankow, die *Moses Mendelssohn-Stiftung* bei der *»Bne Brith-Loge«* in Berlin, die *Hochschule für die Wissenschaft des Judentums*.

MANHEIMER, Valentin
Oberwallstraße
Damenkonfektionshersteller und Kaufhausbesitzer: Nach der geschäftlichen Trennung von seinen Brüdern im Jahre 1839 gründete Valentin Manheimer unter seinem Namen ein eigenes Unternehmen und wurde schnell zu einem der größten Hersteller von Damenkonfektion in Berlin. 50 Jahre später beschäftigte die Firma ca. 8000 Personen. Manheimer galt als der »Mantelkönig«, dessen Produkte weit über die Landesgrenzen bis nach New York für ihre besondere Qualität bekannt waren. Seine Erben führten das Unternehmen weiter, scheiterten aber in der Wirtschaftskrise und mussten die Türen des einstmals großen Unternehmens schließen.

MARKWALD & SCHEIDEMANN
Damenkonfektion

MATLATZKI, Leo
Kronenstraße
Mäntel- und Kostümherstellung
Konfektionär aus Berlin: Emigrierte 1934 nach Palästina und reiste 1940 in die Niederlande. Dort wurde er verhaftet, deportiert und in Bergen-Belsen umgebracht.

MAYER
Siehe: *Lewinski & Mayer*

MAYER, Hans-Adolf
Siehe: *Loewinberg & Dannenbaum*

MAYER, Julius
Konfektionär aus Berlin: Julius Mayer war bei der Firma von Hansen Bang beschäftigt. Mayer emigrierte mit Hansen Bang nach New York und baute dort eine neue Firma auf.

MAYER, Ludwig
Konfektionär bei *Grünthal & Sorensohn*: Mayer emigrierte nach New York und baute dort eine eigene Firma auf.

MECHUR, Berthold
Siehe: *Pintus & Scharfe*

MENDEL
Siehe: *Fischbein & Mendel*

MENDEL
Leipziger Straße 82
Mädchenbekleidung: Der Kaufmann Albert Mendel (1866–1922) gründete mit den Brüdern Karl und Julius Fischbein 1910 die Firma für Mädchenbekleidung in der Leipziger Straße. Nach Albert Mendels Tod wurden seine Frau Toni Mendel, Walter Kristeller und Ernst Eichenwald Inhaber der Firma, die aber den Namen Fischbein beibehielt. Ab 1926 sind Kristeller und Eichenwald die alleinigen Inhaber. Familie Mendel verließ Anfang 1933 Berlin.

MENDELSOHN, Gebr.
Lindenstraße 51–53
Damenkleiderkonfektion

METTEK, Heinz
Konfektionär bei Ludwig Lesser: Heinz Mettek emigrierte nach London.

MEYER
Siehe: *Feinberg & Meyer*

MEYER
Kronenstraße 55
Damenkleiderkonfektion

MICHEL & KOPPEL
Damenkonfektion für Mäntel und Kostüme: Michel Kukurutz und Herr Koppel emigrierten nach Paris, wo Koppel von Deutschen verhaftet und in einem nicht näher benannten KZ umgebracht wurde. Michel Kukurutz übergab die von ihm in Paris gegründete Firma *Michel & Cie.* an seine Söhne, die sie heute noch führen.

MONDIAL
Zimmerstraße 72–74
Modellkleiderfabrikation: Inhaber waren H. Schulmeister und Herr Krohn. Die Firma wurde im September 1938 zu Gunsten von Charlotte Hundt konfisziert.

MOSER & STEINITZ
Siehe: *Auerbach & Steinitz*

N

NATHAN
Siehe: *Rosenfeld & Nathan*

NATHAN & ROSENKRANZ
Jaegerstraße
Mäntel und Kostüme

NATHANSOHN
Siehe: *Weiler & Nathansohn*

NEISS
Siehe: *Cohnreich & Neiss*

NEUMANN, Kurt
Siehe: *Friedländer & Zaduck*

NEUMANN, W. & G.
Alte Jakobsstraße 77
Korsette: Die Gebrüder Lewandowski und Arnold Obersky gründeten die Berliner Korsettfirmen. Das Unternehmen wurde 1938 enteignet und von Dr. Eberhard Thannhäuser konfisziert.

NEWMAN, Alice
(auch: EDLER, Lissy)
Modezeichnerin und Journalistin aus Berlin, die 1936 nach London emigrierte. Alice Newman lernte Zeichnen in der *Charlottenburger Kunstgewerbeschule* zwischen 1918–1920 und in der Reimann-Schule von 1920 bis 1922. Sie arbeitete als freie Zeichnerin für die Firmen *Albert Guenther* in der Mohrenstraße, *Valentin Manheimer* und *Loeb & Levy*. Sie besuchte regelmäßig die Modenschauen der *Couture* in Wien und Paris. Im *Ullstein-Verlag* skizzierte sie unter dem Namen Lissy die neuen Modetrends. Sie arbeitete an den damals bekannten *Ullstein-Schnitten* mit. Ständige Mitarbeiterinnen in der Redaktion waren Johanna Thal und Stephanie Kaul. Aufgrund des verschärften Drucks der Nationalsozialisten gegen jüdische Redaktionsmitglieder verließ Alice Newman 1936 Berlin und emigrierte nach London.

NOHER
Siehe: *Hecht & Noher*

NOHER
Siehe: *Piquet & Noher*

NUSSBAUM, Leopold
Herstellung von Damenröcken: Das Unternehmen wurde im August 1938 von der Firma Alfred Bardehle »arisiert«.

OBERSKY, Arnold
Siehe: *Neumann, W. & G.*

ORBACH
Siehe: *Weil & Orbach*

ORGLER & FIDELMANN
Mohrenstraße 20/21
Kostüme und Blusen: Mitinhaber der Firma war Ludwig Schlesinger, der auch für den Bereich der Konfektionsindustrie Mitglied der *Industrie- und Handelskammer* war. Diese bereits 1865 gegründete Firma gehörte zu den alteingesessenen Häusern mit gutem Ruf am Hausvogteiplatz. 1932 wurde dieser Fabrikationsbetrieb zum letzten Mal im Branchenverzeichnis aufgeführt.

P

PHILLIPS, Ruth
Zeichnerin im Entwurf bei der *Fa. Lewinsky & Mayer*. Ruth Phillips emigrierte im Mai 1938 nach London.

PHILLIPSON
Siehe: *Posner & Phillipson*

PINKUS
Siehe: *Küchler & Pinkus*

PINTUS & SCHARFE
Jerusalemer Straße 16
Mäntel und Kostüme: Geschäftsführer war Manfred Lewy, Konfektionär war Berthold Mechur, der nach New York emigrierte.

PIQUET & NOHER
Damenkonfektion: Piquet emigrierte nach Santiago de Chile. Noher nach London.

POSNER & PHILLIPSON
Konfektionsbetrieb

PRAGER
Siehe: *Gerson, Prager & Hausdorff*

PUFFELES, Gebr.
Firma im Bereich des Modellgenres für Mäntel und Kostüme

PUFFELES
Siehe: *Salomonski & Puffeles*

R

RAUTENBERG, Erwin
Konfektionär aus Berlin, emigrierte ca. 1936.

REICH & BÄHR
Kronenstraße 47,
Ecke Markgrafenstraße
Kleiderkonfektion und Stoffhandel: Der Inhaber der Firma, Julius Meyer, emigrierte 1938 nach England.

REISSMANN & CHAIM
Leipziger Straße
Kleiderfabrikation: Inhaber Mathiason und Simonsohn. Das Unternehmen wurde ca. 1936 aufgelöst. Die beiden Eigentümer emigrierten nach London.

ROSENBAUM
Siehe: *Cohn & Rosenbaum*

ROSENBAUM
Siehe: *Joachim & Rosenbaum*

ROSENBERG, B.
Kleiststraße 21
Modesalon

ROSENFELD & NATHAN
Hausvogteiplatz 11
Mäntel und Kostüme

ROSENKRANZ
Siehe: *Nathan & Rosenkranz*

ROSENTHAL, F.
Mitinhaber der Firma *Dick & Goldschmidt*

RUBINSTEIN, Wilhelm
Kronenstraße 45
Mantelproduktion: Rubinstein emigrierte 1936 in die Niederlande, später nach England. Bei einem Besuch in den Niederlanden wurde er dort von den deutschen Besatzern verhaftet und ermordet. Der Schwager von Wilhelm Rubinstein, Walter Grossmann, übernahm die Firma kurzfristig und emigrierte 1938 nach New York. Die Firma Rubinstein wurde dann zugunsten von Fritz Hirsch und der *Sponholz Bank* konfisziert.

S

SACHS
Siehe: *Schwarz, Sachs & Wolfsohn*

SAEBEL, Leo
Siehe: *Ephraimsohn & Neumann*

SADAGURSKI, S.
Kronenstraße 27
Damenmäntelkonfektion

SAENGER, Erich
Krausenstraße 24
Damenmäntelkonfektion

SAHMER & LOEWENHEIM
Krausenstraße 19/21
Damenmäntel

SALINGER
Siehe: *Lesser & Salinger*

SALINGER & BENDA
Hausvogteiplatz 8
Damenkleiderfabrikation

SALOMON, A.
Markgrafenstraße 27
Damenkonfektion

SALOMON & KAMINSKY
Mohrenstraße
Damenmäntel und Kostüme: Die Firma wurde von Alfred Salomon und Walter Kaminsky 1914 in der Schützenstraße gegründet. Die Lehrzeit absolvierte Walter Kaminsky in der Firma *Kraft und Lewin*; 1909 wurde er Konfektionär bei der Firma

Seeler & Cohn in der Kronenstraße 50–52. 1935 wurde die Liquidierung der Firma unter dem Druck des NS-Treuhänders Dr. Bange durchgeführt. Es kam ein Jahr später zur Auszahlung eines Teilbetrages. Walter Kaminsky emigrierte mit seiner Familie nach Südafrika. 1950 erreichte er eine Restitution des Firmenvermögens. Sein Geschäftspartner Alfred Salomon starb mit seiner Frau und seinen zwei Kindern in einem nicht näher benannten KZ.

SALOMONSKI & PUFFELES

Mäntel und Kostüme im besseren Genre

SANDER

Siehe: *Goldberg & Sander*

FA. SAUER

Lindenstraße 51–53

Modellkonfektion: Inhaber des Geschäfts waren die Geschwister Helen und Otto Sauer. Sie verließen Berlin ca. 1935 und emigrierten nach England, hielten aber weiterhin Kontakt zu ihrem noch nicht verkauften Betrieb in Berlin. Gerd Staebe trat hier als Mittelsmann auf und reiste für die Besprechung neuer Kollektionen nach London. Im Juni 1938 wurde die Firma von Hellmuth Witt konfisziert, die Geschwister Sauer emigrierten einige Jahre später nach Santa Barbara/USA.

SCHARFE

Siehe: *Pintus & Scharfe*

SCHARLINSKI

Konfektionär bei *L. Seligmann*

SCHEIDEMANN

Siehe: *Markwald & Scheidemann*

SCHLOCHAUER

Angestellter bei *L. Seligmann*, emigriert nach Manchester, England.

SCHÖNLANK

Siehe: *Lewinnek & Schönlank*

SCHWARZ, Sachs & Wolfsohn

Mohrenstraße 40

Kostüme und Mäntel: Wolfsohn und Schwarz jr. wurden Opfer des Holocaust.

SEELER & COHN

Kronenstraße 50–52

Damenmäntel: Seeler starb ca. 1932. Die Teilhaber Hermann, Gerechter und Dreyfuss emigrierten nach Südamerika.

SELIGMANN, Leopold

Mohrenstraße 44

Damenmäntel- und Kostümfabrikation im Mittelgenre: Otto Seligmann war der ursprüngliche Gründer des Unternehmens, das Mitte der zwanziger Jahre von seinem Neffen Leopold Seligmann übernommen wurde. Zu den Kunden gehören u. a. *H. Tietz, Karstadt, L. Tietz, Alsberg, Schocken & Söhne, Leopold Gardiel, Gebr. Hirschfeld* u. a.

Der Export erfolgte vor allem nach den Niederlanden, in die Schweiz, Norwegen und Schweden. Leopold Seligmann war alleiniger Geschäftsführer im eigenen Unternehmen. Der Jahresumsatz lag bei etwa 5–6 Millionen Reichsmark, das entspricht etwa der Fertigung von 200 000 Kleidungsstücken pro Jahr. Die Firma gehörte damit zu den großen Konfektionsunternehmen in Berlin. Konfektionäre waren Willi Dresel, Erwin Scharlinski, Herr David und ab 1933 Adolf Burger.

Gegen Ende der zwanziger Jahre wurde die Gesamtprokura dem Einkäufer Richard Levy und Herbert Conrad (in England später Herbert Curtis) erteilt. Die Krise von 1929 überstand das Unternehmen wegen seiner außergewöhnlich hohen Exportzahlen ohne Probleme. Und so war es auch folgerichtig, dass nach 1933 Leopold Seligmann zu jenen ausgewählten Firmen gehörte, für die das britische *Home Office* eine Genehmigung zur Eröffnung einer Produktionsstätte in Manchester erteilte. Herbert Conrad reiste zu dieser Zeit und danach verschiedentlich nach England. 1934 kam es zu den ersten Verhaftungen in der Firma. Betroffen waren Herbert Conrad (Curtis), Richard Levy und der Konfektionär Scharlinski. Nach einem fast dreiwöchigen Haftaufenthalt im Berliner Polizeigefängnis – ohne Anklageschrift – wurde deutlich, dass die Denunziation aus dem Betrieb Seligmann selbst kam: aus einer sogenannten Betriebszelle der NSDAP.

Nur widerwillig stimmte der 56jährige Leopold Seligmann 1936 einem Liquidationsverfahren zu. Das Geld aus dem Verkauf wurde zu den damaligen für Juden spezifisch schlechten Konditionen auf eine Bank überwiesen. Erst kurz vor Kriegsbeginn 1939 flüchtete *Leopold Seligmann* nach England. Hier leitet er nur kurz die Filiale der Firma Leopold Seligmann weiter. Wenige Monate später entschloss er sich, zu seinen Brüdern nach New Mexico/USA auszuwandern. 1944 starb Leopold Seligmann. Seine Kinder griffen die Tradition der Bekleidungsherstellung auf und gründeten mehrere »Clothing Companies« in New Mexico.

SELIGSOHN, M.
Hausvogteiplatz 2
Damenmäntelkonfektion

SEMMEL & FRIEDLAENDER
Damenkonfektion: Herr Semmel emigrierte nach Amsterdam und wurde während der deutschen Besatzung nach Auschwitz deportiert.

SHIELDS, Paul E.
Lernte in der Konfektionsfirma Seeler & Cohn in Berlin und war später als Vertreter für den Stoffgroßhandel (siehe: Fa. Dick & Goldschmidt) tätig. Emigrierte 1939 nach England.

SHLAMME, H.
Jerusalemer Straße 14
Damenmäntelkonfektion

SHOTT, S.
Charlottenstraße 59
Betrieb für Damenmäntelkonfektion

SILBERSTEIN, Hermann/Spencer
Berlin, Kronenstr. 56
Geschäftsgründung für konfektionierte Damenmäntel und -kostüme 1922 in Berlin. Im November 1938 wurde sein Geschäft überfallen, H. Silberstein schwer verletzt, dann folgte die Geschäftsaufgabe.

1940 floh Silberstein nach Shanghai, 1949 emigrierte er nach New York, dort nahm er den Namen Spencer an. H. Silberstein starb 1981 in San Francisco.

SIMON
Siehe: *Block & Simon*

SINZHEIMER, Arthur
Siehe: *Altschul & Sinzheimer*

SINZHEIMER, Moritz
Siehe: *Altschul & Sinzheimer*

SOHRENSOHN
Siehe: *Grünthal, Sohrensohn & Co.*

SOLDIN
Siehe: *Strelitz & Soldin*

SPERLING
Siehe: *Frank, Sperling & Co.*

STEINITZ
Siehe: *Auerbach & Steinitz*

STERN, Adolf
Herrenkonfektion: Die Firma wurde 1936 zugunsten von Paul Engelmann konfisziert.

STERN, Albert
Siehe: *Graumann & Stern*

STERN, Siegbert
Siehe: *Graumann & Stern*

STRASSBURG
Kronenstraße
Damenmäntelfabrikation: Der Inhaber, Herr Strassburg, flüchtete 1933 nach England. Die Firma wurde aufgelöst.

STRASSNER, Joe
Kurfürstendamm 202
Modellanfertigung: Strassner arbeitete auch viel für Kostümausstattungen der Berliner Theater. Schauspielerinnen wie Elisabeth Bergner gehörten zu seinen Kundinnen. Strassner emigrierte ca. 1936 nach London.

STRELITZ & SOLDIN
Zimmerstraße
Mäntel und Kostüme: Beide Eigentümer emigrierten nach London.

STROBACH, C. G.
Kronenstraße, Leipzigerstraße 44/45, Schützenstraße 15–17
Modellkonfektion: Dieser Firma gehörten bedeutende Betriebe der Modellkonfektion in der Damenmode. Im Unternehmen waren ca. 120 Angestellte und außerhalb über 100 Zwischenmeister beschäftigt. Joe Herbst arbeitete hier als Konfektionär. Nach Aussagen von Zeitzeugen emigrierte der Besitzer ca. 1937 nach England und führte von hier aus noch die Geschäfte weiter. Im Juli 1938 wurde der Betrieb zugunsten der Angestellten Kurt Hall, Lothar Peyler und Herbert Poppel konfisziert.

SUDEN UND LAUER
Mohrenstraße 46/Florastraße
Modellkonfektion

SÜSSKIND, Max & Co.
Jerusalemer Straße 24
Herstellung und Verkauf von Damenkonfektion: Der Betrieb wurde am 3.2.1931 gegründet und 1933 geschlossen.

T

TAUS, H.
Kronenstraße 27
Damenmäntelkonfektion

TREITEL & MEYER
Mäntelkonfektion: Gerd Staebe entwarf für dieses Haus Kollektionen. Kurt Treitel und Frau Rose, geb. Lesser, emigrierten nach England.

TUTEUR
Siehe: *Kersten & Tuteur*

UMLAUF & ENGEL
Markgrafenstraße 33
Damenmäntelkonfektion

UNGER
Siehe: *Fisher & Unger*

WACHSNER, Adolf
Siehe: *Flatow & Wachsner*

WACHTEL, Gebr.
Herrenkonfektionsartikel: Die Brüder Nathan und Simon Wachtel besaßen vier Detailgeschäfte in Berlin. Das Unternehmen wurde durch einen Zwangsverkauf an die Firma *Schultz Brummer* verkauft.

WAGNER, Gebr.
Schützenstraße
Damenmäntelkonfektion

WÄLDER
Siehe: *Cohn, Wälder & Co.*

WALLACH, Ernst
Siehe: *Lebram, Herbert*

WALLMANN & WASSERMANN
Friedrichstraße 63
Damenmodesalon: Das Unternehmen wurde im August 1938 zugunsten der Firma *Müller & Müller* konfisziert.

WARSCHAFSKI
Siehe: *Fleischer & Warschafski*

WARSCHAUER, Louis
Konfektionär bei *L. Seligmann*.

WASSERMANN
Siehe: *Wallmann & Wassermann*

WASSERMANN
Wassermann war bei J. Hobe Konfektionär und emigrierte nach New York. Hier arbeitete er bei *Hansen Bang*.

WEICHELBAUM, L. J.
Konfektionsfirma für Mäntel und Kostüme im besseren Mittelgenre

---

WEIL & ORBACH
Hausvogteiplatz 8–9
Blusen- und Kleiderkonfektion im Modellgenre

WEILER, Nathansohn & Co.
Kleider- und Blusenfabrikation: 1938 wurde dieser Betrieb enteignet.

WEISSENBERG
Siehe: *Joachimson & Weissenberg*

WEISSMANN & DIEHN
Kronenstraße 45
Damenmäntelkonfektion
Carl Diehn war 1910 für die Industrie- und Handelskammer im Ausschuss der Konfektionsindustrie.

WERTHEIM-WARENHAUS
Berlin
Nach den erzwungenen Rücktritten der Aufsichtsräte Georg Wertheim, Dr. Fritz Sternberg und Eberhard Hoesch wurde der Aufsichtsrat neu gebildet. Direktor wurde ab Mai 1937 Karl Haus. Die Frankfurter Zeitung vom 15.7.1937 notierte, dass jetzt »der Wertheim-Konzern als nichtjüdisches Unternehmen gilt«. In allen Verhandlungen wird die Berliner Industrie- und Handelskammer konsultiert, die sich zu den Plänen der Nationalsozialisten wohlwollend im eigenen Interesse verhält.

WILHELMY, Gebr.
Hausvogteiplatz 2
Damenmäntelkonfektion

WOLF, Emanuel
Neuer Markt 16
Fabrikation für Herren- und Burschenkleidung
Wolf emigrierte 1939 mit seiner Familie nach England, das Berliner Geschäft wurde im gleichen Jahr liquidiert. Mit ihm ging sein jüdischer Zuschneider Herr Adebar.

WOLF
Siehe: *Kätscher, Krause & Co.*

WOLFF
Siehe: *Grünthal & Wolf*

WOLFF, *Gebr.*
Lindenstraße
Mantelkonfektion

WOLFF, H.
Krausenstrasse 17/18
Pelzmäntel und Pelzwaren (siehe S. 195).

WOLFSKY, *M. & Co.*
Leipziger Straße 76
Damenkonfektion
Gesellschafter waren Moritz Wolfsky, Leo Wolfsky, Emil Cohen, Hans Henry Cohen. Leo Wolfsky wurde nach Erinnerung von Zeitzeugen 1936/37 nach den Nürnberger Gesetzen verhaftet. Das Schicksal aller Geschäftsführer ist unbekannt.

Z

ZADUK
Siehe: *Friedländer & Zaduk*

ZONS, Egon
Konfektionär aus Berlin
Er emigrierte nach Amsterdam, wurde dort verhaftet, deportiert und in Auschwitz ermordet.

ZOREK, Eric
Wichertstraße
Zwischenmeisterbetrieb für Damenkonfektion
Eric Zorek war bis zu seiner Emigration 1935 nach London bei der Damenkonfektionsfirma Hecht & Noher beschäftigt. Unmittelbar nach der Machtergreifung durch die Nationalsozialisten wirkten NSDAP-Mitglieder so auf die Geschäftsführung des Betriebes ein, dass Erich Zorek als Jude nur noch minderwertige Arbeit, mit der sehr wenig verdient werden konnte, zugewiesen bekam. Er begann seine Emigration vorzubereiten und knüpfte Kontakt zur Firma Wertheim Models, die eine Filiale in London hatte. Wertheim Models gehörte zu den Firmen, die Qualitätsware herstellten und durch ein Abkommen mit den britischen Behörden nicht nur nach England exportieren, sondern auch dort produzieren konnten. Zu diesem Zweck durften auch Arbeitskräfte mit besonderer Qualifikation einreisen und arbeiten. Dazu besuchte Zorek einen Zeichnen- und Zuschneidekurs an der Reimannschule, um sich weiter zu qualifizieren. Nach seiner Emigration gelang es Zorek 1938, auch seine Mutter nach London nachzuholen. Er lebte mit seiner Frau in London und starb dort im Juli 1992.

Foto des Geschäfts von Hermann Silberstein nach der Geschäftsaufgabe 1938. Silberstein war zuvor von Nazis im Geschäft überfallen worden, er floh 1940 nach Shanghai und emigrierte später in die USA.

NACHWORT

ZUR GESCHICHTE DER BERLINER KONFEKTION UND MODE

Die Welt der Mode ist eine Welt des Blitzlichts und des Glamours. Mit der Berliner Fashion Week hat auch in der deutschen Hauptstadt eine Modeveranstaltung Fuß gefasst, die internationales Ansehen genießt. Doch hinter der schönen Fassade hat die Berliner Mode auch eine andere, nur den wenigsten bekannte Seite.

Uwe Westphal ist einer derjenigen, denen es zu verdanken ist, dass die Geschichte der Berliner Mode nicht in Vergessenheit gerät. Seine Arbeiten über die Vertreibung und Ermordung tausender Juden, die einst die Berliner Mode prägten, sind im deutschsprachigen Raum einzigartig. Er macht sich für eine Erinnerungskultur stark, die Opfer und Profiteure der Grausamkeiten der Nationalsozialisten klar benennt.

Das Bundesministerium der Justiz und für Verbraucherschutz fühlt sich dabei, nicht zuletzt aufgrund der Lage unseres Hauses, besonders in der Pflicht. Auf dem Gebiet des heutigen Ministeriums befanden sich nachweislich 59 jüdische Mode-Betriebe, die alle zur Aufgabe gezwungen wurden. Ihre Inhaberinnen und Inhaber wurden entrechtet, gedemütigt, verfolgt und zum Teil ermordet.

Wir müssen aufarbeiten, welche Verbrechen geschehen sind, und es uns eine Mahnung sein lassen. Es ist unsere Verantwortung zu verhindern, dass sich solche Taten jemals wiederholen. Dazu leistet dieses Buch einen wertvollen Beitrag.

DR. KATARINA BARLEY
Bundesministerin der Justiz und für Verbraucherschutz

DANKSAGUNG

Die Recherche zu diesem Buch nahm viele Jahre in Anspruch. Viele Reisen, Briefe und Suchanzeigen waren notwendig, um verlorene Spuren von Emigranten der Branche zu finden.

Danken möchte ich an dieser Stelle erst einmal allen nicht genannten Personen, die mir viele Fragen beantworteten, sich die Mühe machten, mir lange Briefe über ihr Schicksal zu schreiben, obwohl es ihnen häufig sehr schwerfiel.

Mein besonderer Dank aber gilt postum Kurt Ehrenfreund in Los Angeles, ohne dessen Hilfe die Emigranten- und Firmenliste nicht hätte geschrieben werden können. Seiner Branchenkenntnis verdanke ich viele Kontakte zu Konfektionären, die früher in Berlin arbeiteten und Berlin verlassen mussten. Fast niemand aus dieser Generation lebt noch. Aber deren Kinder und Kindeskinder waren hilfreich bei meiner Spurensuche.

Regina Laska danke ich für ihre geduldige, großartige inhaltliche und redaktionelle Mithilfe. Zahlreiche Dokumente sowie wertvolle Hinweise und Ratschläge gab mir die ehemalige BBC-Redakteurin Dina Gold aus Washington. Ihr gebührt das Verdienst, den Komplex der Victoria-Versicherung im Nazistaat bearbeitet zu haben.

Für Gespräche, Fotos und Unterstützung danke ich ferner: Elisabeth Abrahams (England), Detlev Albers, Frau von Bargen, Dr. Avraham Barkai (Israel), Gad Beck, Gerda Feigenheimer (New York), Gloria Greenstein (New York), Susanne Gorke, Monika Graef-Rudolf, Gerd Hartung, Georg Heck, Prof. Wolfgang Jacobeit, Hans Jacobsberg (USA), Karstadt AG Essen, Zivia Kay, Herrn Kersten, Mechthild Küpper, Herbert Lebram (Niederlande), Clive A. Lindemann (England), Eva Loebel (USA), Prof. Lowenthal, Horst Mandel, H. A. Marshall (England), Catarina Menzel, Heinz Mohr, Alice, Ruth, Joanna und Claus Newman (England), Günther Odemann-Nöring, Ruth Phillips (England), Kerstin Pohle, Regi Relang, Werner Rosenstock (England), H. Rothenberg (England), C. A. Sawady (England), Werner Scheele, Paul E. Shields(England), Jutta Spitzley, Gerd Staebe, Prof. H. Strauss, Käte Strebe, Ruth Thomas, Prof. Jacob Toury (Israel), Gitta Wachtel, Dr. Gretel Wagner, W. M. Wolf (England), Arnos Wohin (Israel), Eric Zorek (England), Loni Charlton, Christopher Charlton, Peter Comberti, Herbert Curtis, Gary Leon, Dr. Christiane Schütz, Judy Maltz von der Zeitung *Haaretz*.

Für die heiße Milch mit Honig und ihre gesundheitliche Fürsorge danke ich Ida und Menachem Hammer in Tel Aviv. Mechthild Alperemann für ihre unendliche Geduld und Hilfe bei der Arbeit am Manuskript.

Der Bundesministerin Dr. Katarina Barley danke ich für das Nachwort zu diesem Buch.

UWE WESTPHAL
Februar 2019

ANHANG

ANMERKUNGEN

1 Moritz Loeb: Die Berliner Konfektion, in: Großstadt-Dokumente, Berlin 1906, Bd. 15, Kap. III, S. 21ff.
2 Ruth Hamburger im Gespräch mit dem Autor, 1989.
3 Im Gespräch mit dem Autor, 2016.
4 Renate Flacker: Die Berliner Damenoberbekleidungsindustrie im Zeichen wirtschaftlicher Isolierung, Berlin 1956 (Berliner Wirtschaftsarchiv).
5 Detlev Albers im Gespräch mit dem Autor, 1990 (s. S. 227ff.).
6 Dieses und die folgenden Zitate: Zincke, Wilhelm: 600 Jahre Berliner Schneidergilde und ihre Zeit 1288–1888. Festschrift im Auftrag der Berliner Schneider-Innung, Berlin 1888.
7 Judenedikt des Großen Kurfürsten vom 21.05.1671. Dieses und das folgende Zitat nach: Erwin Wittkoswski: Die Berliner Damenkonfektion, Berlin 1928, Anm. 5.
8 Bildarchiv Preußischer Kulturbesitz (Hg.): Juden in Preußen, Berlin[4] 1983, S. 89.
9 Prager Hauptblatt der Damenmode, Breslau 1846, S. 1, Archiv des Autors.
10 Dieses und das folgende Zitat: Arthur Prinz: Juden im deutschen Wirtschaftsleben, Tübingen 1984, S. 45.
11 Mitteilungen des Verbandes der Damenmode, Berlin 1918, Heft 3 und 4.
12 Sonja Grunow: Kinderbild um 1900. In: Karlsruher Schriften zur Kunstgeschichte, Bd. 9, S. 248.
13 Adolf Stoecker, Unsere Forderungen an das moderne Judentum, Berlin 1880, S. 367.
14 Heinrich von Treitschke: Unsere Aussichten, Berlin 1879, S. 7f. Zitiert nach Karsten Krieger (Hg.): Der Berliner Antisemitismusstreit, München 2004, S. 178.
15 Dieses und die folgenden Zitate aus: Sigilla Veri. Ein Lexikon zur Judenfrage, Berlin 1929, Bd. III, S. 642ff.
16 Dieses und die folgenden Zitate: ebd., S. 643.
17 Ebd.
18 Ebd., Bd. II, S. 498.
19 Zitiert nach: Mittheilungen des Vereins zur Abwehr des Antisemitismus, Berlin, 29.6.1899.
20 Arthur Prinz: Juden im deutschen Wirtschaftsleben, Tübingen 1984, S. 103.
21 Bertha von Suttner: Für und Wider der Reformkleidung. Eine Sammlung von Aufsätzen und Meinungen zu diesem Thema, Leipzig 1903.
22 70 Jahre deutsche Mode. In: Festschrift der Zeitschrift »Bazar«, Berlin 1925, S. 16.
23 Die Frau im Jahrhundert der Energie. In: Jahrbuch des Kaufhauses Nathan Israel, Berlin 1913.
24 Felix Salten über Gustav Klimt. Zitiert nach: Nike Wagner: Geist und Geschlecht – Karl Kraus und die Erotik der Wiener Moderne, Frankfurt/M. 1982, S. 228.
25 Aus einer Hörfunksendung des SFB vom 16.3.1986 über den Hausvogteiplatz.
26 Clara Sander: Die Mode im Spiegel des Krieges, Essen/Köln 1915, S. 4f.
27 Catharina Menzel im Gespräch mit dem Autor, 1986.
28 Detlev Albers im Gespräch mit dem Autor, 1985 (s. S. 227ff.).
29 Bildarchiv Preußischer Kulturbesitz (Hg.): Juden in Preußen, Berlin[4] 1983, S. 339.
30 Mitteilungen des Verbandes der Damenmoden, Berlin 1918, Heft 2/3, S. 53.
31 Mitteilungen des Verbandes der Damenmoden, Berlin 1918, Heft 13, S. 263.
32 Mitteilungen des Verbandes der Damenmoden, Berlin 1918, Heft 14, S. 233.
33 Styl-Blätter des Verbandes der deutschen Modeindustrie, Berlin 1923, Jg. 2, Nr. 1.
34 Ebd.
35 Zitiert nach: Sigilla Veri. Ein Lexikon zur Judenfrage, Berlin 1929, Bd. III, S. 644.
36 Styl-Blätter des Verbandes der deutschen Modeindustrie, Berlin 1922, Jg. 1, Nr. 2, Artikel über die Frühjahrsmodenwoche 1922.
37 Karl Riha (Hg.): Dada-Berlin. Texte, Manifeste, Aktionen, Stuttgart 1982, S. 171.
38 Metropolen machen Mode. Haute Couture der zwanziger Jahre, Berlin 1977, S. 49.
39 Ebd., S. 52.
40 Richard Schaal: Die theatralische Revue in Berlin und Wien 1900–1938. Typen, Inhalte, Funktionen, Wilhelmshaven 1977, S. 78.
41 Franz Hessel: Spazieren in Berlin, München 1968, S. 35.
42 Ebd., S. 132.
43 Zitiert nach: Joseph Wulf: Die bildenden Künste im Dritten Reich. Eine Dokumentation, Frankfurt/M., Berlin, Wien 1983, S. 286.
44 Johannes Itten: Stoffkultur und Geschmacksbildung, Berlin 1937, S. 39ff.

45 Übersetzung eines Berichts des Berlin-Korrespondenten des Dagens Nyheter, 30.7.1935.
46 Bericht des Berlin-Korrespondenten der Neuen Zürcher Zeitung, 20.6.1938.
47 Otto Jung: Zu wenig Menschen, zu wenig Land! Die Judenfrage in der deutschen Wirtschaft, München 1938, S. 41ff.
48 Ebd.
49 Dieses und die folgenden Zitate: Deutsche Kleidung statt jüdischer Konfektion, in: Arbeit und Wehr, Berlin 1938, Jg. 8, Nr. 26, o.S.
50 Ebd.
51 Ebd.
52 Christoph Kreuzmüller im Gespräch mit dem Autor. Feature, gesendet vom Hessischen Rundfunk, Januar 2018.
53 Wirtschaftsblatt der Industrie- und Handelskammer zu Berlin, Berlin 1938, Heft 21, S. 948.
54 Ebd., Heft 28, S. 1194f.
55 Ebd.
56 Ebd., Heft 24, S. 1099.
57 Fritz Grünfeld/Stefi Jersch-Wenzel (Hg.): Das Leinenhaus Grünfeld. Erinnerungen und Dokumente. Berlin 1967, S. 139f.
58 Wirtschaftsblatt der Industrie- und Handelskammer zu Berlin, Berlin 1938, Heft 9, S. 477.
59 Dieses und das folgende Zitat: https://corporate.brax.com/unternehmen/ueber-uns; aufgerufen am 6.12.2018.
60 Wirtschaftsblatt der Industrie- und Handelskammer zu Berlin, Berlin 1938, Heft 14, S. 682.
61 Ebd., Heft 7, S. 328.
62 Ebd., Heft 11/12, S. 580.
63 Ebd.
64 Ebd., Heft 32/33, S. 1614.
65 Das Schwarze Korps. Zeitung der Schutzstaffeln der NSDAP, Organ der Reichsführung SS, Berlin (im Folgenden: SK), 4. August 1938, S. 13.
66 Ebd.
67 Zitiert nach: Joseph Wulf: Presse und Funk im Dritten Reich. Eine Dokumentation, Frankfurt/M., Berlin, Wien 1983, S. 237.
68 Ebd., S. 238.
69 Harald Riecken: Die Männertracht im neuen Deutschland, Kassel 1935, S. 6ff.
70 Marietta Riederer im Gespräch mit dem Autor, München 1985.
71 Heinz Mohr im Gespräch mit dem Autor, Berlin 1987.
72 Sebastian Haffner: Geschichte eines Deutschen. Erinnerungen 1914, Kap. 23, Stuttgart, München 2000.
73 Mark Spoerer: C&A. Ein Familienunternehmen in Deutschland, den Niederlanden und Großbritannien, München 2016, Fn. 413.
74 Bildarchiv Preußischer Kulturbesitz (Hg.): Juden in Preußen, Berlin[4] 1983, S. 343.
75 Diese und alle anderen Zahlen sind auch dem folgenden Band entnommen: Jacob Letschinsky: Das wirtschaftliche Schicksal des deutschen Judentums. Aufstieg, Wandlung, Krise, Ausblick, Berlin 1932.
76 Alfred Marcus: Der wirtschaftliche Kurs der deutschen Juden. Eine soziologische Untersuchung, Berlin 1931, S. 71.
77 Aus den handschriftlich verfassten Erinnerungen von Kurt Ehrenfreund (lagen dem Autor vor).
78 Dina Gold: Nazi Theft and the Quest for Justice at Krausenstrasse 17/18 Berlin, Chicago 22016. Mit freundlicher Genehmigung der Autorin. Übersetzt von Kristine Jennings.
79 Originalzitat in Deutsch. Siehe auch Philipp Manes: The German Fur Industry and its Associations 1900–1940. Attempting a Story. Berlin 1941, Originalmanuskript: Wiener Library, London, Bd. 4, S. 8.
80 Wirtschaftsblatt der Industrie- und Handelskammer zu Berlin, Berlin 1942, Heft 21/22, S. 147f.
81 Im Gespräch mit dem Autor. Der Zeitzeuge wollte seinen Namen nicht genannt wissen. Er ist inzwischen verstorben.
82 Heinz Lademann: Die deutsche Damenoberbekleidungsindustrie – Versuch einer Darstellung einer jungen Industrie, Wiesband 1960, S. 17ff.

LITERATURVERZEICHNIS

— Ackermann, Suse: Couture in Deutschland. München 1961

— Aktives Museum Faschismus und Widerstand in Berlin e.V. (Hg.): Verraten und Verkauft – Jüdische Unternehmen in Berlin 1933–1945. Berlin 2008

— Bäckmann, Reinhard: Nähen – Nadel – Nähmaschine. Ursprünge der Nähtechnologie im Zeitalter der ersten industriellen Revolution. Hohengehren 1991

— Band, Henri: Mittelschichten und Massenkultur. Siegfried Kracauers publizistische Auseinandersetzung mit der populären Kultur und der Kultur der Mittelschichten in der Weimarer Republik. Berlin 1999

— Bazar-AG (Hg.): 70 Jahre deutsche Mode. Zur Geschichte einer deutschen Modezeitschrift. Berlin 1927

— Bebel, August: Die Frau und der Sozialismus. Berlin 1974

— Berliner Festspiele GmbH (Hg.): Preußen. Versuch einer Bilanz. Bd. 1–5. Berlin 1981

— Berlin-Museum (Hg.): Eldorado. Homosexuelle Frauen und Männer in Berlin 1850–1950; Geschichte, Alltag und Kultur. Berlin 1984

— Bildarchiv Preußischer Kulturbesitz (Hg.): Juden in Preußen. Dortmund 1981

— Cluet, Marc und Catherine Repussard (Hg.): »Lebensform«. Die soziale Dynamik der politischen Ohnmacht. Tübingen 2013 (nicht im DNB Katalog)

— Dähn, Brunhilde: Berlin Hausvogteiplatz. Bei den Kleidermachern an der Spree. Göttingen/ Zürich/Frankfurt 1968

— Droste, Magdalena: Bauhaus-Archiv. Köln 2002

— Eelking, Hermann M. Freiherr von: Die Uniformen der Braunhemden. München 1934

— Enzensberger, Hans Magnus (Hg.): Omgus – Ermittlungen gegen die Deutsche Bank. Nördlingen 1985

— Fiege, Nora: Berliner Konfektion und Mode in den 1920er Jahren. Neue Kleider für Neue Frauen? Hamburg 2009

— Fraenkel, Ernst: Der Beitrag der deutschen Juden auf wirtschaftlichem Gebiet. In: Judentum – Schicksal, Wesen und Gegenwart. Wiesbaden 1965

— Friedrich, Joerg: Die kalte Amnestie – NS-Täter in der BRD. Frankfurt 1984

— Fritsch, Theodor: Handbuch der Judenfrage. Die wichtigsten Tatsachen zur Beurteilung des jüdischen Volkes. Leipzig 1936

— Fromm, Bella: Bood & Banquets. A Berlin Social Diary. New York 1990

— Geissler, Kurt: Modemetropole Berlin. Berlin 1993

— Genschel, Helmut: Die Verdrängung der Juden aus der Wirtschaft im Dritten Reich. Göttingen/ Berlin/Frankfurt/Zürich 1966

— Gestrich, Andreas: Geschichte der Familie im 19. und 20. Jahrhundert. Berlin 2013

— Gold, Dina: Stolen Legacy. Theft and the Quest for Justice at Krausenstrasse 17/18 Berlin. Chicago 2016

— Greul, Heinz: Chansons der zwanziger Jahre. Zürich 1962

— Grimm, Ulrich Werner: Zwangsarbeit und »Arisierung«. Berlin 2004

— Gross, Manuela und Brigitte Heyde: Kleider machen Frauen. Frauen in der Charlottenburger Modeindustrie. Berlin 1990

— Grünfeld, Fritz Vincenz unter Mitwirkung von Stefi Jersch-Wenzel: Das Leinenhaus Grünfeld. Berlin 1967

— Grunow, Sonja: Kinderbild um 1900. Münster 2013

— Haffner, Sebastian: Geschichte eines Deutschen. Die Erinnerungen 1914–1933. München 2014

— Hässlin, Johann Jacob (Hg.): Berlin. München 1955

— Herbig, Rudolf: Notizen aus der Sozial-, Wirtschafts- und Gewerkschaftsgeschichte vom 14. Jahrhundert bis zur Gegenwart. Düsseldorf 1976

— Hessel, Franz: Spazieren in Berlin. München 1968

— Hoffmann, Dr. Walter: Wachstum der deutschen Wirtschaft seit Mitte des 19. Jahrhunderts. Berlin 1965

— Institut zum Studium der Judenfrage (Hg.): Die Juden in Deutschland. München 1939

— Israel, Jonathan L: European Jewry in the Age of Mercantilism 1550–1750. Oxford 1985

— Israel, Nathan (Hg.): Die Frau im Jahrhundert der Energie – Jahrbuch des Kaufhauses N. Israel. Berlin 1913

— Itten, Johannes: Stoffkultur und Geschmacksbildung. Körperkultur, Bodenkultur, Wohnungskultur, ... Stoffkultur...! In: Amtlicher Führer durch die Reichsausstellung der deutschen Textil- und Bekleidungswirtschaft. Berlin 1937

— Jüdisches Jahrbuch für Groß-Berlin. Ein Wegweiser durch die jüdischen Einrichtungen und Organisationen Berlins. Berlin 1926

— Jung, Otto: Zu wenig Menschen, zu wenig Land! – Reden und Vorträge auf dem Großen Lehrgang der Kommission für Wirtschaftspolitik der NSDAP. München 1938

— Kanter, Trudi: Some Girls, Some Hats and Hitler. New York 1984

— Karstadt, Rudolph AG (Hg.): Die Frau von gestern und heute. Gewidmet dem 75jährigen Geschäftsjubiläum. Essen 1956

— Klar, Willy B.: Ein bißchen Chuzpe und ein Haufen Glück. Oberaudorf 1981
— Kogon, Eugen: Der SS-Staat. Frankfurt/M./Wien/Zürich 1965
— Köster, Roman: Hugo Boss. 1924–1945. Die geschichte einer Kleiderfabrik zwischen Weimarer Republik und Drittem Reich. München 2011
— Kothes, Franz-Peter: Die theatralische Revue in Berlin und Wien. 1900–1938. Typen, Inhalte, Funktion. Wilhelmshaven 1977
— Kracauer, Siegfried: Die Angestellten. Frankfurt/M. 1974
— Kremer, Roberta S.: Broken Threads. Oxford/New York 2007
— Kreuzmüller, Christoph: Ausverkauf. Die Vernichtung der jüdischen Gewerbetätigkeit in Berlin 1930–1945. Berlin 2012
— Krieger, Karsten (Hg.): Der »Berliner Antisemitismusstreit« 1879–1881. München 2003
— Kunstgewerbemuseum Berlin (Hg.): Metropolen machen Mode. Berlin 1977
— Lademann, Heinz: Die deutsche Damenoberbekleidungsindustrie. Versuch der Darstellung einer jungen Industrie. Wiesbaden 1960
— Lenning, Gertrud: Kleine Kostümkunde. Berlin 1951
— Lestschinsky, Jakob: Das wirtschaftliche Schicksal des deutschen Judentums. Aufstieg, Wandlung, Krise, Ausblick. Berlin 1932
— Loeb, Moritz: Berliner Konfektion. Berlin 1906
— LVR-Industriemuseum Ratingen (Hg. unter Mitwirkung von Claudia Gottfried): Glanz und Grauen. Mode im Dritten Reich. Ratingen 2012
— Marcus, Dr. Alfred: Die wirtschaftliche Krise des deutschen Juden. Eine soziologische Untersuchung. Berlin 1931
— Mayer, Hans: Ein Deutscher auf Widerruf – Erinnerungen. Bd. I. Frankfurt/M. 1982
— Michalski, Sergiusz: Neue Sachlichkeit. Malerei, Graphik und Photographie in Deutschland 1919–1933. Köln 2003
— Möbius, P. J.: Über den physiologischen Schwachsinn des Weibes. München 1977 (Reprint Halle 1905)
— Mohr, Heinz und Hildegard Panck (Hg.): DOB-Mode in Deutschland. Berlin/Köln 1982
— Moritz, Cordula und Gerd Hartung: Linienspiele. 70 Jahre Mode in Berlin. Berlin 1991
— Nützendahl, Alexander (Hg.): Das Reichsarbeitsministerium im Nationalsozialismus. Göttingen 2017
— Paul, C. W. (Hg.): Wer leitet? Die Männer der Wirtschaft und der einschlägigen Verwaltung. Berlin 1940
— Pfeiffer, Herbert: Berlin, zwanzigerJahre. Berlin 1961
— Potvin, John: The Places and Spaces of Fashion. 1800–2007. New York 2009
— Prinz, Arthur: Juden im deutschen Wirtschaftsleben. Tübingen 1984
— Rasche, Adelheit: Die Modefotografie in Berlin in den Dreißiger Jahren. Mailand 2001
— Rasche, Adelheit: Wardrobes in Wartime 1914–1918. Leipzig 2014
— Riecken, Harald: Die Männertracht im neuen Deutschland. Kassel 1935
— Riederer, Marietta: Wie Mode Mode wird. München 1962
— Riha, Karl: Dada-Berlin. Texte, Manifeste, Aktionen. Stuttgart 1982
— Roskamp, Heiko: Verfolgung und Widerstand. Tiergarten. Ein Bezirk im Spannungsfeld der Geschichte 1933–1945. Stätten der Geschichte Berlins. Bd. 8. Berlin 1985
— Saul, Klaus: Arbeiterfamilien im Kaiserreich. Materialien zur Sozialgeschichte in Deutschland 1871–1914. Königstein 1982
— Schnaus, Julia: Kleidung zieht jeden an. Die deutsche Bekleidungsindustrie 1918–1973. Berlin 2017
— Schneidereit, Otto: Paul Lincke und die Entstehung der Berliner Operette. Berlin 1981
— Shepherd, Naomi: Wilfrid Israel. Berlin 1985
— Siepmann, Eckhard (Hg.): Kunst und Alltag um 1900. Werkbund Archiv 3. Berlin 1978
— Sigilla Veri. Ein Lexikon zur Judenfrage. Bd.I–III. Erfurt 1929
— Spoerer, Mark: C&A. Ein Familienunternehmen in Deutschland, den Niederlanden und Großbritannien. München 2016
— Stroßmeyer, Klaus: Warenhäuser. Geschichte, Blüte und Untergang im Warenmeer. Berlin 1980
— Suttner, Bertha von: Für und Wider der Reformkleidung. Leipzig 1903
— Tengelmann, Herbert: Die Bekleidungsindustrie in Berlin. In: Die deutsche Volkswirtschaft (Zeitschrift), Jahrg. 7. Berlin 1938
— Theweleit, Klaus: Männerphantasien. Frankfurt/M. 1985
— Toury, Jacob: Jüdische Textilunternehmer in Baden-Württemberg 1683–1938. Tübingen 1984
— Valentin, Bruno: Geschichte der Familien Valentin-Loewen und Manheimer-Behrend. Maschinengeschriebenes Skript vom 20. September 1945. Rio de Janeiro 1945
— Wagner, Nike: Geist und Geschlecht. Karl Kraus und die Erotik der Wiener Moderne. Frankfurt/M. 1982
— Westphal, Uwe: Berliner Konfektion und Mode – Die Zerstörung einer Tradition 1836–1938. Berlin 1992
— Westphal, Uwe: Ehrenfried & Cohn. Roman. Berlin 2016
— Wingler, Hans M.: Bauhaus-Archiv Berlin. Braunschweig 1979
— Wirtschaftsblatt der Industrie- und Handelskammer Berlin. Jahrgänge 1933–1943
— Wittkowski, Erwin: Die Berliner Damenkonfektion. Berlin/Leipzig 1928
— Wulf, Joseph: Die bildenden Künste im Dritten Reich. Eine Dokumentation. Frankfurt/M./Berlin/Wien 1983
— Wulf, Joseph: Presse und Funk im Dritten Reich. Eine Dokumentation. Frankfurt/M./Berlin/Wien 1983
— Zincke, Wilhelm: 600 Jahre Geschichte der Berliner Schneidergilde und ihrer Zeit (1288–1888). Festschrift im Auftrage der Berliner Schneiderinnung. Berlin 1888

WEBLINKS

— Gold, Dina: Head of firm that insured Auschwitz workshops stripped of posthumous honor. I n: Times of Israel, Quelle: https://www.timesofisrael.com/head-o-firm-that-insured-auschwitz-workshops-stripped-of-posthumous-honor/ (abgerufen am 21. Januar 2019)
— Golden, Nat: MISTAKE? Italian Designer Pulls Clothing Line With Yellow Star Design After Holocaust Comparison. In: The Yeshiva World, Quelle: https://www.theyeshivaworld.com/news/general/1346524/mistake-italian-designer-pulls-clothing-line-yellow-star-design-holocaust-comparison.html (abgerufen am 10.9.2018)
— Jones, Abigail: Holocaust-Era ›Jewish Star‹ Toddler Dress Solt at Gymboree Sparks Outrage. In: Newsweek, Quelle: https://www.newsweek.com/holocaust-jewish-star-dress-gymboree-outrage-696717 (abgerufen am 10.9.2018)
— JTA: Miu Miu Removes Clothing Line Featuring Holocaust-reminiscent Yellow Star. In: Haaretz, Quelle: https://www.haaretz.com/us-news/miu-miu-removes-clothing-line-featuring-yellow-star-1.5445392 (abgerufen am 10.9.2018)
— Kessler, Carson: Melania Trump's Jacket Is Just the Latest Controversial Clothing by Zara. Here's a Timeline of the Rest. In: Fortune, Quelle: http://fortune.com/2018/06/22/melania-trump-jacket-zara-controversy-swastika-holocaust-clothing/ (abgerufen am 10.9.2018)
— Kreutzmüller, Christoph: Jüdische Gewerbebetriebe in Berlin 1930–1945. Datenbank der Humboldt Universität Berlin, Deutsch/English: https://www2.hu-berlin.de/djgb/www/find (abgerufen am 10.9.2018)
— Leineweber GmbH & Co. KG, Redaktion: Rüdiger Traub: Unternehmen – Über uns. Quelle: https://corporate.brax.com/unternehmen/ueber-uns (abgerufen am 10.9.2018)
— Murphy, Simon; Petre Jonathan: Forensic expert condemns Holocaust uniform for sale on eBay for £ 11,000 as a fake. In: Mail Online, Quelle: http://www.dailymail.co.uk/news/article-2508613/Forensic-expert-condemns-Holocaust-uniform-sale-eBay-11-000-fake.html (abgerufen am 10.9.2018)
— Nadler, Lonnie: I Went to Nathan Fielders's ›Holocaust Awareness‹ Outdoor Apparel Sale. In: Vice, Quelle: https://www.vice.com/en_us/article/mgdp7y/i-went-to-nathan-fielders-holocaust-awareness-outdoor-apparel-sale (abgerufen am 10.9.2018)
— Snierson, Dan: Summit Ice jacket: Nathan for You coat generates $300,000 in sales for Holocaust education. In: Entertainment, Quelle: https://ew.com/article/2015/11/02/summit-ice-jacket-nathan-for-you-holocaust/ (abgerufen am 10.9.2018)
— Summit Ice Softshell: The Holocaust. In: Summit Ice,Quelle: http://www.summiticeapparel.com/ (abgerufen am 10.9.2018)
— Westphal, Uwe: Uwe Westphal collection 1836–1993 at LBI New York City: http://digital.cjh.org/webclient/DeliveryManager?pid=2338356&custom_att_2=simple_viewer
— Wiener Library, London https://www.wienerlibrary.co.uk/
— Ziv, Stav: Prada and Other Clothing Companies Keep Putting Nazi, Holocaust Symbols in Their Designs. In: Newsweek, Quelle: https://www.newsweek.com/pradas-miu-miu-other-clothing-companies-keep-putting-nazi-holocaust-symbols-654270 (abgerufen am 10.9.2018)

ARCHIVE

— Berlin-Brandenburgisches Wirtschaftsarchiv
— Bundesarchiv Dienststelle Berlin: http://www.bundesarchiv.de
— Landesarchiv Berlin
— Leo Baeck Institute, New York, London, Jerusalem
— National Archives, London
— Wiener Library, London

PERSONENREGISTER

BILDNACHWEIS

S. 8, 37, 38, 39, 40, 76, 78, 118, 119, 120, 160, 165: © Archiv Claus Jahnke (www.clausjahnke-collection.com); Fotos Roz McNulty (www.rozdigital.com)

S. 12/13, 65–71, 82, 87–90, 99, 102, 167, 170/171, 183, 184, 193o.: © Uwe Westphal

S. 14: © Wikimedia commons/Beek

S. 16: © Wikimedia commons/ Manfred Brueckels

S. 19, 20, 26, 28/29, 49, 50/51, 52, 55, 59, 60, 62: *Der Bazar. 70 Jahre deutsche Mode. Zur Geschichte einer deutschen Modezeitschrift,* Berlin 1924, Archiv: Uwe Westphal

S. 25: © Bundesarchiv, Bild 102-14469/Georg Pahl

S. 30: © Bundesarchiv, Bild 183-1984-0104-509/F. Albert Schwartz

S. 32/33: *Prags fliegende Blätter der Kunst und Industrie. Originalblatt für Kleider-Verfertigung.* 1.9.1847. Hauptblatt der Damenmode, Archiv: Uwe Westphal

S. 43: *Prags fliegende Blätter der Kunst und Industrie. Originalblatt für Kleider-Verfertigung.* 1.8.1847, Archiv: Uwe Westphal

S. 47, 74, 98, 106, 129, 134, 154, 157, 175, 181, 189, 190, 193u., 194, 202, 207, 257: Archiv: Uwe Westphal

S. 56: © Bundesarchiv, Bild 102-02676/Georg Pahl

S. 75, 97, 152, 168: © Kunstbibliothek, Staatliche Museen zu Berlin – Preußischer Kulturbesitz

S. 80/81: Ernst Deutsch, poster of the Hochschule für Zuschneidekunst, Berlin 1911, © Jüdisches Museum Berlin, Schenkung von Peter Sinclair/Foto: Jens Ziehe

S. 85: Rudolf Schlichter, Hausvogteiplatz, 1926, © akg-images

S. 94: © ullstein bild/Zander & Labisch

S. 100: © Bundesarchiv, Bild 146-1970-083-40/o.A.

S. 111: © Bundesarchiv, Bild 183-R70355/o.A.

S. 113: © Bundesarchiv, Bild 183-H27939/o.A.

S. 121, 142–145: © ullstein bild/ mauritius

S. 114: © Bundesarchiv, Bild 102-15046/Georg Pahl

S. 133: © Krakow Museum for Photography

S. 137, 138: © Jüdisches Museum Frankfurt am Main/Foto: Walter Genewein

S. 158/159: © Bundesarchiv, Bild 183-K0625-0500-012/o.A.

S. 197, 198, 201: © Dina Gold, Washington

S. 208: © ullstein bild/dpa

Wir danken allen Bildgebern für die freundliche Unterstützung.

IMPRESSUM

Wir danken *Manheimer Confectionair Berlin* für die freundliche Unterstützung.

Bibliografische Information der Deutschen Nationalbibliothek:
Die Deutsche Nationalbibliothek verzeichnet diese Publikation in der Deutschen Nationalbibliografie; detaillierte bibliografische Daten sind im Internet über http://dnb.dnb.de abrufbar.

Der Titel ist ebenfalls in englischer Übersetzung im Henschel Verlag erschienen: Fashion Metropolis Berlin. 1836–1939. The Story of the Rise and Destruction of the Jewish Fashion Industry

(ISBN 978-3-89487-806-1)

ISBN 978-3-89487-805-4

Covergestaltung:
BOROS, Sabine Hoffmann

Layout und Satz:
Ondine Pannet
& Lisa Pflästerer,
Bureau David Voss

Lektorat:
Sabine Melchert

Redaktionelle Mitarbeit:
Regina Laska

Lithografie
und Bildbearbeitung:
Dirk Gerecke, Bild1Druck

Herstellung:
feingedruckt, Michael Luthe

Druck und Bindung:
Grafisches Centrum Cuno

Printed in Germany

www.henschel-verlag.de